JN426729

일본 정부의
청구권 정책 전모Ⅲ

• 이 책은 2020년도 동북아역사재단 기획연구 수행 결과물임(NAHF-2020-기획연구-10).

일본 정부의 청구권 정책 전모Ⅲ

동북아역사재단 편

동북아역사재단
NORTHEAST ASIAN HISTORY FOUNDATION

발간사

한일관계에서 한일협정만큼 민감하고 논쟁적인 주제는 없을 것입니다. 한일 양국은 1951년 10월 국교정상화를 위한 회담을 시작한 이후 13년 8개월에 걸쳐 중단과 재개를 되풀이하다 1965년 6월 협정에 조인했습니다. 한일회담은 해방 후 한일관계뿐만 아니라 한국현대사의 기본 틀을 만드는 과정이었습니다. 한일 양국이 최근 첨예하게 대립하는 근본 원인도 한일회담에 있다고 할 수 있습니다.

2018년 10월 30일 일제 강제동원 피해자 손해배상소송 판결과 2021년 1월 9일 일본군 '위안부' 피해자 손해배상소송 판결은 1965년 한일협정이 지나간 과거가 아닌 현재진행형의 문제라는 사실을 확인시켰습니다. 한국 정부와 법원은 1910년 강제병합조약은 원천 무효이고 반인도적 범죄에 대한 배상 문제는 1965년 한일청구권협정으로 해결되지 않았다고 주장합니다. 하지만 일본 정부와 법원은 강제병합조약은 합법이고 청구권협정으로 모든 배상 문제를 해결했다고 주장합니다.

한일협정에 대한 평가와 해석을 둘러싸고 첨예하게 대립하는 근본 원인은 무엇일까요? 이 갈등은 해결할 수 있는 것일까요? 이에 대한 해답을 찾으려면 한일협정 조문 해석뿐만 아니라 협정 과정을 살펴보아야 합니다. 당시 양국 정부가 어떠한 역사 인식과 전략을 토대로 협상했는지 한일회담 당시 1차 자료에 근거하여 파악할 필요가 있습니다.

한일회담 외교문서가 공개된 것은 강제동원 피해자들이 2002년 한국 정부를 상대로 문서공개요구소송을 한 것이 계기였습니다. 일본에서 제소한 소송에서 일본 법원이 1965년 청구권협정으로 모든 배상을 해결했다고 판결하자, 청구권협정에서 강제동원 피해자 문제가 어떻게 다루어졌는지 공개하라며 소송한 것입니다. 2004년 강제동원 피해자들이 승소했고, 한국 정부는 2005년 약 3만 5,000장의 문서를 공개했습니다. 일본에서도 시민단체인 '한일회담문서 전면 공개를 요구하는 모임'이 문서공개를 요구하자, 일본 정부는

2008~2015년까지 약 7만 장의 문서를 공개했습니다.

동북아역사재단은 학계, 관계 기관, 국민들까지 한일회담 관련 자료를 폭넓게 활용할 수 있도록 핵심 문서를 자료총서로 발간하는 작업을 계속하고 있습니다. 그 첫 작업으로 국민대학교 일본학연구소와 협력하여 방대한 분량의 한국외교문서를 체계적으로 분류·해제한 『한일회담 외교문서 해제집』 5권을 2008년에, 소송을 통해 추가 공개된 문서를 포함한 일본외교문서 약 9만 장을 분류하여 『한일회담 일본외교문서 상세목록』 5권을 2021년에 발간했습니다. 한국외교문서 원본은 동북아역사재단 〈동북아역사넷〉(contents.nahf.or.kr)에 게재했고, 일본외교문서 원본도 올리는 중입니다. 미국 국무성 문서도 국사편찬위원회의 협력을 받아 〈동북아역사넷〉에 올렸습니다.

이번에 한일회담 자료집 시리즈로 발간한 자료총서는 일본 측 한일청구권협정 주무부서인 대장성의 문서(현 재무성)를 엮은 것입니다. 한국의 대일청구권을 상세하게 분석한 내부 문서로 일본 정부가 밝히고 싶지 않은 내용까지 적나라하게 드러나 있습니다. 이 자료총서가 한일회담의 전모를 파악하고 객관적인 이해를 토대로 한국과 일본이 현재 직면한 문제를 해결하는 데 기여할 수 있기를 기대합니다.

일본에서 비공개 한일회담 관련 외교문서가 공개될 수 있도록 노력하신 많은 분들에게 감사드리며, 방대한 분량의 외교문서를 한 장 한 장 검토하고 연구해 주신 연구자들에게도 다시 한번 감사드립니다.

2022년 12월

동북아역사재단 이사장

이영호

| 책머리에

한일청구권 문제를 접하면 접할수록 머릿속에는 몇 가지 의문이 생긴다. 1965년 양국은 청구권 협정문에 "완전히 최종적으로 해결됐다"라고 쐐기를 박았다. 협정은 그 자체로 구속력을 갖는 것인데 굳이 "최종적으로 해결된다"라는 문구를 협정문에 넣어야만 했을까? 그럼에도 불구하고 왜 개인청구권 문제는 오늘날까지 문제가 되고 있는 것일까?

일본 정부는 1965년 한일협정을 근거로 한국 대법원의 판결은 국제법 위반이라면서 강제동원 피해자들의 배상을 거부하고 있다. 하지만 개인청구권은 국제법적으로나 국내법적으로도 보장되어 있고, 일본 정부도 이를 알고 있다. 그런데 왜 일본은 한일협정을 이유로 계속 피해자들에 대한 배상을 거부하고 협정문에 남겨진 "완전하고 최종적으로 해결됐다"라는 문구에 집착하는 것일까? 당시 한국의 청구권 8항목에 대한 일본의 정책은 무엇이었을까? 일본은 왜 이 문제가 완전히 해결됐다고 주장하는 것일까?

이 자료집을 통해 알 수 있듯이 일본은 우리와 다른 시각과 국익을 배경으로 청구권 교섭에 임했다. 일본의 역사 인식은 처음부터 우리의 역사 인식과 일치하지 않았다. 하지만 이 자료집의 발간이 우리와 다른 일본의 역사 인식을 비난하기 위한 것은 아니다. 다만 일본이 청구권 문제에 대해 어떤 전략과 논리를 가지고 있었는지 분명히 알아야만 앞으로의 전략적인 대응도 가능하다. 이 때문에 당시 일본의 전략을 검토할 필요가 있다. 일본 외무성 또한 현재 아시아대양주국에 한일청구권 관련 문제 대책실을 설치해 이 문제에 적극적으로 대응하고 있다.

당시 한일청구권협정은 국내 정치와 외교 정치는 물론 역사관의 대립에 이르기까지 매우 복잡한 상황에서 이뤄졌다. 어찌 보면 협정을 체결하는 것이 불가능한 상황에서 억지로 체결됐다고도 할 수 있다. 대장성 담당자는 청구권 대상에 무엇이 포함되는지 그 범위조차 불명확한 상태에서 미로같이 복잡한 청구권 교섭을 진행했다고 토로했다. 현재 남은 문제들은 어쩌면 필연적일지도 모른다. 당시 국익을 위해 불가피했던 상황이 개인의 이익과 일치하라는 법은 없기 때문이다. 이 자료집은 일본의 속내를 그대로 드러내고 있어 오히려 일제강점기 피해자들에게 상처를 줄 수도 있다. 그렇지만 앞으로 진행될 수도 있는 일본 정부와의 또 다른 교섭에서 우리가 논리적으로 이기려면 이 자료를 반드시 살펴봐야 한다.

이 자료집은 일본 대장성의 청구권 관련 자료를 번역한 것으로 오랫동안 비밀로 취급되다가 2014년 일본 외교문서 공개와 더불어 공개되기 시작했다. 이 자료집에서 이용한 자료는 일본 쓰쿠바(筑波) 공문서관에 소장된 경제협력 · 한국25 · 한일청구권 문제 참고자료 한일청구권 문제의 개요(제1분책)(経済協力 · 韓国25 · 日韓請求権問題参考資料日韓請求権問題の概要)부터 경제협력 · 한국28 · 한일청구권 문제 참고자료(제4분책)(経済協力 · 韓国28 · 日韓請求権問題参考資料)까지의 4개 분책이다. 1963년 6월 대장성 이재국(理財局)에서 작성했다. 이재국은 국채, 은행, 예금, 회계, 국제금융 등을 다루는 곳으로, 청구권 교섭의 실무 부서였다.

대장성 이재국이 작성한 4권 분량의 자료에는 청구권 관련 각 부처의 검토자료, 내부회의 자료, 과거사 처리와 관련한 다른 국가의 사례 비교 등이 포함되어 있다. 일본 정부의 한일청구권에 대한 기본적인 인식과 협상 전략의 전모를 파악할 수 있는 핵심적인 자료들이다. 대장성은 개인청구권을 국가가 완전하게 소멸할 수 없기 때문에 한일 양국 정부가 협정으로 해결한다고 해도 언젠가 이 문제가 다시 제기될 수 있다는 점을 인식하고 있었다. 1990년대 이후 개인청구권 요구가 분출한 것은 대장성의 우려가 현실이 된 것이라 할 수 있다.

이 자료들은 식민지주의 극복을 염원하는 일본 시민단체의 무한한 노력이 있었기에 공개될 수 있었다는 것을 밝혀 두고 싶다. 자료의 입수 및 복사는 '한일회담 문서공개를 요구하는 시민모임'의 이양수 사무국 차장에게 많은 도움을 받았다. 1951년 아이치현(愛知縣)에서 태어난 이양수 차장은 자신의 문제가 곧 한일협정의 문제라며 인내가 필요한 자료 수집에 기꺼이 협력해 주었다. 공문서관에 가서 천 페이지에 달하는 원문을 한 페이지씩 촬영했는데, 코로나19 상황으로 공문서관은 열려 있는 날보다 닫혀 있는 날이 많았다. 많은 도움을 주신 이양수 차장에게 이 자리를 빌려 다시 한번 감사를 드린다.

이 책이 나오기까지 많은 전문가의 도움을 받았다. 자료를 번역해 주신 이승희, 김보라 두 분은 일반적인 번역의 영역을 넘는 고도의 전문성이 필요한 부분까지 시간을 아끼지 않았다. 덕분에 번역문을 통해 자료를 정확하게 이해할 수 있게 됐다. 몇 년 동안 한일회담 자료집 발간을 함께하면서 이분들만큼 나에게 의지가 되는 분이 없었다. 책을 낼 때마다 출판팀 선생님들께 어려울 정도로 무거운 중압감을 줬다. 그럼에도 출판팀은 좋은 책을 내겠다는 일념으로 진심으로 응원하고 도와주셨다. 이 자리를 빌려 이 자료집이 출판되기까지 함께한 모든 관계자들에게 감사드린다.

2022년 12월

조윤수

| 차례

제4분책

VI 재한 일본 재산에 대하여

일러두기

1. 번역 및 용어 표기에 대하여

1) 이 자료집에 사용된 용어는 가능한 현재 한국에서 사용되는 용어로 변경했다.(예: 일한 → 한일) 단, 당시의 인식을 잘 보여 주거나 원문을 있는 그대로 사용하지 않을 경우 해석이 달라질 수 있는 용어는 원문 그대로 번역했다.

- 조선인은 대한민국 국민을 지칭할 때도 있고 북한 국민을 지칭할 때도 있다. 대한민국 국민을 가리키는 것이 확실한 경우 '한국인'으로 표시했다.
- 재조 일본인은 북한을 포함한 한반도에 재류했던 일본인을, 재한 일본인은 남한에 재류했던 일본인만을 가리킨다.
- 내지(內地)는 식민지나 점령지를 제외한 일본 본토를 뜻한다.
- 히키아게(引揚)는 우리말로 '귀환', '귀국'을 의미하는데, 주로 1945년 8월 15일 패전 이후 식민지나 점령지 등에서의 귀환을 뜻한다.
- '이승만 라인', '이라인'은 '평화선'으로 번역할 경우 일본 정부의 의도가 잘 드러나지 않기 때문에 그대로 번역했다.

2) 지명은 외래어 표기법에 따랐다.

3) 자료 안에 매겨진 번호와 형식은 원문을 따랐다. 일본식 순서표기 一, 二, 三, (一), (二), (三) 과 (イ), (ロ), (ハ)는 상황에 맞춰 우리식 숫자 1, 2, 3이나 (가), (나), (다)로 표시했다.

4) 정부 기관명, 소속 직위는 모두 1963년도 작성 당시를 기준으로 했다. 예를 들어 대장성

(大蔵省)은 현재 재무성이다.

5) 해독이 불가능한 글자는 '●'로 표시했고 원문 자체가 먹칠된 것은 '■'로 표시했다.

6) 이 자료에 소장된 참고자료, 비고, 부록, 각주는 원문대로 표시했다.

7) 참고자료나 비고의 내용은 배경색을 넣어 구분했다.

8) 원문의 각주는 박스 안에 (주)로 표시했다. 본문의 각주는 설명이 필요한 부분을 편찬자가 추가했다.

9) 원문에 오류가 있는 경우도 그대로 번역했으며 필요한 부분은 각주를 달았다.

10) 원문의 표에 나오는 금액 등 수치는 실제로 계산해 보면 오류도 있지만, 원문에 나온 숫자 그대로 번역했다.

11) 차례에서 제목이 없는 경우 임의대로 제목을 달았다. 제목을 보완한 곳은 〈비고〉 부분으로, Ⅲ. 나포 어선 문제 3) 나포 어선에 대한 청구권 적용 문제 〈비고〉, Ⅳ. 2. 문화재 문제다.

12) 이 자료집은 미정고 상태의 문서를 번역한 것으로 비공식 번역임을 밝힌다.

2. 이 자료집에서 사용한 원문(일본공문서관 소장)

1) 大蔵省, 1963, 『経済協力・韓国25・日韓請求権問題の概要(第1分冊)』(Ⅰ권, 65~116쪽)

2) 大蔵省, 1963, 『経済協力・韓国25・日韓請求権問題参考資料(第1分冊)』(Ⅰ권, 119~446쪽)

3) 大蔵省, 1963, 『経済協力・韓国26・日韓請求権問題参考資料(第2分冊)』(Ⅱ권, 70~333쪽)

4) 大蔵省, 1963, 『経済協力・韓国27・日韓請求権問題参考資料(第3分冊)』(Ⅱ권, 334~Ⅲ권, 135쪽)

5) 大蔵省, 1963, 『経済協力・韓国28・日韓請求権問題参考資料(第4分冊)』(Ⅲ권, 136~342쪽)

자료집의 이해를 돕기 위하여

조윤수
동북아역사재단 연구위원

1. 머리말

2018년 10월 28일 우리 대법원이 강제동원 피해자 손해배상청구소송에서 원고 승소 판결을 내린 이후 개인청구권 문제를 둘러싸고 한일이 첨예하게 대립하고 있다. 일본 정부는 1965년 청구권협정으로 모든 개인청구권은 해결됐다고 주장한다. 일본 정부의 청구권 문제에 대한 인식을 보다 면밀히 검토하기 위해서는 한일 국교정상화 교섭에서 일본 정부가 어떤 정책을 취했는지, 그 근거는 무엇인지 파악할 필요가 있다.

한국과 일본 외무성은 교섭 파트너였지만 청구권 이슈의 대부분은 일본 대장성(大蔵省) 소관이었다. 대장성은 2001년 재무성(財務省)으로 명칭이 변경됐다. 이 자료집은 1963년 작성된 것으로 당시 명칭인 '대장성'을 사용한다. 대장성의 한일회담 관련 공문서의 상당 부분은 2000년 국립공문서관으로 이관됐다. 외무성이 작성한 문서의 사본을 대장성이 가지고 있는 경우에는 일본 외무성으로 이관됐다. 외무성으로 이관된 대장성 문서목록은 2021년 동북아역사재단이 출간한『한일회담 일본외교문서 상세목록집 I-V』에서 볼 수 있고, 〈동북아역사넷〉(http://contents.nahf.or.kr/)에서도 열람할 수 있다.

일본 국립공문서관 디지털 아카이브((http://www.digital.archives.go.jp/)에서 키워드 "經濟協力·韓國"으로 검색하면 112개의 파일이 나온다. 파일은 공개, 비공개로 구분되어 있는데 대부분 비공개다. 공개문서라도 디지털 아카이브에서 열람하는 것은 불가능하다. 현재(2022년) 시점에서는 코로나 19 때문에 온라인으로 문서 신청은 가능하나 열람은 공문

〈그림 1〉 원본 자료의 표지

서관에서만 가능하다.

이 자료집은 『경제협력 · 한국(經濟協力 · 韓國)』 25~28번(4개 분책)의 자료를 번역한 것으로, 한일청구권 문제의 개요와 참고자료로 구성되어 있다. 원본 자료는 대장성 이재국(理財局) 외채과(外債課)가 1963년 6월까지 작성했다. 이재국은 주로 국제금융 업무를 담당했다. 한국이 요구한 대일청구권 8항목 중에는 조선은행 등 은행 관련 문제와 우편저금 문제, 환율, 조선총독부 재산 등 금융 관련 문제들이 다수 포함되어 있었다. 이재국 외채과가 청구권 문제의 주무 부서를 담당한 것은 이러한 사실과 밀접한 관계가 있다.

대장성은 1962년 11월 12일 김종필 · 오히라 마사요시(大平正芳)의 정치협상에서 청구권 금액에 대한 양국 가이드라인이 결정되자 그때까지의 일본 정부 입장과 향후 과제를 정리했다. 국회 비준에 대비한 준비이기도 했다. 자료에는 외무성과의 청구권 문제 협의 혹은 정책 결정 과정, 쟁점에 대한 토의자료, 한국의 8항목 검토, 각 성청(省廳)의 협의내용 등이 포함되어 있다.

학계에는 『경제협력 · 한국26, 한일청구권 문제 참고자료(2분책)』가 먼저 알려졌다. 국민대 이원덕 교수가 1990년대에 박사학위 논문[1]을 작성하고자 여러 연구자와 관계자들을 인터뷰하기 위해 고베(神戶)를 방문했을 때 우연히 고서점에서 이 자료를 발견했다고 한다. 당시 일본 국립공문서관에서는 대외비로 취급하여 목록조차 검색할 수 없는 문서였다. 2분책은 청구항목 8개 중 4항목까지를 검토한 자료다. 연구자들이 8항목 중 개인청구권에 해당하는 5항목이 포함된 3분책과 4분책의 행방을 찾았으나 아무도 찾지 못했다. 2008년 일본 시민단체가 한일회담 문서공개를 청구하면서 대장성 문서도 조금씩 공개되기 시작했다. 이 자료집도 그 결과물이다.

대장성이 작성한 4분책 분량의 자료는 외부 공개를 상정하지 않은 것이었다. 따라서 일본 정부가 청구권 문제와 관련하여 감추고 싶거나 추가 검토가 필요하다고 판단한 내용도 그대로 게재되어 있다. 이 자료의 제목처럼 원고가 미정고인 상태에서 내부용으로 제작된 것이기 때문에 오탈자와 단위 오류 등이 있었다. 한일회담 한국 · 일본 외교문서를 통해 확인할 수 있는 것은 바로잡았다.

2. 자료집의 의의

청구권 문제는 최종적으로 '정치적 일괄 타결' 방식으로 해결됐기 때문에 대장성이 교섭 과정에서 청구권에 대해 어떤 정책을 취했는지는 큰 의미가 없다고도 할 수 있다. 하지만 청구권 문제에 대한 일본의 최종 목표가 무엇이었는지 알기 위해서는 이 자료가 매우 중요하다. 한국의 청구권 주장에 가장 부정적이고 소극적인 부처가 대장성이었다. 이 자료

1 李元德, 1994, 『日本の戦後処理外交の一研究: 日韓国交正常化交渉(1951~1965)を中心に』, 東京大学博士学位論文

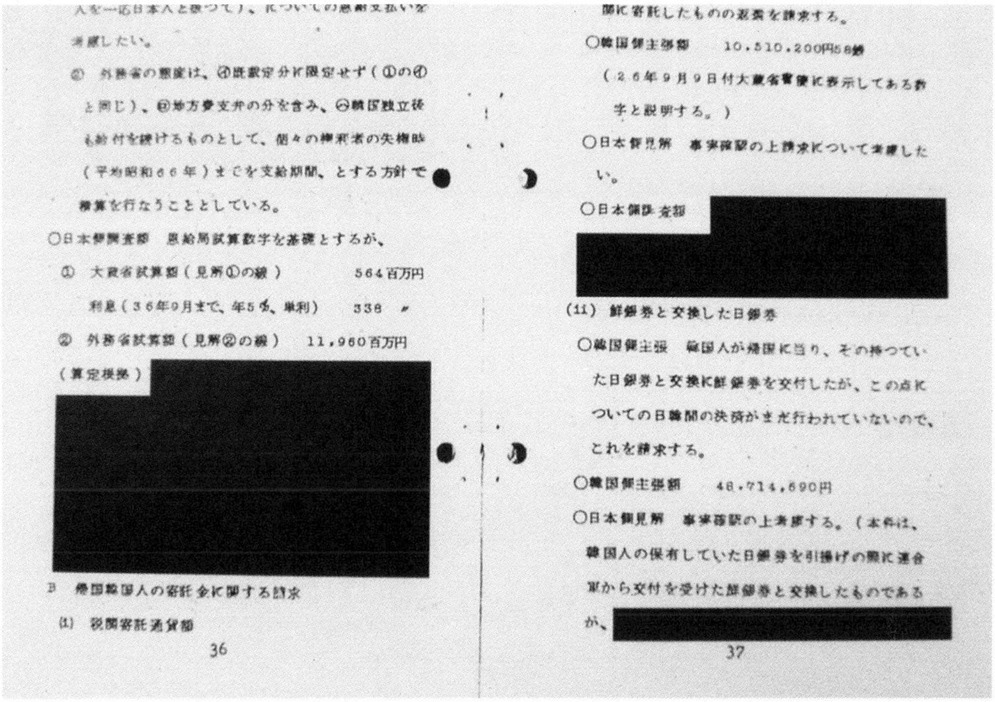

人を一応日本人と扱つて)、についての恩給支払いを考慮したい。

② 外務省の態度は、①既裁定分に限定せず(①の④と同じ)、④地方費支弁の分を含み、④韓国独立後も給付を続けるものとして、個々の権利者の失権時(平均昭和66年)までを支給期間、とする方針で積算を行なうこととしている。

○日本側調査額　恩給局試算数字を基礎とするが、

① 大蔵省試算額(見解①の線)　564百万円

利息(36年9月まで、年5分、単利)　338 〃

② 外務省試算額(見解②の線)　11,960百万円

(算定根拠)

B 帰国韓国人の寄託金に関する請求

(1) 税関寄託通貨類

36

関に寄託したものの返還を請求する。

○韓国側主張額　10,510,200円58銭

(26年9月9日付大蔵省書簡に表示してある数字と説明する。)

○日本側見解　事実確認の上請求について考慮したい。

○日本側調査額

(11) 鮮銀券と交換した日銀券

○韓国側主張　韓国人が帰国に当り、その持つていた日銀券と交換に鮮銀券を交付したが、この点についての日韓間の決済がまだ行われていないので、これを請求する。

○韓国側主張額　48,714,690円

○日本側見解　事実確認の上考慮する。(本件は、韓国人の保有していた日銀券を引揚げの際に連合軍から交付を受けた鮮銀券と交換したものであるが、

37

〈그림 2〉 비공개 문서의 예

는 ① 대장성이 외무성과 사안별로 어떤 입장 차이를 보였는지, ② 대장성 주장의 근거는 무엇인지, ③ 대장성과 외무성이 어떠한 방식으로 협의했는지 등을 보여 준다는 점에서 의의가 크다.

아쉬운 점은 중요한 내용은 먹칠됐다는 것이다. 청구권 관련 개별적인 금액 산정 과정, 내부 지침 등은 모두 먹칠된 상태다. 공개된 한일 외교문서와 비교하여 대장성 문서에서 비공개한 부분을 파악한 경우도 있으나, 산출 내역 대부분은 거의 비공개다. 일본 공문서 공개 당시 담당자의 실수로 산출 내역이 공개된 경우 너무 기쁜 나머지 가슴이 두근거리기까지 했다. 최근에는 개인정보보호법에 의해 문서에 먹칠 부분이 더 많아졌다. 개인정보를 알 수 있는 부분 등은 문서의 중요도와 상관없이 전체가 먹칠되기도 했다(〈그림 2〉 참조).

3. 대장성의 청구권 문제 대응 전략

네 개의 분책으로 구성된 대장성 자료집은 목차가 매우 구체적이다. 참고자료는 일본이 교섭에 활용하기 위해 검토한 자료다. 내용은 제2차 세계대전 후 독립한 구 식민지와 제국주의 국가 간의 국교정상화 교섭 과정과 배상 사례, 한국의 관할권 문제, 베트남·중국 등 분단 국가와의 수교 문제, 한국의 경제 개발 5개년 계획에 이르기까지 매우 다양하다. 경제 개발 5개년 계획에 대해서는 자신들의 경제협력자금이 한국에서 어떻게 사용될지, 한국의 경제상태는 어떠한지 분석하기 위함이었다.

대장성이 청구권 문제를 교섭할 때 중요하게 고려한 것은 두 가지였다. 첫째는 북한의 청구권 문제다. 한국은 일본과 북한의 청구권 교섭을 원천적으로 차단하기 위해 한국의 관할권이 북한 지역까지 미친다고 주장했다. 반면 일본은 한국의 시정권이 북한까지 미치지 않으므로 한국의 관할권은 남한에만 해당한다고 주장했다. 일본은 한국의 북한 관할권을 인정할 경우 조선총독부의 정부 재산이 모두 한국 정부에 이양될 수 있다는 것을 우려했다. 일본은 대한제국을 남한이 계승했는지 북한이 계승했는지에 대한 법적 근거가 존재하지 않는다는 태도로 교섭에 임했다. 이러한 태도가 일본의 협상 전략에 유리했기 때문이다. 그리고 일본은 한국이 대한제국을 계승했다고 인정할 경우 일제강점기가 불법이었다는 빌미를 줄 수 있다고 판단했다.

둘째는 일제강점기 한반도에 거주한 일본인 재산 문제였다. 재조 일본인 재산의 보상 문제는 재외재산문제심의회에서 다루었다. 당시 이 문제는 일본에서도 큰 이슈였다. 정치적으로 힘 있는 사람들과 결탁해 문제 해결을 요구하는 민원이 끊이지 않았다. 일본에서는 한국과는 전쟁 상태가 아니었기에 남한에서 재한 일본인 재산을 몰수한 것은 국제법상 위법이라는 분위기가 조성되어 있었다. 북한까지 관할권이 미치지 않아 미군정법령 33호에 의한 몰수는 남한에만 해당하며, 일본인 재산 청구권은 추후에 북한과의 교섭에서 논의하면 된다고 인식했다. 자국인에 대한 청구권은 포기한 채 한국인의 대일청구권만 인정할 경우, 국내에서 일본인 재산에 대한 배상 문제가 발생할 것을 우려했다. 한국과 일본 국민의 청구권을 모두 포기시키는 방식이 국내 여론을 설득하는 데 유리하다고 판단했다.

외무성은 김종필 · 오히라 타협(1962년 11월 12일) 이전인 1960년 7월 22일 경제협력 방식을 각 관계 기관에 제안했다. 그 이유는 한국이 주장하는 거액의 재산청구권 금액에 대한 교섭이 매우 곤란하며 장기화될 가능성이 높고, 한국과 청구권 문제를 해결한다 해도 북한과 문제가 발생하며, 국내적으로 재조 일본인 재산에 대한 보상 문제를 야기할 수 있기 때문이었다.[2] 청구권 문제를 조속히 타결하려면 한국이 청구권이라는 명목을 포기하고, 경제협력이나 원조 방식을 채택하도록 하는 것이 불가피하다고 여겼다. 한국이 청구권을 포기하고 일본이 과거의 속죄가 아닌 한국의 미래 경제 및 사회복지에 기여한다는 취지라면 경제협력 방식은 의의가 있다고 주장했다.[3] 외무성은 양국이 청구권을 포기하고 경제협력 방식을 채택하면 대장성을 설득하기 쉽고 국회나 여론에도 설명하기가 쉬워진다고 판단했다.

외무성 북동아시아과는 청구권 금액으로 1억 달러를 고려했다. 외무성은 '청구권'을 명목으로 한국에 지급하는 것은 어렵다고 판단했다. 문서에는 '무상원조 1억 달러는 한국의 청구권을 모두 포기시킨다는 조건이 아니면 어려울 수 있다'라는 메모가 있다. 이 메모와 관련해 이세키 유지로(伊關祐二郎) 국장도 청구권을 포기한다면 1억 달러는 고려해야 한다고 주장했다(〈그림 3〉 참조).

대장성은 한국이 주장하는 청구권 금액에 맞춰 비슷하게라도 일본에서 '청구권' 문제로 해결하는 것은 매우 까다롭다고 주장했다. 정치적 해결이 아니라면 타협점을 도출하기 어렵고 한국에만 청구권이 있다는 주장으로는 국회를 설득하기 어렵다고 판단했다. "조금이라도 상대방이 납득할 만한 해결을 하려면(억 달러 단위의 금액을 지불하는 선) 반드시 충분한 법적 근거나 증거 서류를 수반하지 않는 개괄적인 것이 되어 '청구권 지급'이라는 이름에 걸맞지 않게 된다"(자료집 I 권의 101쪽). 대장성은 개별 청구권 해결이 어려운 이유로 "전쟁 후 십수 년이 지났고, 전쟁으로 자료가 사라져 사실관계 확인이 매우 어려운 점", "은급법(恩給法) 등 관계 법규가 한반도의 독립을 예상하지 못해 그 적용 유무에 문제가 있는 점" 등을 들었다. 한편 일본 정부의 한국과의 청구권 교섭 목표는 청구권이라는 명목을

---

2 외무성 북동아시아과, 2019-0547, 「対韓経済技術協力に関する予算措置について」(1960년 7월 22일), 1쪽.

3 외무성 북동아시아과, 2019-0547, 「対韓経済技術協力に関する予算措置について」(1960년 7월 22일), 2쪽.

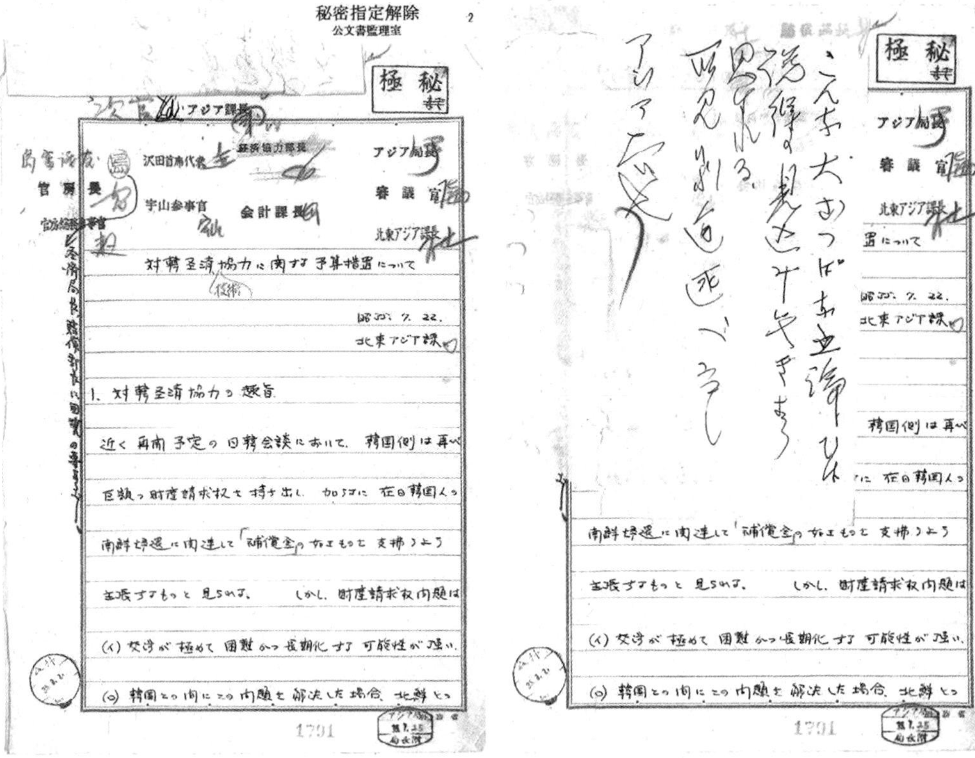

〈그림 3〉 외무성 북동아시아과가 작성. 「対韓経済技術協力に関する予算措置について」(1960년 7월 22일 문서)

지우고 경제협력 혹은 무상경제원조 방식을 도입하는 것이었다. 즉 한국 정부가 주장하는 청구권의 소멸을 이끌어 내는 것이 목표였다. 6차 회담 실무교섭 내내 일본대표단은 한국의 산출 내역에 대해 '증거 불충분', '관련 자료 미비'라며 한국대표단에게 추가 요구를 하는 등 협상에 소극적이었다. 일본의 전략은 정치협상이 개최되기 전 교섭을 통해 "경제협력이 아니면 한국이 원하는 금액에 맞춰 단행할 수 없다"는 경제협력 방식 도입을 위한 기초를 만들었다고 할 수 있다.

이 자료집은 한일청구권 교섭이 일본 측에서도 얼마나 어려웠는지 상세히 보여 준다. 경제협력 방식으로 추진한 것을 국내적으로 설명하기 위해 작성한 문서지만 외무성에 대한 불만도 거침없이 드러내고 있다. 당시 대장성은 청구권 소위원회 실무협상을 맡았다. 8항목에 대해 양국이 숫자를 제시하면서 협상했지만 진전이 없는 상태였다. 대장성은 김종필·오히라의 정치적 회담에서 대략적인 청구권 금액이 타결될 것은 예상하지 못했다(자료집 I 권의 185~190쪽). 김종필·오히라 메모 내용은 대장성에도 알리지 않은 극비사항이었음을 알 수 있다. 마쓰나가 노부오(松永信雄) 조약과장은 이 사건 이후 대장성이 외무성 아시아국과는 협의하지 않겠다는 태도를 보여 대장성을 다시 교섭 테이블로 돌아오게 하는 데 매우 힘들었다고 회고했다.[4] 대장성은 김종필·오히라의 정치적 타결로 경제협력 부분만 강조하다 보면 지금까지 대장성이 교섭해 온 한국이 주장하는 8항목은 남게 되므로 반드시 경제협력과 동시에 한국 측 8항목을 소멸시켜야 한다고 주장했다.

이 자료집을 보면 개인청구권을 소멸시켜야 한다고 가장 강경하게 주장한 것도 대장성이다. 대장성은 한국인의 권리관계가 복잡하여 그 실태를 파악하는 데 한계가 있기 때문에 장래에 혹시 제기될 수 있는 한국인의 청구권을 미리 봉쇄하는 조치를 취해야 한다고 주장했다. 국내적으로는 관계 기관과 관련 법률을 정비하고 협정문에도 반드시 관련 문구를 포함시켜야 한다고 했다. 우시로쿠 도라오(後宮虎郎) 대사의 회고록에 따르면 대장성은 협정문 제2조의 "완전히 그리고 최종적으로 해결된다"에 만족하지 않고 8항목이 모두 소멸됐다는 것을 반드시 명기해야 한다고 강경하게 주장했다고 한다.[5] 1965년 4월 3일 가조인 전날 밤 한국 대표단 송별회 석상에서 김동조 대사에게 8항목의 소멸 조항을 포함시킨 문건을 전달했지만 한국 대표단은 이미 하네다(羽田) 공항으로 출발한 후였다. 대장성은 관련 내용이 없다면 각의 결정에 도장을 찍지 않겠다고 주장했다. 대장성의 완강한 태도에 외무성 관계자가 하네다 공항까지 쫓아가 연하구 아주국장을 핸아메리카 항공의 승무원 대기실로 불러 사인을 받았다.[6] 그것이 바로 비공개였던 합의의사록이다(〈그림 4〉 참조).[7]

---

4 일본 외무성은 1965년 한일 국교정상화 이후인 1968년 8월부터 '한일국교정상화 교섭사 편찬위원회'를 구성하고 회담에 실제로 참여했던 담당 국장 및 과장, 대신들 30명의 인터뷰를 기록으로 남겼다. 이 자료는 2015년 일본 외무성에 문서공개청구를 통해 얻은 귀중한 자료로 어떤 사료에서도 볼 수 없는 한일회담에 대한 일본의 속내를 모두 담고 있다(외무성 공개자료 2015-00518). 일본 외무성공개문서, 2015-00518,「松永課長, 山口, 熊谷参事官 日韓交渉の回顧ー条約課長の立場から」(1971년 11월), 52~53쪽.

5 일본 외무성공개문서, 2015-00518,「後宮大使 日韓交渉に関する若干の回想」(1965년 7월), 65~66쪽.

6 일본 외무성공개문서, 2015-00518,「松永課長,山口,熊谷参事官 日韓交渉の回顧ー条約課長の立場から」(1971년 11월), 57쪽

7 佐藤局長, 黒河内, 福田参事官「日韓会談における請求権·経済協力協定第2条に関する交渉」(1969년 1월), 52~53쪽.

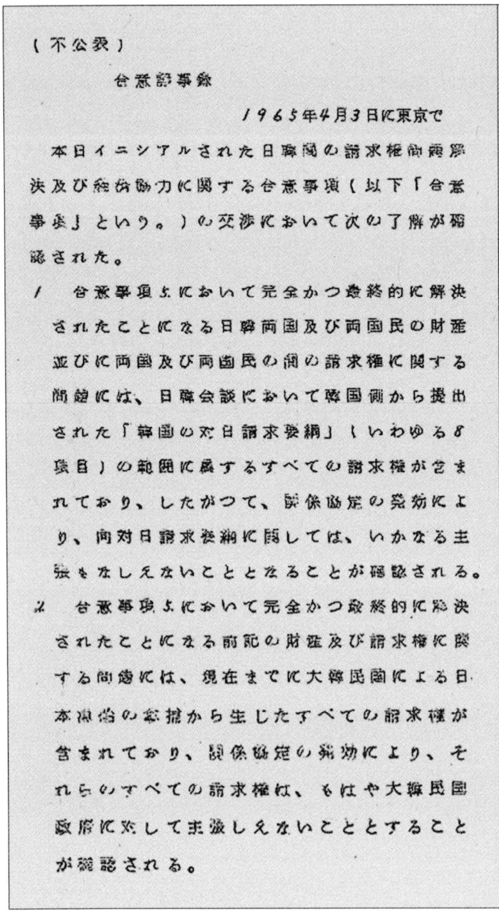

（不公表）

合意議事録

1965年4月3日に東京で

本日イニシアルされた日韓間の請求権問題解決及び経済協力に関する合意事項（以下「合意事項」という。）の交渉において次の了解が確認された。

1 合意事項5において完全かつ最終的に解決されたことになる日韓両国及び両国民の財産並びに両国及び両国民の間の請求権に関する問題には、日韓会談において韓国側から提出された「韓国の対日請求要綱」（いわゆる8項目）の範囲に属するすべての請求権が含まれており、したがつて、関係協定の発効により、同対日請求要綱に関しては、いかなる主張もなしえないこととなることが確認される。

2 合意事項5において完全かつ最終的に解決されたことになる前記の財産及び請求権に関する問題には、現在までに大韓民国による日本漁船の拿捕から生じたすべての請求権が含まれており、関係協定の発効により、それらのすべての請求権は、もはや大韓民国政府に対して主張しえないこととすることが確認される。

합의의사록

1965년 4월 3일에 도쿄에서

오늘 이니셜(서명)된 한일 간의 청구권 문제 해결 및 경제 협력에 관한 합의사항(이하 "합의사항"이라 한다)의 교섭에서 다음의 양해가 확인되었다.

1. 합의사항 5에서 완전히 그리고 최종적으로 해결된 것이 되는 한일 양국 및 양 국민의 재산과 양국 및 양 국민 간의 청구권에 관한 문제에는 일한회담에서 한국 측이 제출한 '한국의 대일 청구 요강'(이른바 8항목)의 범위에 속하는 모든 청구권이 포함되며 따라서 관계 협정의 발효에 의하여 동 대일 청구 요강에 관하여서는 어떠한 주장도 할 수 없게 됨이 확인된다.
2. 합의사항 5에서 완전히 그리고 최종적으로 해결된 것이 되는 위 재산 및 청구권에 관한 문제에는 현재까지 대한민국에 의한 일본 어선 나포에서 발생한 모든 청구권이 포함되며, 관계 협정의 발효에 의해 그 청구권 전부를 이제 대한민국 정부에 주장할 수 없음이 확인된다.

〈그림 4〉 1965년 4월 3일 합의의사록 내용

4. 대장성과 외무성의 의견 차이

이 자료집에는 대장성·외무성이 작성한 청구권 금액 산정(안)이 있지만 금액에 차이가 있다. 두 부처 간에 강제동원 노무자의 남북한 구성 비율을 몇 %로 할 것인지, 군인·군속 징용자에게 위문금과 보상금을 모두 지급할 것인지, 둘 중 하나만 지급할 것인지 등 대상과 범위를 두고 의견 차이가 있었다. 일본 국적을 상실한 한국인의 은급(恩給) 지급 조치도 국적을 상실한 때로 할 것인지, 상실한 후에도 계속 지급할 것인지 견해가 달랐다. 대장성은 1952년 4월 강화조약 발효 시까지로 제한했지만 외무성은 1991년까지로 설정했다.

한국 측이 청구한 8항목의 내용에 대해 일본 측이 산정한 금액은 대부분 먹칠되어 있다(자료집 I 권의 79~100쪽). 다만, 이 내용은 외무성 문서 「한일관계상정문답(미정고)」과 비교하면 추측이 가능하다.[8]

대장성 이재국이 1962년 2월 17일 작성한 한일청구권 금액 일람표다. 이를 통해 자료집 I 권의 79~100쪽의 대장성 계산 금액을 추측할 수 있다.

요강	한국 청구			대장성 시산		외무성 시산	
I. 지금·지은	지금	249	톤				
	지은	67	〃		0		0
	(평가액 1,020억 엔)						
II. 체신국 관계							
1. 우편저금 등		1,197			258(196)		258(196)
2. 간보 연금		135			67(12)		67(12)
3. 해외환 저금		70			?[9]		?
4. 동결 수취금		45			0		?
III. 재한 법인 재일 재산		?		구 주주 유보액	39(?)		39(?)
IV. 대일본인(정부) 청구							
1. 일본유가증권		8,735			228(146)		608(389)
2. 일본계 통화		1,525			1,517		1,522
3. 미수금		237			98(38)		133(52)
	백만 달러				(2,248)		10,184
4. 보상금		364			564		11,960
5. 은급		306(338)				(이자 미계산)	
기탁금		113			63		60
6. 민간 생보사		438			0		0

8 일본 외무성 공개문서, 376, 「日韓関係想定問答(未定稿)」(1962년 2월 26일), 70쪽.

합계	12,801백만 엔	㉮ 보상금 제외 -2,834백만 엔			
	364백만 달러				
	(그외) 지금·지은 현물 평가액 1,020억엔	~~(730)~~		24,831(649)백만 엔	
		㉯ 보상금 포함 5,082(730)			

① 달러 평가액(1달러=360엔)

한국 청구액	일본 측 시산	외무성 시산
1,003백만 달러	보상금 제외 9.6백만 달러	71백만 달러
(1달러=15엔일 때는 15억 달러)	보상금 포함 16백만 달러	

② 위 표 중 괄호는 1961년 9월까지의 이자다.

5. 미군정 법령 33호와 재한 일본인 재산의 청구권 소멸 문제

대장성 문서에는 재한 미군 정부가 1945년 12월 6일 발표한 군정법령 33호(일본에서는 Vesting Dcree, 소유권 변경령)가 자주 등장한다. 재한 미군사령관은 연합국 최고사령관의 하부기관으로, 최고사령관이 인정한 점령지역의 관할 범위에서만 유효한 군정법령을 제정할 권한을 가진다. 이 군정법령은 재한 미군 정부의 관할권 내(남한)에 있는 일본 정부 및 일본 국민 소유 재산은 모두 미군 정부에 귀속되며 미군 정부가 소유한다고 규정했다.

군정법령 33호에 앞서 일본인 및 일본 재산 처분을 규정한 것은 대외 금융거래 금지조치(태평양미국 육군총사령부포고 제3호, 1945.9.7)와 재한 일본 재산 동결조치(미국 육군사령부군정청령 제2호, 1945.9.2)다. 한국 정부 수립과 동시에 체결된 「재정 및 재산에 관한 최초협정」(이른바 한미양도협정, 1948.9.11)에 근거해 일본(인) 귀속 재산의 실질적인 인도가 이루어졌다. 엄밀히 말하면 군정법령 33호에 따른 귀속은 소유권 변경을 말한다.

일본은 초기 청구권 교섭에서 재한 일본인 재산에 대한 청구권, 이른바 역청구권을 주

9 물음표는 내용 확인이 어렵거나 조사 중인 상태를 말한다.

장했다. 한국 정부가 귀속된 일본인 재산을 처분할 권리는 없다는 주장이다. 일본 외무성은 역청구권 주장은 한국의 막대한 청구권 요구에 대응하기 위한 교섭상의 기술이라고 밝힌 바 있다. 대장성은 자국인의 청구권을 정부가 포기했다는 인상을 주는 것이 바람직하지 않기 때문에 법적 근거가 있다면 주장하는 것이 당연하다고 주장했다.

미국은 재한 일본인 재산 청구권은 소멸됐다고 해석했다. 구체적으로는 ① 재한 미군정부의 지령(군정법령 33호)과 평화조약 제4조 (b)항에 따라 재한 재산에 대한 일본의 청구권은 소멸됐으며, ② 한일 양국이 특별협정을 맺을 때 재한 일본 재산을 한국 정부가 인수함으로써 어느 수준까지 한국의 대일청구권이 소멸하거나 소멸하였다고 인정할 것인지를 논의해야 한다는 것이다.

양국은 이 해석에 견해 차이를 보였다. 일본은 한국이 제시한 8항목이 특별협정에 따라 일정 정도 소멸했다고 봤다. 반면 한국은 강화조약 제4조 (b)항에 따라 배상금액을 준비한 것이 아니고, 대부분 법적 근거가 있는 것을 제시한 것이며, 그것이 바로 8항목이기 때문에 청구권의 범위를 변경할 수 없다고 주장했다.

대장성은 군정법령 33호가 국제법을 위반했다고 주장했지만, 일본이 강화조약 제4조 (b)항에 따라 군정법령 33호의 효력을 승인했기 때문에 일본 정부와 일본인의 재산에 대해 아무런 청구권도 가질 수 없게 됐다. 일본 정부도 국가 분리로 인한 경우 국제법상 독립국의 관할권 내에 존재하는 사유재산은 원칙적으로 존중돼야 하지만 특별한 규정을 둘 때는 해당 규정에 따른다고 해석했다. 강화조약 제4조에 따른 어쩔 수 없는 조치였다는 점도 강조했다. 그리고 재한 미군 정부의 귀속 명령에 따른 처분으로 일본 정부가 처분한 것이 아니므로 일본 정부는 일본인 개인에게 손실을 보상할 책임은 없다고 해석했다.

6. 맺음말

대장성이 이 자료집의 작성을 완료한 시점은 1963년 6월이다. 1962년 11월 김종필·오히라 회담으로 청구권 교섭이 타결될 것으로 예상했으나 그 후에도 험난한 교섭이 계속됐다. 대장성이 어업 교섭과 같은 현안이 해결될 전망을 보일 때까지 교섭에 임할 수 없다고 버틴 것도 있지만, 경제협력에 의한 총액 방식의 해결도 간단하지 않았다. 대장성이 작성한 향후 진행 방식에는 한국의 청구권 소멸 방식도 과제로 담겨 있다. 김종필 · 오히라 회담에는 대장성이 가장 중요하게 생각한 청구권 8항목의 소멸 내용이 구체적으로 없었기 때문이다. 그뿐만 아니라 일본의 경제협력 자금을 어떤 방식으로 어떻게 전달할지 등 세부적인 내용도 전혀 논의되지 않았다. 막상 실무교섭에서는 경제협력이란 무엇인지, 무상 3억 원에 해당되는 것인지 등에 대한 논의가 필요했다. 대장성은 나포 어선에 대하여 한국에 청구권을 포기하는 것도 불안해했다. 따라서 한국의 일본에 대한 불량 채권 변제 기간은 어떻게 할 것인지, 장기처리 차관과 변제 기간은 몇 년으로 할 것인지, 유상공여는 몇 %의 이자로 지급할 것인지에 대한 세부적인 내용도 검토했다. 대장성이 제기한 쟁점들은 제7차 회담 청구권 교섭에서 논의됐다.

대장성이 가장 중요하게 생각한 것은 한국의 청구권을 완전하게 소멸시키는 것이었다. 반면 평화선에 의해 나포된 일본 어선에 대한 청구권에 대해서는 일본 정부 스스로 청구권을 소멸시켰다는 모양새를 취하면 국가 책임이 발생할 수 있어 피하고자 했다. 이 두 가지 주장은 모순된다. 오와다 히사시(小和田恒) 서기관은 청구권 조문 교섭 당시 일본 담당자는 이 모순을 해결하는 것이 가장 큰 숙제였다고 밝히고 있다.[10]

대장성의 요구대로 한국이 제출한 대일 청구 요강 8항목이 해결됐다는 것은 비공개 합의의사록에 포함됐다. 대장성은 청구권 문제가 "최종적으로 해결됐으며 협정 발효일 이후 청구요강에 관해서는 어떤 주장도 할 수 없다는 것을 확인한다"라는 문구를 넣음으로써 개인청구권까지 소멸시키려 했다. 그러나 대장성은 청구권 문제가 완전히 해결됐다고 인식하지는 않았다. 청구를 하지 않는 것과 청구권이 소멸되는 것은 별개의 문제라고 인식했다.

대장성이 예측한 대로 1990년대에 개인청구권 문제가 본격적으로 분출됐다. 대장성이 청구권 교섭의 한계를 지적했는데 처음부터 논의했어야 할 내용들이 논의되지 않았기 때

---

10 일본 외무성 공개문서, 2015-00518, 「小和田書記官, '日韓会談における請求権経協力第2条二関する交渉(追録)'」, 4쪽.

문이다. 특히 일제강점기 통치가 불법인지 합법인지, 이에 따라서 총독부의 지위나 총독부령으로 설립된 법인, 은행의 지위가 처음부터 해석이 달라질 수 있었다. 그런데 국제법상의 국가 승계 이론이 청구권 교섭에서 적용되지 않았고 심의조차 되지 않았다. 관할권은 더 큰 문제였다. 한국은 한반도 전체를 규정한 반면 일본은 현실적으로 북한을 인정하며 교섭에 임했다. 문제는 교섭에서는 모두 금기사항이어서 논의조차 할 수 없었다. 오늘날 남북한은 각각 유엔 회원국이고 남북정상회담이 개최될 정도로 시대가 변했다. 일본과 북한의 정상회담도 개최됐지만 한국은 반대하지 않는다. 1965년 당시라면 있을 수 없는 일이다. 어쩌면 현재의 중요한 문제가 미래에는 덜 중요한 일이 될 수도 있다. 국제사회의 변화는 한일관계도 변화시킨다.

1965년 한일회담 교섭은 양국의 국익 충돌의 연속이었다. 한국은 남북한 분단 구조가 자리 잡기 전인 과도정부 시기부터 한반도에 남겨진 일본 재산의 2/3를 남한 정부에 귀속시킬 것을 일본 정부에 요구했다. 한일회담 협상 과정에서 한국 정부는 북한 정권의 청구권을 소멸시키는 것을 정책의 목표로 삼았다. 북일 교섭을 통해 북한이 청구권 자금을 획득하면 이는 북한의 경제력 상승과 동시에 남한의 안보 위기에 직결되기 때문이다. 반공안보라는 측면에서 보면 북한 정권의 청구권을 소멸시키는 것이 전략적으로 이익이었다. 한국 정부는 분단이라는 한계 속에서 일본 정부와 교섭을 거듭했고 안타깝게도 개인청구권이라는 과제를 남겼다.

앞에서 밝힌 것처럼 이 자료집은 원고가 미정고인 상태에서 내부용으로 제작된 것이다. 참고자료, 비고, 요강 등 자료 모음이 더 많다 보니 자료집의 내용을 한눈에 이해하기 쉽게 차례를 정리하는 것이 쉽지 않았다. 따라서 책의 차례는 내용을 중심으로 큰 항목들만 정리해 실었다. 다만, 원본 자료집의 세부 차례를 통해 이 자료집의 의미를 파악할 수 있도록 다음과 같이 차례를 덧붙인다.

〈1분책〉

*요강 1. 지금·지은의 반환 청구

*요강 2. 일본 정부의 대 총독부 채무

(1) 체신국 관계

A. 우편저금, 대체저금, 우편환

B. 국채 및 저축 채권

C. 조선간이생명보험 및 우편연금

D. 해외 환저금

E. 미군 포고에 따른 한국 수취금의 동결

(2) 8월 9일 이후 재한 일본인 예금 인출액

(3) 국고금의 증명이 없는 자금 세출에 대한 한국 수취금

(4) 조선총독부 도쿄사무소 재산

*요강 3. 8월 9일 이후 한국에서 대체 송금된 금원의 반환 청구

(1) 조선은행 본점에서 도쿄지점으로 대체 송금된 금원, 즉 등록국채의 대체분

(2) 8월 9일 이후 재한 금융기관을 통해 일본으로 송금된 금원의 반환 청구

*요강 4. 8월 9일 현재 한국에 본사, 본점 또는 주요 사무소가 있던 법인의 재일 재산 반환 청구

*요강 5. 한국 법인, 자연인의 일본국 또는 일본 국민에 대한 제 청구

(1) 일본 유가증권

(2) 일본계 통화

(3) 피징용 한인 미수금

(4) 피징용자 보상금

(5) 대일본 정부 청구

A. 미불 은급

B. 귀국 한국인의 기탁금에 관한 청구

(ⅰ) 세관 기탁 통화류

(ⅱ) 조선은행권과 교환한 일본은행권

(ⅲ) 구 조련 기탁분

(6) 일본 법인에 대한 청구(구체적으로는 민간생명보험회사에 대한 청구)

*요강 6. 한국인의 일본 정부 또는 일본인에 대한 권리 행사에 관한 원칙

3) 한국의 대일 청구액과 대장성·외무성 시산액

3. 청구권 문제 해결의 난관

Ⅲ. 청구권 문제의 해결

1. 경제협력 방식에 의한 해결책
2. 청구권 문제를 둘러싼 합의 내용
3. 합의 내용에 내포된 문제점
   1) 양국의 의견 차이
   2) 외무성의 최근 수정안
4. 경제협력 시행 시 문제

Ⅳ. 관련 제반 문제

1. 나포 어선 문제
2. 한국인 청구와의 관계
3. 북한 관계 청구권
4. 재한 재산 문제

제2부 한일청구권 문제 참고자료

Ⅰ. 한일회담에 대하여

1. 한일회담을 둘러싼 제반 문제
   1) 한일회담의 목적
   2) 남북한 문제와의 관계
   3) 군사정권과의 교섭
   4) 평화조약 제2조와의 관계
2. 한일회담의 경위와 현황
   1) 지금까지의 경위
   2) 제6차 회담 상황
   3) 한국의 최근 정치 정세와 한일회담

3. 한일회담과 국민감정

1) 한일 양국의 국민감정 개선

2) 한국과의 경제협력

3) 양국 간 미래의 경제 관계

(참고자료)

1. 한일 국교정상화의 의의

2. 남북한 문제에 관한 1948년의 유엔 결의

〈비고〉1948년 유엔 총회 결의 내역

3. 한국에 대한 제3국의 승인 상황

〈비고〉한국의 외교 영사 관계 일람표

4. 한국의 지위(남북한의 관계)

5. 대한민국 승인 시기에 대하여

6. 대일평화조약 발효 이전 실현된 한국의 독립에 대한 일본의 견해

7. 중화민국 및 베트남공화국(남)에 대한 우리나라의 승인 상황

8. 한국 문제에 관한 유엔의 토의 양상과 우리나라의 입장

9. 한반도 관련 주요 사건 연표

Ⅱ. 청구권 문제 해결에 대하여

1. 한국 청구권 문제의 경위와 현황

1) 기존 청구권 해결 방법과 난관

〈비고〉 기존(제5차 회담까지) 청구권 문제 토의 상황

2) 새로운 방안(경제협력)에 의한 청구권 문제 해결

2. 청구권 문제 해결의 걸림돌

1) 이케다·박 회담과 법적 근거에 따른 지급 원칙

2) 청구권 해결을 위해 위 원칙을 따를 때 봉착할 난관

3) 일괄 지급 방식 전환 방안

4) 고사카·최 회담(제1회 정치절충) 개최를 둘러싼 경위

〈비고〉

1. 한일회담의 향후 추진 방법에 대하여

2. 한일회담의 청구권 문제에 관한 이재국장 의견

3. 한일회담에서 청구권 문제의 향후 취급에 대하여

Ⅲ. 청구권 문제 관련 사항과 참고 사항

1. 북한과의 청구권 문제

〈비고〉 북한과의 청구권

(참고자료)

1. 38도선에 의한 남북한 구분표

2. 북한에 관한 제반 문제

2. 한일 오픈계정 회수불능채권 문제

〈비고〉 아르헨티나 및 브라질의 구 오픈계정 사례

3. 나포 어선 문제

1) 경위 및 사실관계

2) 나포 어선과 한일회담(선박위원회)

〈비고〉 한일회담에서 일본이 제출한 리스트(d) 34척(1,402톤)

3) 나포 어선에 대한 청구권 적용 문제

〈비고〉 이승만라인에 대한 일본 외무성의 국회 답변과 전망

(참고자료)

1. 스기 대표의 발언 시안(선박 문제)

2. 한국이 나포한 일본 어선 문제에 대하여(주계국 의견)

4. 다른 특별협정국가와의 청구권 문제 현황

1) 타이완과의 청구권 문제

〈비고〉 중국 지역 구 괴뢰은행의 재일 재산에 대하여

2) 구 위임 통치 지역(남양군도)과의 청구권 문제

5. 한국의 경제 상황과 경제 계획

1) 한국의 경제 상황

2) 경제 개발 5개년 계획

(참고자료) 제1차 경제 개발 5개년 계획의 개요

Ⅳ. 회담의 여타 제반 문제

1. 선박 문제

(참고자료)

1. 군정법령 제33호에 따른 재조선 일본 어선의 소속 변경에 대하여

2. 선박 문제에 관한 제반 자료

2. 문화재 문제

〈비고〉 문화재에 관한 한국 요구 항목과 일본의 기본 견해

3. 어업 문제

〈비고〉 미국·일본·캐나다어업조약 및 일소어업조약에 대하여

(참고자료)

1. 한일어업협정 체결에 수반되는 법률문제점

2. 한일어업협정 최종안의 골자

4. 재일 한국인의 법적 지위에 관한 문제

〈비고〉 재일 조선인에 대하여

5. 독도 문제

(참고자료) 두 나라가 영토를 공유한 역사적 실례

〈2분책〉

V. 한국 측 청구(8개 항목) 내용

1. 한국의 대일 청구 요강 일람

2. 한국이 청구한 원칙적 문제에 관한 양국의 주장

1) 남북한 문제(한국 청구권이 미치는 범위)

2) 군정법령 33호의 효력 범위

3) 미국 해석 문제

4) 환율 문제

(참고자료)

1. 한일 간의 청구권 문제에 관한 고사카 외무대신 발언요지

2. 한국의 지위에 관한 보충 설명

3. 군정법령 제33호의 해석에 대하여

4. 미국 해석의 검토

(부록) 1962년 1월 외무성 조약국 법규와 조사

「한일청구권 처리에 관한 문제점」 2. 미국 해석의 문제에서 발췌

5. 화폐가치 변동과 손해배상채무 및 금전 채무에 대하여

(관계법령)

○ 일본국과의 평화조약(발췌)

○ 군정법령 33호 (Vesting Decree)

○ 한미 재산 이전 협정

○ 미국 해석

3. 8개 항목의 대일 청구 내용

1) 한국 주장

2) 한국 주장액

3) 일본 견해

4) 일본 측 조사액

*요강 1. 지금·지은의 반환 청구

1) 한국 주장

2) 한국 주장액

3) 일본 견해

4) 일본 측 조사액

(참고자료)

1. 조선은행의 업무 관계 설명

2. 일본 금 매입 경위

3. 금 가격의 추이(1그램당)

4. 조선은행을 통해 일본으로 반출된 지금·지은 수량

5. 한국의 '진의'추측

6. 조선 대 일본 자금 유출입에 대하여

(부록) 조선은행에 대한 은 예금 문제

*요강 2. 일본 정부의 대 조선총독부 채무의 변제 청구

(참고자료) 조선총동부 관계 설명

1. 조선총독부 기구에 대하여

2. 조선총독부 특별회계에 대하여

3. 조선 지방채 및 공사채에 대하여

4. 국가승계이론의 문제

1. 체신국 관계

1) 우편저금, 대체저금, 우편환

(참고자료)

1. 제6차 회담 때 제출한 우편저금 계수
2. 체신국 및 조선의 우편저금
3. 조선의 종전 후 환저금 업무 취급 사항
4. 과초금에 대하여
5. 환저금 업무에 관한 일본 및 조선 간 채권·채무 조서
6. 외지 우편저금의 취급(귀국 일본인에 대한 지급 상황)

2) 국채 및 저축채권

3) 조선간이생명보험 및 우편연금

(참고자료)

1. 조선간이생명보험 및 우편연금에 대하여
2. 종전 당시의 조선 간보 및 연금 상황
3. 한국 측 제출 자료 검토
4. 조선간이생명보험 및 우편연금에 관한 문제점
5. 예금부 조선 관계 자산 부채

4) 해외 환저금

5) 미군 포고에 의해 동결된 한국 수취금

(참고법령) 태평양 미국 육군 총사령부 포고 제3호

2. 종전 후 일본인의 예금 인출(제6차 회담 토의 보류)

1) 한국 주장(제5차 회담)

2) 한국 주장액

3) 일본 견해

4) 일본 측 조사액

(참고자료)

1. 법령 관계(군정법령 2호 등)
2. 당시 상황에 대한 관계 자료

3. 증명이 없는 자금의 국고금 지출(제6차 회담 토의 보류)

1) 한국 주장(제5차 회담)

2) 한국 주장액

3) 일본 견해

4) 일본 측 조사액

(참고자료)

1. 조선은행의 국고금 출납 결과문제

2. 증명이 없는 자금 세출이라는 주장에 대한 반론

4. 총독부 도쿄사무소의 재산(제6차 회담 토의 보류)

1) 한국 주장(제5차 회담)

2) 현황

(관계법령) 조선철도 종사원 공제조합 정리에 관한 건

(부록) 특수한 재일 재산의 반환 청구

*요강 3. 1945년 8월 9일 이후 한국에서 대체 또는 송금된 금원의 반환 청구

1. 8월 9일 이후 조선은행 본점에 대체 송금된 금원, 즉 등록국채의 대체분

1) 한국 주장

2) 일본 견해

(참고자료)

1. 조선은행 등록국채 대체 관계 자료

2. 조선은행권 발행 준비와의 관계

3. 국제법으로 본 은행권 발행채무 문제

2. 8월 9일 이후 재한 금융기관을 통해 일본으로 송금된 금원(제6차 회담 토의 보류)

1) 한국 주장(제5차 회담)

2) 한국 주장액

3) 일본 견해

4) 일본 측 조사액

(참고자료)

1. 일본 송금액에 대하여

2. 일본 송금 취급 상황

*요강 4. 1945년 8월 9일 현재 한국에 본사·본점 또는 주요 사무소가 있던 법인의 재일 재산 반환 청구

1. 폐쇄기관 관계 2. 재외 회사 관계

1) 한국 주장

2) 한국 주장액

3) 일본 견해

4) 일본 측 조사액

(참고자료)

1. 한국 측 청구 요강 4에 관한 일본 측 견해

2. 한국 측 반론

3. 폐쇄기관 및 재외회사가 일본 국내에 보유한 재산의 처리에 대하여

4. 조선에 본거지가 있던 법인의 재일 재산에 대한 한국 청구에 대하여

5. 재조선 본사 법인에 관한 기본적 생각

6. 폐쇄기관 및 재외회사의 국내 재산 처리에 관한 법적 근거

(관계법령)

○ SCAPIN 74 (1945년 9월 30일) 외지와 외국은행 및 전시 특별 금융기관 폐쇄에 관한 각서

○ SCAPIN 1965 (1949년 1월 18일) 일본 정부에 보내는 각서

7. 폐쇄기관령의 채무 변제·잔여 재산 처분 규정의 변천 개요

8. 폐쇄기관령과 재외회사령의 주요 비교 대조에 대하여

9. 청산(정리) 종료 조선 관계 폐쇄기관 및 재외회사 일람표

10. 폐쇄기관 · 재외회사의 조선인 주주에 대한 잔여 재산 분배액

11. 조선 관계 폐쇄기관의 재일 자산 청산 상황

12. 조선 관계 재외회사의 주주 구성 등

〈3분책〉

*요강 5. 한국법인, 자연인의 일본국 또는 일본국민에 대한 청구권

1. 일본 유가증권

1) 한국 주장

2) 한국 주장액

3) 일본 측 주장

4) 일본 측 조사액

(참고자료)

1. 재산권 소재지

2. 한국 법인 소유 유가증권 조사서

3. 일본 개별 조사에 따른 유가증권 관계 계수

4. 각 유가증권에 대한 취급상황

5. 외국환관리법상의 취급

2. 일본계 통화

1) 한국 주장

2) 한국 주장액

3) 일본 견해

4) 일본 측 조사액

(참고자료)

1. 1945년이전의 조선의 통화

2. 일본은행권에 관한 재조선미군의 조치

(관계법령)

○ 재조선 미국육군사령부 군정청 법령 제57호

○ 재조선 미국육군사령부 군정청 법령 제59호

○ 은행지령 제5호

○ 은행지령 제3호

○ 은행지령 제10호

3. 일본권 등의 소각 상황

4. 일본은행권 소각에 관한 제반 증거 자료

5. 소각 일본은행권에 관한 문제점

6. 군표에 대한 우리나라(일본)의 책임에 대하여

3. 피징용 한인 미수금

1) 한국 주장

2) 한국 주장액

3) 일본 견해

4) 일본 측 조사 금액

(참고자료)

1. 조선인에 대한 미불금 처리 상황

2. 한국 측이 제출한 SCAP서한의 미불금액에 대하여

3. 한국 청구금액 관계 자료

4. 피징용자 보상금

1) 한국 주장

2) 한국 주장액

3) 일본 견해

4) 일본 측 조사액

(참고자료)

1. 조선인 징용 상황 및 계수에 대하여

2. 보상금 청구의 문제점

3. 종전 후 구(舊)군인, 군속 등에 대한 처우 일람표

5. 대일본 정부 청구

1) 미불 은급

(1) 한국 주장

(2) 한국 주장액

(3) 일본 견해

(4) 일본 측 주장액

(참고자료)

1. 조선 관계 은급제도에 대하여

2. 조선인에 대한 은급 지급의 문제점

3. 한국인의 국적에 대하여

4. 영토 분리에 수반하는 각국의 은급제도에 관한 조사

5. 조선인 관계 은급에 대한 은급국 시산

2) 귀국 한국인의 기탁금에 관한 청구

(1) 세관 기탁 통화류

(가) 한국 주장

(나) 한국 주장액

(다) 일본 견해

(라) 일본 측 조사액

(참고자료)

1. 조선인의 귀국 상황

2. 귀국 조선인의 소지금 취급 추이

3. 한도 초과 금액 등의 보관 경위

4. 한도 초과로 인한 예치금 금액

5. 한국 측 제출 자료

(2) 조선은행권과 교환한 일본은행권

(가) 한국 주장

(나) 한국 주장액

(다) 일본 견해 사실을 확인한 뒤 청구해 정당성 여부를 고려한다.

(참고자료)

1. 최고사령부에서 기탁받은 조선은행권에 대하여

2. 조선은행권과 교환한 일본은행권의 기탁금 계정

(3) 구 조련(재일본조선인연맹) 기탁분

(참고자료)

○ 조련의 접수 재산에 대하여(1955년 7월 법무연구 「재일조선인 처우의 추이와 현황」에서 발췌)

6. 일본 법인에 대한 청구(구체적으로는 민간생명보험회사에 대한 청구)

1) 한국 주장

2) 한국 주장액

3) 일본 견해

4) 일본 측 조사액

(참고자료)

1. 조선 계약 책임준비금의 상황

2. 생명보험사에 대한 한국인 계약자의 청구 관련 문제점

〈별지〉 생명보험에 관한 미 대법원의 판결

3. 조선인 계약 생명보험 관계 계수

*요강 6. 한국인의 일본 정부 또는 일본인에 대한 권리 행사의 원칙

1. 한국 주장

2. 일본 견해

(참고자료)

1. 요강 6의 문제점

2. 요강 6에 대한 방침안

〈덧붙임〉 한국 측 청구와 관련한 각종 권리 관계의 검토

(참고자료)

1. 은행 예금 관계

2. 손해보험관계

3. 주식 관계

4. 특별 경리회사 관계

5. 한국 비공식 제안 청구

*요강 7. 과실의 청구

*요강 8. 타결 후 6개월 이내에 완료할 것

(1) 계약 관계에서 정한 이자 등 지급 문제

4. 한국 청구권 금액

1) 한국 측 대일청구액 및 대장성, 외무성 시산액(1962년 1월 10일, 오히라 관방장관(당시)의 명령에 따라 작성한 것)

2) 한국 청구권 금액 시산에 관한 외무성 · 대장성 양측 안의 비교 검토 (1962년 1월 12일 이재국 외채과)

3) 수정 외무성 안

4) 1953년 당시 한일청구권의 수치

〈4분책〉

VI. 재한 일본 재산에 대하여

1. 문제의 개요

1) 재한 일본 재산에 대한 일본 측 청구권

2) 재한 재산에 대한 보상 문제

3) 일본 측 청구권과 '미국 해석'의 관계

4) 재한 일본 재산액에 대하여

2. 일본 측 청구권 문제의 경위

1) 제1차 회담 이전의 상황

2) 제1차 회담(1952년 2월 15일~1952년 4월 25일)

3) 제1차 회담 중단 후 제2차 회담 개시까지(1952년 4월~1953년 4월)

4) 제2차 회담(1953년 4월 15일~1953년 7월 23일)

5) 제3차 회담(1953년 10월 6일~1953년 10월 21일)

6) 제3차 회담 결렬 후의 상황(1953년 10월~1957년 12월)

7) '미국 해석'에 근거한 청구권 주장의 철회

(참고자료)

1. 평화조약 제4조에 대하여(발췌)
2. 미 국무부의 주에 대한 고찰(다오카논문)
3. 평화조약 제4조 (b)항과 재남한 구 일본 재산의 관계
4. 청구권 문제에 관한 일본 측 제안(기본 요강)
5. 청구권 문제에 관한 일본 측 제안의 설명 요지
6. 기본 요강에 대한 대장성 의견
7. 구보타 발언의 개요
8. 소위 한국의 막대한 청구권에 대하여
9. 재한 재산 상황에 관한 일본 측 조회

3. 미국 해석에 대하여

1) 미국 해석의 발표 경위

2) 미국 해석의 구성과 효과

3) 미국 해석의 내용 분석

4) 무상 공여 방식에 따른 청구권 문제 해결과의 관계

5) 미국 해석에 관한 대국회 설명

(참고자료)

1. 한일청구권 문제에 대해 미 국무장관이 주미한국대사에게 보낸 서한
2. 미국 해석
3. 1957년 12월 31일에 발표된 한일공동성명
4. 억류 어민 및 수용 한국인의 상호 석방에 관한 양해각서
5. 상동 부속양해
6. 전면 회담 재개에 관한 각서
7. 합의의사록
8. 일본 측 청구권 주장의 철회에 관한 구상서
9. 문화재 인도에 관한 구두 전달 사항
10. '미국 해석'의 비공개에 관한 양해

4. 재한 재산 보상 문제

1) 재한 재산 보상에 관한 정부 견해

2) 귀국자에 대한 원호 조치

(참고자료)

1. 재외 재산 보상 문제에 관한 법무총재의 견해

2. 재외재산문제심의회의 답신

5. 재한 재산액에 대하여

1) 재외재산보고서 등에 따른 재조선 재산액(국내 수치)

2) 연합국 최고사령부 민간재산관리국(Office of Civil Property Custodian)의 조사 수치

3) 재한 미군정부가 작성한 남한 접수 일본 재산액

4) 국회 답변과의 관계

6. 재한 일본 재산 처리 상황과 관계 법령

1) 재한 일본 재산 처리 상황

2) 재한 일본 재산 처리 관계 법령

(1) 태평양미국육군청사령부 포고 제1호

(2) 태평양미국육군청사령부 포고 제2호

(3) 태평양미국육군청사령부 포고 제3호

(4) 재조선미국육군사령부군정청 법령 제2호

(5) 재조선미국육군사령부군정청 법령 제21호

(6) 재조선미국육군사령부군정청 법령 제33호

(7) 군정청 취득 일본인 재산의 보고 및 재산의 경영, 점유 및 사용에 관한 건(제2호)

(8) 접수 농지에 관한 건(제3호)

(9) 재조선미국육군사령부군정청 법령 제57호

(10) 은행지령(제5호)

(11) 은행지령(제6호)

(12) 은행지령(제8호)

(13) 은행지령(제10호)

(14) 은행지령(제12호)

(15) 태평양미국육군청사령부 포고 제4호

(16) 신한공사의 설립(법령제52호의 개정)

(17) 외국과의 교역 통제에 관한 건(법령 제93호)

(18) 어선 및 선박(제6호)

(19) 기득된 제(諸)회사의 보고(제5호)

(20) 각종 귀속 사업체 운영에 관한 건(제8호)

(21) 관재령 제8호의 개정(제9호)

(22) 군정법령 제33호에 따라 군정청에 귀속된 소사업기관 처분에 관한 건

(23) 일본인이 소유했던 도회지 주택 불하에 관한 건

(24) 재산관리관의 주주총회 소집권 법령 제156호)

(25) 군정청 재산관리관이 주식 기타 이권을 소유한 조선 내에서 설립한 각종 법인 운영에 관한 건 (제10호)

(26) 일본 적산관리인 명의 등기 말소에 관한 건(법령 제162호)

(27) 접수 법인의 간이 운영 수속(법령 제185호)

(28) 한미협정

(29) 귀속재산처리법(한국법률 제74호 1949년 12월 19일)

(30) 귀속재산처리 특별회계법(1950년 2월 16일 법률 제98호)

○ 후기

한일청구권에 관한 일본 측 자료를 이해하는 법

차현진
전 한국은행 기획협력국장, 현 예금보험공사 이사

I. 들어가는 말: 대일청구권과 조선은행

이 자료집은 한일 국교정상화 과정에서 한국이 제시한 대일 채권(claim) 내역에 대한 일본 정부의 논거를 담고 있다. 두 나라 간 해결해야 할 주제 중에서 강제노역과 '위안부' 문제는 금전적 배상을 넘어 인권 차원에서 다뤄야 하므로 이 자료집에서는 제외하였다. 또한 탈취 문화재와 선박 등 현물의 반환은 법률상 채권(債權)이 아닌 물권(物權)에 해당하므로 역시 제외하였다. 다만 현물 중에서 금, 은, 그리고 현찰등가물(일본은행권, 일본군표, 일본국채, 중국저비은행권 등)은 포함하였다. 따라서 이 자료집이 다루는 범위는 한일 양국이 정산해야 하는 금융자산과 부채라고 할 수 있다.

그러다 보니 이 자료집은 자연스럽게 한국은행과 관계된다. 한국은행이 국내법(제정 한국은행법 제117~119조)에 따라 조선은행의 자산과 부채를 승계했기 때문이다. 한국은행에서 37년을 근무한 필자가 이 글을 쓰는 것도 그 때문이다. 그렇다면 대일청구권 문제와 관련해서 조선은행이 왜 중요한지를 살펴봐야 한다.

잘 알려진 것처럼 미 군정청은 1945년 12월 명령 제33호를 통해 한국에 있는 일본재산을 군정청으로 귀속시켰다. 그렇게 해서 군정청이 지배하게 된 재산은 재조(在朝) 일본인들이 거주하던 주택과 영세한 공장부터 조선우선주식회사[오늘날 한진해운(주)의 전신], 조선중공업주식회사[오늘날 한진중공업(주)의 전신] 등 국가 기간산업시설에 이르기까지 다양했다. 군정청은 그 많은 적산(敵産)을 관리할 인력과 조직을 갖추지 못했으므로 1945년 12월

입찰을 통해서 적산관리 대행기관을 지정했다. 그때 조흥은행이 군정청 고든 재무국장에게 '일제강점기를 버텨 온 유일한 민족계 은행'임을 내세워 적산관리 대행기관으로 지정되었다.

그런데 1947년 과도정부 출범 직후 정운용 조흥은행장의 개인 비리가 적발되어 구속되었다. 적산의 불하 과정에서 부조리가 많았기 때문이다. 그로 인해 미 군정청으로부터 획득한 적산관리 대행기관 자격이 박탈되고, 미 군정청의 사무를 인계한 과도정부의 각 부처가 관련 적산을 관리하는 체제로 전환되었다. 그중 금융분야의 적산관리는 재무부와 조선은행에 귀속되었다. 당시 조선은행은 일본에게 청구할 수 있는 금융자산의 상당 부분을 보유하고 있었다.

조선은행은 과도정부에 설치된 대일배상위원회의 요구에 따라 1947년 9월 소위 '대일배상청구 준비자료'를 작성했다. 하지만 그 자료는 조선은행의 대차대조표와 자산 목록만 조사한 것으로 추정된다. 즉 조선식산은행 등 타 금융기관들이 보유한, 일본 정부에 대한 채권은 포함되지 않았다. 태평양전쟁 도중에 상당량의 일본 국채가 강제 할당되어 조선의 금융기관들이 이를 나누어 인수했는데, 미 군정청과 과도정부가 이를 합산하지 않은 채 조선은행의 자산과 부채만 파악하는 데 그쳤다고 보인다. 그 불완전한 준비자료가 훗날 한일 국교정상화를 위한 청구권 요구의 출발점이 되었다는 것은 매우 아쉬운 일이 아닐 수 없다.

한편, 1950년 조선은행이 폐지되고 한국은행이 출범하자 과거 한국은행 임직원들은 청구권 협상과정에도 깊숙이 간여하게 되었다. 장기영(한국은행 부총재), 고범준(수석부총재), 이상덕(한국은행 외국부장) 등 역대 한국은행 임직원들이 회담마다 실무위원으로 참가했다. 그뿐만 아니라 구용서, 김유택, 배의환 등은 한국은행 총재직에서 물러난 뒤 주일대표부 대표와 한일회담 수석대표 등으로 임명되어 청구권 협상의 최전선에 섰다.

Ⅱ. 조선은행의 법적 지위와 청산과정

조선은행은 1911년 3월 29일 일본 제국의회가 제정한 조선은행법을 통해 설립되었다. 그런 점에서 조선식산은행 등 조선총독부령에 의해 설립된 여타 금융기관이나 기업과는 크게 다르다. 즉, 조선은행은 일본법에 의해 설립되었고 본점이 도쿄(1920년대 후반과 1940년 이후에는 도쿄에 본점이 있었다)에 있었던 일본의 법인이라는 주장은 부정하기 힘들다. 청구권 협상과정에서 일본이 조선은행의 재무건전성, 즉 부실한 대출과 투자로 인한 조선은행의 은폐된 손실 가능성에 전혀 관심을 두지 않았던 것도 그것을 일본 내부의 문제로 보았기 때문이다. 즉, 조선은행권 남발로 인한 인플레이션과 자본잠식 등에 대해 일본은 전혀 책임감을 느끼지 않은 것이다. 제2차 세계대전 패전과 함께 미 군정청이 조선은행을 몰수한 것은 승전국과 패전국의 문제일 뿐이며, 한국과 일본 사이의 문제는 아니라는 것이 일본의 시각이다.

한편, 현실적으로 보면 일제강점기 조선은행은 조선총독부의 관리를 받던 로컬 법인이 아니라 내지(일본 본토)의 대장성에게 감독을 받으며 만주와 중국 중북부까지를 영업지역으로 삼았던 다국적 기업이다. 1944년 말 당시 한반도에는 17개 영업점만 두었던 반면, 일본에 8개, 중국에 39개, 미국에 2개(뉴욕, 런던)의 지점을 두고 있었다.

인원 면에서도 조선에는 1,200여 명이 있었던 반면, 중국에서는 1,000명, 만주에서는 200명, 일본에서는 30명이 근무했다. 거기에 더하여 조선은행은 일본 외교정책의 첨병으로 동원되기도 했다. 1920년대 초 일본 대장성과 군부의 요구에 따라 위안스카이(袁世凱) 정권에 거액의 차관[니시하라(西原) 차관]까지 제공했는데, 이는 중앙은행과 상업은행의 역할을 뛰어넘는 것이었다.

따라서 동북아 다국적 기업인 조선은행의 청산문제는 한일 양국의 민·상법뿐만 아니라 한국-일본-중국-북한까지 연결된 국제법상의 문제이기도 했다. 미 태평양사령부와도 관계된 그 문제를 일본은 매우 주도면밀하게 처리했다. 패전 직후인 1945년 9월 30일 조선은행의 영업을 공식적으로 종료하고, 조선은행을 특수청산기관으로 지정했다. 이어 1947년 3월 칙령 제74호「폐쇄기관령」을 통해 조선은행 특수정리인을 선임했다. 특수정리인은 조선은행의 회계장부를 점검한 뒤 1948년 11월 12일 자로 청산금액을 확정했다.

이후 일본 정부는 조선은행의 자산과 부채를 일본 국내(1948~1952년)와 해외(1952~1953년)로 구분하여 차근차근 청산을 진행했다. 그리고 1953년 11월 호시노 키요치(星野喜代治) 전 조선은행 부총재를 청산인으로 하는 조선은행청산사무소(일본권업은행 도쿄 유라쿠쵸지점 2층)를 설치하는 것으로 작업을 마쳤다. 이 기구는 훗날 일본부동산은행과 일본채권신용은행을 거쳐 현재 아오조라은행으로 이어지고 있다[자세한 내용은 「조선은행사」(일본 동양경제신보사간, 1987년) 참조].

그에 비해서 우리나라의 조선은행 청산과정은 상당히 서툴고 거칠었다. 일본처럼 하려면, 「조선은행 폐지에 관한 법률」을 제정하여 조선은행을 둘러싼 국내외 관련자와의 법적 분쟁의 처리 근거를 분명히 마련했어야 하지만, 그렇게 하지 않았다. 대한민국 국회는 한국은행법 끄트머리(제118조)에 조선은행의 자산과 부채를 한국은행이 일괄 인수하는 근거만 마련하는 데 만족했다.

현행 법률 아래서는 일제강점기 만주와 북한에 있었던 조선은행의 자산과 부채에 대해서는 추가적인 청구 요청이 가능한지 불분명하다. 만일 소송이라도 생긴다면 한국은행이 나설 것인지, 정부(기획재정부 또는 외교부)가 나설 것인지도 애매하다. 그런 것도 제대로 정하지 않은 채, 현직 조선은행과 한국은행 임직원들이 대충 작성한 목록을 토대로 대일청구권 협상이 시작된 사실은 대단히 유감스럽다. 그것은 대한민국 국회의 실수였으며, 이 자료집의 태생적 한계이기도 하다.

참고로 조선은행 청산과 관련해서는 1950년 한국은행에 '조선은행 청산위원회'라는 서류상의 조직이 꾸려지고, 한국은행 직원들이 관련 기록들을 보관해 왔다. 그러다가 1981년 말 전두환 대통령이 속칭 과거사 정리를 지시하자 한국은행은 기다렸다는 듯 그 자료관리를 중단했다. 지금도 그 자료는 한국은행에 남아 있지만, 그 기록의 법적 효력에 관해서는 아무도 장담할 수 없다. 일본의 과거사 정리 태도와 극단적으로 대비된다.

Ⅲ. 한국의 과오

일본 측 자료에 따르면 조선은행은 1945년 3월 말 제72기에 이르기까지 6개월마다 회계결산을 착실하게 진행했다. 그 회계기록에 따르면, 일본이 패망하던 순간에도 조선은행은 상당한 순자산과 이익금을 갖고 있었다.

이는 한국의 기록과 상당히 다르다. 1941년 태평양전쟁과 더불어 일본은 임시군사비특별회계법을 제정하고 군비지출과 관련한 의회심의와 결산을 폐지했다. 행정부가 일방적으로 예산을 편성한 가운데 조선은행은 일본 정부의 지시에 따라 군사비를 만주의 관동군 등에 지급하는 일을 맡았다. 그때 조선은행은 화폐를 발행해서 관동군을 지원(일본은행의 국고대리점 기능)하기 바빴으므로 일본은행에 받을 채권이 많았을 텐데 이에 관한 기록은 남아 있지 않다(패망 직전 만주에서는 조선은행권이 기축통화로 통용되었다. 그 돈이 해방 직후 국내로 유입되어 남북한에 극심한 인플레이션을 초래했다).

무엇보다도 중요한 사실은, 조선총독부는 1940년대 들어서 조선은행의 회계결산을 중단시켰다는 것이다. 1925년 반동공황(反動恐慌) 때 분식회계가 알려지면서 조선은행이 파산 직전까지 갔던 경험을 감안해서 전쟁 중 조선은행의 경영 악화를 은폐하려던 속셈이었다. 그래서 한국에 남아 있는 조선은행의 결산기록은 1940년 6월 말(제62기)로 끝난다. 그때부터 해방을 맞을 때까지는 전쟁 중의 비정상적인 대출과 군자금 지급 때문에 조선은행의 부실이 상당히 확대되었을 것이라는 합리적 추정이 가능하다.

1950년 한국은행 설립 당시 관계 직원들은 조선은행의 잠재부실을 약 4억 원으로 추정했다(1950년 블룸필드 보고서). 그런데 그런 자본잠식 상태로는 중앙은행인 한국은행을 출범시킬 수 없었다. 그래서 정부와 한국은행은 편법을 썼다. 조선상공은행을 신설해서 조선은행의 모든 부실자산을 인수토록 하고, 한국은행은 조선은행의 우량자산만 떼어 출범하는 것이다. 즉, 과거 조선은행을 배드뱅크(bad bank, 조선상공은행)와 굿뱅크(good bank, 한국은행)로 분리했다.

그 과정에서 상당한 오류와 실수가 발생했다. 조선상호은행을 신설하는 것 자체의 법적 근거가 없었다. 한국은행이 빨리 출범하기를 바라는 조선은행 임직원들의 독촉을 받고 재무장관(최순주, 전 조선은행 이사)이 은행 신설을 독단적으로 결정했다. 더 큰 잘못은 당시 조선은행 임직원들에게 있다. 배드뱅크와 굿뱅크가 나눠 가져야 할 자산과 부채를 분류하는 작업을 지극히 무성의한 태도로 진행했다.

1940년 이후 조선은행은 제대로 된 결산을 하지 않았다. 해방된 뒤에도 연차보고서를 작성하지 않았다. 그렇다면, 물적 · 인적 분할을 하는 1950년 5월은 조선은행의 재무건전성을 최종 판가름할 중요한 기회였다. 하지만 조선은행 직원들은 새로운 중앙은행의 출범에 들뜬 나머지 건성으로 실사작업(due deligence)을 진행했다. 약 2주일에 거쳐서 본점과 8개 지점에서 실사와 최종 결산이 진행되었는데, 이는 통상적인 업무인계서를 작성하는 수준에 불과했다. 자산과 부채의 양도인(조선은행 마지막 총재 구용서)과 양수인(한국은행 초대 총재 구용서)이 동일인이라서 조선은행의 해체작업이 수박 겉 핥기식으로 끝났다.

결과적으로 한국은행은 1950년 6월 조선은행의 이익적립금 3억 원과 정부의 출자금 15억 원으로 출범했다. 그때 이익적립금 3억 원이 어떻게 계산된 것인지는 근거를 찾을 수 없다. 재무부가 이를 검증해야 했지만, 그런 과정을 거치지 않았다. 결국 제1공화국에서 시작된 한일청구권 협상 중 금융채권에 대해서는 한국은행에 남아 있는, 건전하지만 부분에 불과한 자산 목록을 토대로 진행되었다.

한편, 조선은행의 부실자산만을 인수한 조선상호은행은 인원도, 조직도 충분치 않았다. 조선은행 영업부 직원들이 일괄적으로 조선상호은행에 배치되었는데, 그들은 인사발령을 받자 집단행동을 하면서 총재에게 항의했다. 법률상 한국은행의 설립일이 6월 6일이었는데 실제 출범일이 6월 12일로 늦춰진 것은 조선상호은행으로 이직할 사람들의 반발을 다독이는 데 시간이 걸렸기 때문이다. 그렇게 기분 나쁘게 새 직장에서 일을 시작한 조선상호은행 임직원들은 별로 열심히 일하지 않았다. 조선상호은행은 한국전쟁 중 자금난을 겪다가 파산했다. 그 바람에 해방 직후 조선은행의 부실화 규모—한국이 일본에 청구할 수 있었던 인플레이션 비용—를 가늠할 아무 기록도 남지 않게 되었다.

엄밀히 따지자면, 회계기록이 정확히 남아 있었다 해도 조선은행의 실제 부실을 측정하는 데는 한계가 있다. 패전 직후 조선은행의 일본인 간부들이 회계장부에 남기지 않고 여러 가지 부실을 일으켰기 때문이다. 패전 직전인 1945년 8월 14일의 조선은행권 발행액이

48.4억 원이었는데, 1945년 9월 30일에는 86.8억 원으로 80%가 급증했다. 거기에 더하여 일본인 간부들은 조선인 부하 직원의 눈을 피해 지폐 인쇄를 위한 원판을 빼돌려서 야간에 제멋대로 화폐를 발행했다. 빼돌려진 은행권 원판이 1945년 10월에 발생한 조선정판사 사건의 원인이었는데, 그런 일이 횡행했다면 기록되지 않은 조선은행의 부실은 상당했을 것이다.

Ⅳ. 일본의 오류

미 군정청은 조선은행이 작성한 '대일 배상청구 준비자료'를 과도정부로부터 받아서 도쿄의 태평양사령부에 넘겼다. 일본은 태평양사령부를 통해 그 자료를 받았다. 훨씬 일찍 조선은행 청산을 준비하고 있던 일본 정부는 그 자료를 보고 속으로 웃었으리라 추측된다. 그리고 장차 진행될 한일청구권 협상이 땅 짚고 헤엄치기라며 안도했을 것이다. 예상문제가 너무 쉬웠기 때문이다.

그렇다면, 일본 정부가 할 수 있는 최선은 시간 끌기다. 최종적인 금액은 어차피 정치적으로 타협되리라 기대하면서 그 전까지는 실무자들이 한국 측의 논거들을 최대한 냉소적이고 거만한 자세로 반박하여 기를 죽이는 것이다. 실제로 한일회담 과정은 그러했다.

이 자료집에서 나타나는 일본의 자세를 한마디로 표현하자면, 우격다짐이다. 자가당착에 가까운 주장들이 곳곳에서 발견된다. 예를 들어 한국(조선은행)이 보유한 일본 국채로부터 발생한 태평양전쟁 기간 중의 이자 문제가 그러하다. 일본 정부(대장성)는 "전쟁 중의 이자 지급은 중단된다"는 국제법을 들고나왔다. 그리고 여러 나라의 사례를 제시했다. 하지만 그 원칙은 전쟁 당사국에 해당한다. 그런데 태평양전쟁 당시 조선은 일본의 식민지였다. 식민지는 내지(內地)와 마찬가지로 전쟁 중에도 금융기관과 주민 간에 예금과 대출에 대한 이자가 계속 유효했다. 그것을 잘 아는 일본이 국제법을 들고나온 것은 조선이 독립국이었음을 인정하는 셈이 된다. 이처럼 일본은 자국의 국채 이자를 어떻게든 지급하지 않으려는 생각으로 자가당착에 가까운 논리를 내세웠다.

한편, 패전할 때까지 일본은 유럽의 파운드화 블록, 프랑화 블록을 흉내 내어 엔 블록(yen block)을 추구했다. 일본-조선-만주-중국 본토를 하나의 경제권으로 묶은 뒤 기본적으로 일본의 엔화가 기축통화로 유통되는 시스템이다. 그 근본은 1897년에 제정된 화폐법인데, 이에 따르면 '1엔=순금 0.2돈(0.75그램)'의 가치를 가진다. 그리고 엔 블록 안에서는 '1엔(円)=1원(圓)=1위안(元)'의 가치체계를 추구했다.

그런데 현실에서는 그 등식이 전혀 성립하지 않았다. 조선은 굴신발행제도, 만주국은 은본위제도 등을 통해 금본위제도를 일탈했기 때문이다. 그래서 1엔은 5~10원, 1원은 2~10위안 정도로 통용되었다. 그리고 일본은 패망 후 조선은행을 청산할 때 그런 현실을 인정했다. 한국과 청구권을 협상할 때도 그 환율을 적용하려고 했다.

하지만 그 환율을 적용할 경우 조선은행의 부실은 심각하게 증폭된다. 조선은행이 일본정부의 요구로 실시한 만주와 중국에서의 대출채권 가치가 폭락하고, 이는 고스란히 조선은행의 부실로 이어진다. 그렇게 되면 일본이 부담해야 할 금전채무의 규모가 커진다. 따라서 일본은 청구권 협상과정에서 경제적 실체를 외면하고, 회계기록에 집착했다.

그럼에도 한국의 실무위원들은 그에 대해 별다른 이의를 제기하지 않았다. 일제강점기에 상업학교를 졸업하고 조선은행(또는 조선식산은행)에 취직했던 사람들의 한계다. 그들은 주로 경리나 회계 업무를 담당하면서 회계기록의 엄밀성에 대해서 집중적으로 교육을 받았다. 일본 문화가 강조하는 마코토(誠), 즉 성심성의를 다해서 최선을 다하는 정신에 비추어 볼 때 은행원이었던 사람들이 미시적·회계적 문제에 집중하는 것은 전혀 이상한 일이 아니다. 하지만 회계적인 문제에 집중함으로써 경제적 실체를 파악하고 청구권을 점검하려는 거시적 안목은 크게 부족했던 것이 사실이다.

V. 결론

미국의 철학자 조지 산타야나는 "역사를 통해 배우지 않는 사람은 그것을 되풀이하는 저주를 받는다(Those who cannot learn from history are doomed to repeat it)"라고 말했다.

우리가 역사를 통해 배워야 하는 것은 대한제국 시절 일본에 강점당하게 된 과오뿐만 아니라 한일청구권 협상과정의 실수도 있다. 그런 점에서 이 자료집은 후세를 위한 소중한 연구의 출발점이 될 것이다.

1965년 한일 국교정상화는 "무상원조 3억 달러, 정부 차관(유상) 2억 달러, 민간 차관 1억 달러"라는 조건 속에서 이루어졌다. 일본에 받아야 할 금액이 너무 작아서 여러모로 아쉬움이 남는다. 물론 일본의 입장에서는 그 금액도 부담스러웠을 것이다. 도쿄올림픽이 개최되던 1964년 일본의 외환보유액은 20억 달러였고, 1960년대 말까지 그 수준을 크게 넘어서지 않았다.

그런데 일본은 국교정상화와 관련하여 총 6억 달러를 한국에 제공하면서 마치 큰 선심을 쓰는 듯한 태도를 보였다. 그리고 지금까지도 우파들은 "조선 강제병합은 한국의 근대화를 촉진시켰다"라는 주장을 굽히지 않는다. 그 배경에는 일본의 철두철미한 기록관리 습성이 작용한다. 일본은 1954년 조선은행의 자산과 부채를 승계하는 일본부동산은행을 별도로 설립했으며, 그 은행은 일본채권은행을 거쳐 현재 아오조라은행으로 이어지고 있다. 아오조라은행이 갖고 있는 기록은 "조선은행은 일본법에 의해 설립된 견실한 금융기관이었다"는 것을 강조한다. 그 알토란 같은 은행을 한국이 미 군정청의 힘을 빌려 통째로 삼켰다는 것이 일본의 시각이다. 즉 일본은 피해자고, 한국이 가해자다.

그런 황당한 시각을 교정하려면 조선은행이 얼마나 부실했는지, 그래서 한국인들이 어떤 피해(금융 버블)를 보았는지 밝혀야 한다. 그것이 이 자료집 발간에 이어서 연구해야 할 방향이다. 이 자료집은 일본에 대한 청구권 중 금융부문, 특히 그중에서도 조선은행 관련 자산, 조선은행 관련 자산 중에서도 한국은행이 냉큼 인수한 우량자산에 관한 기록과 그에 대한 일본의 논거를 담고 있다.

이 자료집을 통해 제시되는 한국의 청구액은 지나치게 작았다. 그 책임은 당시 위정자에게만 있는 것은 아니다. 자료를 작성하고 실무회의에 참가했던 정부 관료와 금융인들의 과오도 있으니 이를 엄중하게 평가해야 한다. 현재 한국은행에는 조선은행의 청산과 관련한 자료들이 어느 정도 보관되어 있다. 학계와 금융계가 합심해서 그 기록들을 다시 살펴보고 내일의 한일 관계를 위한 밑거름으로 삼아야 할 것이다.

해제

조윤수
동북아역사재단 연구위원

1. 머리말

자료집『일본 정부의 청구권 정책 전모』Ⅱ·Ⅲ은 청구권 교섭에서 한국 정부가 요구한 8항목에 대한 일본 정부의 대응과 전략을 담은 것이다. 일본 정부의 입장에서 작성했기 때문에 현 시점에서는 상당한 위화감이 있다. 대장성 문서는 개인 청구권 문제를 비롯한 식민지 지배에 대한 일본의 인식을 직접적으로 살펴볼 수 있다. 대장성은 청구권 교섭을 담당한 부서로, 한국의 대일청구권에 대해 실질적인 대응책을 주도했다.

먼저 '한국 정부의 대일 8개 항목'은 제1차 회담인 재산 및 청구권 문제 분과위원회 제1차 회의(1952.2.20) 때 한국 정부가 제시한 문건이다. 한국 정부가 내세운 대일 8개 항목의 내역은 다음과 같다. 청구권 교섭을 위해 일본과 어떤 항목을 협의할 것인지 논의한 적은 없다.

제1차 회의 당시 한국 정부의 별첨 문건

항목	요구 사항	내역
1	한국에서 가져간 고서적, 미술품, 골동품, 기타 국보, 지도 원판 및 지금·지은을 반환할 것	1. 고서적(국립도서관 등 국내 12개소 소장분) 2. 미술품, 공예품(도쿄 제실박물관 등 국내 4개소 소장분 및 개인 소유분) 3. 지도 원판(17종) 4. 지금: 1909~1945년까지 조선은행 보유의 지금을 이관한 것 5. 지은: 지금과 같음

2	1945년 8월 9일 현재 일본 정부의 대조선총독부 채무를 변제할 것	1. 조선총독부저금관리국의 일본대장성 예금부에 대한 감정 2. 간이생명보험 적립금 예금부 예금 3. 간이생명보험 여유금 4. 우편연금 적립금 예금부 예금 5. 우편연금 여유금 예금부 예금 6. 대장성 예금부 등록공채
3	1945년 8월 9일 이후 한국에서 이체 또는 송금한 금원을 반환할 것	
4	1945년 8월 9일 현재 한국에 본사(점) 또는 주된 사무소가 있는 법인의 재일 재산을 반환할 것	해당 회사 명부: 조선은행, 조선식산은행, 조선신탁은행, 조선금융조합연합회, 조선총독부 철도국공제조합, 조선장학회유지재단
5	한국 법인 또는 한국 자연인의 일본국 또는 일본 국민에 대한 일본국·공채, 일본 은행권, 피징용 한인 미수금, 기타 청구권을 변제할 것	1. 일본 국채, 일본 지방채, 일본 정부 보증사채, 일본 정부 기관 사채 2. 일본 은행권, 일본 정부 소액 지폐 3. 조선은행의 일본은행에 대한 대월금 및 입체금 4. 태평양전쟁 한인 전몰자 조위금 및 유족 위자료 5. 태평양전쟁 한인 상병자 위자료 및 원호금 6. 태평양전쟁 한인 피징용자 미수금 7. 태평양전쟁 한인 피징용자 위자료 8. 일본 정부 및 조선총독부 한인 공무원 은급 9. 재일한국인 본국 귀환 시의 예탁금 10. 생명보험 계약자에 대한 책임 준비금 및 미경과 보험료 11. 재한 금융기관의 대일 위체수지 차익의 미청산분 12. 조선식량영단의 수출 미곡대금의 미수 기타 미청산금
6	한국 법인 또는 한국 자연인 소유의 일본 법인의 주식 또는 기타 증권을 법적으로 인정할 것	
7	전기 제 재산 또는 청구권에 생(生)한 제 과실을 반환할 것	
8	전기 반환 및 결제는 협정 성립 후 즉시 개시하여 늦어도 6개월 이내에 종료할 것	

대일 8개 항목에 따르면 한일 청구권 교섭은 식민지 시기에 발생한 민사적 재산처리 교섭이다. 청구권은 순수하게 한국이 일본에서 받아야 할 국가 청구권과 개인 청구권으로 구성된다. 제5항은 개인 청구권에 해당되지만 대체적으로 한국 정부의 청구권과 개인 청구권이 섞여 있거나 중복돼 있다. 제5항은 개인 청구권이다. 제3·4항에는 정부와 개인이 엄격하게 구분되지 않은 채 섞여 있다.

이 자료집(Ⅱ·Ⅲ)은 제5·6차 회담에서 한국 정부가 제시한 8개 항목을 대장성의 입장에서 검토한 것이다. Ⅱ권은 제1~5항에 대한 일본 정부의 대응과 전략 수립에 기초가 되는 자료를 모두 첨부했다. 일본 대장성이 어떤 자료를 활용해서 청구권 문제를 해결하려 했는지 살펴볼 수 있다. Ⅲ권은 제6~8항까지 다뤘는데 이 부분은 실질적인 교섭에 들어가지 못했다. 한국과 일본의 입장 차이를 설명했는데, 공개 당시부터 현재까지 많은 부분이 먹칠 상태다. Ⅲ권에는 마지막 제4분책도 수록했다. 미군정 제33호에 한국에 거주한 일본인의 재산 몰수와 귀속에 대한 내용을 검토한 것으로, 한일협정 이후 법적 책임과 보상 문제를 회피하기 위한 일본 정부의 논리가 담겨 있다. 이 부분은 당시 일본 국회에서 한국으로 귀속된 귀속재산에 대한 질의가 다수 있었고 재조 일본인들의 민원이 끊이지 않았기 때문에 대장성 나름대로 정리해 둘 필요가 있다고 판단했던 부분이다.

이 자료집에서 알 수 있듯이 개인 청구권 핵심 내용인 제5항을 검토한 부분은 여전히 먹칠된 부분이 많다. 당시 일본 정부는 한국 정부가 요구한 금액에 대해 근거 자료 제출을 요청했으나, 이미 자체적으로 검토를 마쳤음을 짐작할 수 있다.

대장성은 경제협력 방식으로 정치적 타결이 되더라도 모든 청구권을 소멸시켜야 된다는 입장이었다. 청구권은 총리부 은급국(은급관계), 대장성(총독부사업), 수산청(나포어선관계), 우정성(우편저금관계) 등 일본 내 여러 부처가 관련되어 있는 문제로, 필요하면 국내 입법을 통해 모든 청구권을 소멸시킬 생각이었다. 하지만 대상 범위가 확인되지 않은 것이 많아 국내 입법 처리가 불가능했던 것으로 보인다.[1]

2. 청구권에 대한 한일 양국의 입장 차이

한일 양국은 교섭 상대에 대한 인식부터 달랐다. 한국은 연합국 승전국 입장에서 교섭

1 외무성 북동아시아과, 2015-00518, 「佐藤局長, 黒河内福田参事官, '日韓会談尾おける請求権経済協力協定第2条に関する交渉(追録)'」, 5~12쪽

에 임했지만, 일본은 한국이 해방된 것이 아니라 일본에서 분리되었다는 입장이었다. 일본은 35년 식민지 지배가 불법이라는 인식이 전혀 없었다. 제3차 회담 수석대표 구보타 간이치로(久保田貫一郎)의 '샌프란시스코 강화조약이 발효되지 않은 시점에서 한국이 독립한 것은 불법'이라는 발언은 일본 정치인이나 외무성 관료들의 공통된 인식이었다. 일본은 한국병합을 유효로 하는 틀 안에서 청구권 문제 해결을 요구했다. 즉 일본 국내법으로 문제를 해결할 방침임을 밝혔다.

제1차 회담에서 일본은 '역청구권'을 주장했다. 한국이 식민지 지배의 불법성을 강조하며 막대한 금액을 요구할 것이라 우려했기 때문에 나온 협상전략으로, 일본은 한국으로부터 받아야 할 금액은 140억 엔이고, 한국에 물어줘야 할 금액은 120억 엔이라고 주장하며, 정치적 해결방법으로 청구권을 상계하자고 했다(제3권 126쪽). 가능한 한 소액으로 청구권 문제를 처리하고자 '역청구권'을 주장한 것이다.

미군정 제33호에 따라 한반도 내 일본 정부와 일본인 재산이 한국 정부에 귀속됐다. 일본은 사유재산까지 한국 정부에 귀속된 것은 국제법 위반이라고 주장하면서도 샌프란시스코 강화조약을 수락한 이상 미군정 제33호를 거부할 수 없었다. 당시 일본에서는 한반도에 거주했던 일본인을 중심으로 그들이 조선에 남겨둔 재산처리를 둘러싼 민원이 계속되는 상황이었다. 특히 북한 쪽은 소련이 점령하면서 몰수했다. 한국의 대일청구권을 인정한다면 재조 일본인들의 청구권 민원은 계속될 수 있었다.

한국 정부가 제시한 8개 항목은 제6차 회담에서 본격적으로 논의했는데 대부분 일제강점기 일본이 작성한 자료에 의존해야 했다. 따라서 한국 주장의 근거에 해당하는 자료가 턱없이 부족했다. 특히 6년이라는 시간이 흘렀고, 한국전쟁으로 군인·군속·강제 징용자 총수, 사망자·부상자 총수 등 한국에 남아 있는 자료가 소실되었을 가능성이 컸다. 특히 개인 청구권은 보험 증권, 우편 예금 등의 근거 자료를 당사자가 제시하지 않으면 증명할 길이 없었다.

일본은 교섭 내내 식민지 시기 조선이 일본이었다는 논리와 일본이 아니었다는 논리를 상황에 따라 다르게 폈다. 한국 정부는 자격권을 가지는 한국인에게 은급 지급을 요구했다. 일본 정부는 징용자에 대해 당시 한국인이 아닌 일본인이었기 때문에 군인으로 동원하거나 총독부에서 일하는 데 문제가 없었지만, 현재 시점에서 이들은 일본인이 아닌 외국인이므로 일본인에게만 지급할 수 있는 은급은 지급할 수 없다고 주장했다.

8항목의 교섭 과정 중 양국이 일치하여 합의가 가능한 내용은 거의 없었다. 청구권 교섭의 원칙을 둘러싼 기본적인 내용과 어떻게 금액을 산정할 것인지 대한 환율 문제도 양국의 입장이 달랐다. 청구권의 관할권 문제에 있어서 한국 정부는 청구권의 범위가 한반도 전체에 해당한다고 주장했다. 즉 북한에 대해서도 청구권을 갖는다고 주장했다. 일본은 실질적인 시정권(施政權)이 미치지 않기 때문에 남쪽 지역으로 한정할 것을 주장했다. 그러나 교섭에서 관할권 문제는 금기사항이었다. 일본이 관할권 문제를 제기하면 한국은 교섭에서 퇴장하겠다며 강력히 항의했다. 당시 남북 분단이라는 시대 상황은 남북 대립과 체제 경쟁으로 이어져 일본과의 교섭에서 북한이라는 단어는 금기어에 가까웠다. 또 제5항의 피징용 한국인이 받아야 할 미수금에서 남북한을 구분할 수 없었다. 이는 제5항만의 문제가 아니라 모든 항목에서 나타났다. 예를 들어 이 자료에서는 한국 정부가 요구하는 우편저금을 인구에 비례해 남한 70%, 북한 30%로 정했고, 피징용자에 대해서는 일본 외무성은 남한 출신자가 많았다며 90~95%까지 산정했으나 대장성은 70%로 산정했다.

양국의 대립은 환율 계산 방법에서도 나타났다. 현재도 마찬가지지만 환율에 따라 금액의 차이가 존재한다. 한국은 1945년 당시의 미국 달러화 대 일본 엔화 환율을 1달러당 15엔으로 환산하여 청구했지만, 일본은 일본 채권이 모두 엔화로 발행한 채권이기 때문에 표시 금액 그대로 엔화로 지불하면 충분하다고 주장했다. 양국은 청구권 교섭에 앞서 기본적인 원칙을 협의하지 않고 회담에 임했으므로 애초부터 문제를 해결하기 어려웠다.

이 자료집의 주요 내용인 대일 8개 항목은 제5·6차 회담을 정리한 것으로 양국의 입장을 정리하면 다음 표와 같다.[2]

---

2 합계나 계산된 금액은 필자가 계산한 것이 아니라 원사료에 적시된 금액을 그대로 적었다. 따라서 오류가 있어도 원사료를 그대로 따랐다.

항목	내용	한국의 주장	일본의 주장
1	조선은행을 통해 반출된 지금(地金) 및 지은의 반환을 청구한다.	일본은 35년간 한국에서 생산된 금 대부분을 반출했다. 지금지은의 경제적 기능에서 보면 한국 경제를 일본 경제에 예속시키기 위한 행위이며, 일본의 이익만 고려한 것으로 부당하다. 일본은 법률에 근거한 행위라고 하나 이 입법 자체가 부당하다. 지금 약 249톤, 지은 약 67톤(모두 현물)	지금·지은 매매는 조선은행법에 따른 업무에 속하는 행위였고, 동법에 따르면 조선은행이 지금·지은을 전액 보유할 필요는 없었다. 따라서 부당하다고 볼 수 없다. 가격도 당시 내선일체에 따르고 있어 부당하게 저렴한 가격은 아니었다. 이 점에서도 부당성은 없다.
2	1954년 8월 9일 현재 일본 정부의 대조선총독부의 반제(返濟)를 청구한다.		
	체신국 관계 ⓐ 우편저금, 대체저금, 위체(爲替)저금(우편환) 등	1,197,725,743,107엔	2억 5천 8백만 엔 ※ 위 계산은 1945년 9월 15일의 잔고이며, 남북한 인구 구성비에 따라 외무성과 대장성의 차이가 존재함. 이자(연 3.6%)를 포함한 1961년 당시 숫자임.
	ⓑ 국채 및 저축채권 등	제5항에 포함하여 토의	
	ⓒ 간이생명보험 및 우편연금 관계	조선 간이생명보험 및 우편연금 특별회계에서 예금부로 예입된 1945년 9월 15일 현재 잔고 중 한국인 분에 상응하는 금액의 반환을 청구함. 1억 3천 5백만 원(35,444,445.51엔)	6천 7백만 엔 ① 일본 측 예입금 잔고 1억 2천 4백만 엔(1945년 11월 말 현재)에 일한 비율(간이생명보험은 2:8, 연금은 7:3)을 곱하고, 남북한 인구비(70:30)를 곱해 산정. ② 1961년 9월 현재까지의 이자는 1천 2백만 엔(연이율 1%).
	ⓓ 해외 환저금(채권은 항목 5의 유가증권에 포함)	한국 지역 밖에 거주하던 한국인의 우편저금·대체저금 7천만 엔	준비한 자료가 없는 관계로 위와 관련해 구체적인 내용을 듣지 않으면 이론적으로나 수치적으로나 의견을 표명할 수 없어 현재 입장 표명을 보류 중이다.

항목	내용	한국의 주장	일본의 주장
	ⓔ 동결된 한국 수취금	1945년 9월 16일 이후 한국 정부가 일본 정부에 입금 이체한 우편저금, 대체저금, 우편환 및 은급 금액의 보전을 청구한다. 4천 5백만 엔	미군정 법령 제33호는 1945년 12월 6일 포고·시행되었으므로 일본 재산 몰수는 동일 전까지 소급될 수 없다. 따라서 동일 이전에 이루어진 지불은 한국 정부가 단순히 일본 측 업무를 대행한 것에 불과하니 입금 이체 등에 대하여 들을 이유가 없다.
3	1945년 8월 9일 이후 한국에서 대체 또는 송금된 금원의 반환을 청구한다.	① 조선은행 본점으로부터 일본 도쿄지점에 진체 또는 송금된 금품 ② 8월 9일 이후 재한 금융기관을 통하여 일본에 송금된 금품(제5항목과 겹치는 부분도 있어 토의를 유보함)	
4	1945년 8월 9일 현재 한국에 본사, 본점 또는 주된 사무실이 있던 법인의 재일 재산의 반환을 청구한다.	① 이들 법인은 종전 전부터 한국 법인이었다. 재일 재산은 유형재산을 포함해 해당 법인의 것이므로 반환을 청구한다.	① 이들 법인은 지역적으로나 근거 법령상으로나 일본 법인이며, 재일 재산이 어디에 귀속되는지는 사유재산 존중 원칙과 국제 선례를 기준으로 판단할 필요가 있다. ② 한국 측이 이들 법인의 재산이 한국 측에 귀속된다고 주장하는 근거는 오로지 미군정 법령 제33호밖에 없으며, 미군정 법령의 효력은 한국 영역 밖에 소재하는 재산에는 미치지 않으므로(지역론) 재일 재산에는 미치지 않는다.
	① 연합군 최고사령부 폐쇄기관령에 의거 폐쇄 청산된 한국 내 금융기관의 재일 지점 재산 ② SCAPIN 1965호에 의거 폐쇄된 한국 내 본점 보유 법인의 재일 재산	② 재일 재산의 귀속은 미군정 법령 제33호와는 무관하다. 다만 이들 법인의 일본인 주식은 전부 한국에 있었으므로 미군정 법령 제33호로 전부 몰수되었다고 보는 것이 지당하고, 그 주식이 가분성이 있다고 볼 수 없다. -일본 측의 청산 처리 설명을 들은 다음 실질적인 청구액을 결정하겠다며 명시하지 않음.	③ 전후 SCAPIN에 따라 일본 측은 재일 재산에 관한 청산 명령을 받았고, 회사 대부분이 정리를 완료했다. 따라서 한국 측에 반환해야 할 것이 있다면 구한국인 주주를 위해 유보한 현금 또는 제2회사의 주식이며, 이는 현재 보관 중이다. (부연) 그래서 우리 측은 재일 재산의 반환 청구를 전제로 할 때 재일 재산 청산 상황을 한국 측에 설명할 필요가 없다고 생각되지만, 지장이 없는 선에서 자료를 제공하겠다고 밝혔다. ※ 일본이 유보한 금액은 현금 780만 엔, 주식 액면 31.96엔(71,000주)

<table>
<tr><th>항목</th><th>내용</th><th>한국의 주장</th><th>일본의 주장</th></tr>
<tr><td rowspan="3">5</td><td>한국 법인·자연인의 일본국 또는 일본 국민에 대한 일본 국채, 공채, 일본 은행권, 피징용 한인의 미수금, 보상금 및 기타 청구권 등의 변제를 청구한다.</td><td></td><td></td></tr>
<tr><td rowspan="2">① 일본 유가증권</td><td>
<table>
<tr><th>항목</th><th>금액(괄호 안은 현물)</th></tr>
<tr><td>일본 국채</td><td>73억 7천 1백만 엔(340)</td></tr>
<tr><td>조선식량증권 및 식량증권</td><td>1억 5천 2백만 엔(152)</td></tr>
<tr><td>일본저축권</td><td>1천 8백만 엔(18)</td></tr>
<tr><td>정부보증사채</td><td>8억 3천 3백만 엔(0.5)</td></tr>
<tr><td>일본 지방채(요코하마시채)</td><td>1백만 엔</td></tr>
<tr><td>일본 사채</td><td>2억 6천 1백만 엔(8)</td></tr>
<tr><td>저축 및 보국 채권</td><td>4백만 엔(4)</td></tr>
<tr><td>기타 증권</td><td>9천 2백만 엔(92)</td></tr>
<tr><td>계</td><td>87억 3천 5백만 엔(617)</td></tr>
</table>
</td><td>① 등록분
폐쇄기관, 재외회사 소유분은 등록지인 일본에 소재한 재일 재산이며, 미군정 법령 제33호의 효력은 이러한 재산에는 미치지 않으므로(항목 4에서 설명한 바와 같이) 반환은 불필요하다.
② 체신부 소유분
총독부 재산이니 한국 측에 귀속된다고 주장한다면 국제 선례에 반하므로 이의가 있으며, 미군정 법령은 효력이 미치지 않으므로 어느 쪽이든 반환은 불필요하다. 단, 조선 간이생명보험 등 한국인 가입자의 경우 고려함.
③ 현물분
현물 제시를 조건으로 고려한다. 단, 조선은행권 발행 담보
【대장성】
<table>
<tr><th>항목</th><th>금액</th></tr>
<tr><td>등록 국채</td><td>1천 4백만 엔</td></tr>
<tr><td>기타 국채</td><td>1억 9백만 엔</td></tr>
<tr><td>기타 증권</td><td>1억 5백만 엔</td></tr>
<tr><td>계</td><td>2억 2천 8백만 엔</td></tr>
</table>
</td></tr>
<tr><td></td><td>【외무성】
한국이 주장하는 현물은 사채(社債)를 제외하고 전부 지불한다는 원칙하에 계산함.
<table>
<tr><th>항목</th><th>금액</th></tr>
<tr><td>일본 국채</td><td>3억 4천만 엔</td></tr>
<tr><td>식량증권</td><td>1억 5천 2백만 엔</td></tr>
<tr><td>일본저축권</td><td>1천 9백만 엔</td></tr>
<tr><td>정부 보증 사채</td><td>1백만 엔</td></tr>
<tr><td>저축·보국 채권</td><td>4백만 엔</td></tr>
<tr><td>기타 증권</td><td>9천 2백만 엔</td></tr>
<tr><td>계</td><td>6억 8백만 엔
(이자 3억 8천 9백만 엔)</td></tr>
</table>
</td></tr>
</table>

<table>
<tr><th>항목</th><th>내용</th><th>한국의 주장</th><th>일본의 주장</th></tr>
<tr><td></td><td>② 일본계 통화</td><td>
<table>
<tr><th>항목</th><th>금액</th><th>비고</th></tr>
<tr><td rowspan="2">일본 은행권</td><td>14억 9천 1백만 엔</td><td>(소각분)</td></tr>
<tr><td>6백만 엔</td><td>(현물)</td></tr>
<tr><td rowspan="2">정부 지폐</td><td>2천 3백만 엔</td><td>(소각분)</td></tr>
<tr><td>1백만 엔</td><td>(한국전쟁 중 소각)</td></tr>
<tr><td>일본군표</td><td>2십만 엔</td><td>(소각분)</td></tr>
<tr><td>일본은행 소액 지폐</td><td>2십만 엔</td><td>(한국전쟁 중 소각)</td></tr>
<tr><td>중국 저비 은행권</td><td>1백만 엔</td><td>(소각분)</td></tr>
<tr><td>계</td><td>15억 2천 5백만 엔</td><td></td></tr>
</table>
</td><td>
【대장성】
<table>
<tr><th>항목</th><th>금액</th></tr>
<tr><td>일본은행권, 정부 지폐
(소각분에서 기탁분을 공제)</td><td>15억 1천 1백만 엔</td></tr>
<tr><td>일본은행권, 정부 지폐
(현물은 한국 측 수치)</td><td>6백만 엔</td></tr>
<tr><td>계</td><td>15억 1천 7백만 엔</td></tr>
</table>
【외무성】
<table>
<tr><th>항목</th><th>금액</th></tr>
<tr><td>소각 일본은행권</td><td>14억 9천 1백만 엔</td></tr>
<tr><td>기타 현물 등</td><td>3천만 엔</td></tr>
<tr><td>계</td><td>15억 2천 2백만 엔</td></tr>
</table>
</td></tr>
<tr><td></td><td>③ 피징용 한인 미수금</td><td>① 미수금으로 2억 3천 7백만 엔을 청구한다.
② 본 건의 금액은 1950년 10월 21일 자 사령부 서한에 기재된 금액을 발췌한 것이다.
- 한국 측은 징용자에 군인·군속을 포함함.</td><td>① 사령부 서한은 일본 정부의 보고 수치를 발췌한 것이지만 중복 부분도 있어 순 액수는 14억 3백만 엔(대부분 군인·군속)으로 이 중에서 조련(朝聯) 등에 지급한 3백만 엔은 제할 필요가 있다.
② 남북한 비율 70%를 쓸 경우, 일본 측(대장성) 계산은 9천 8백만 엔(외무성은 징용 노무자의 95%를 남한 출신으로 간주하여 1억 4천 3백만 엔-3백만 엔×95%=1억 3천 3백만 엔)</td></tr>
<tr><td></td><td rowspan="2">④ 피징용 한인 보상금</td><td>
<table>
<tr><th>항목</th><th>인원수</th><th>금액</th><th>계</th></tr>
<tr><td>생존자</td><td>93만 명</td><td>200달러</td><td>1억 8천 6백만 달러</td></tr>
<tr><td>사망자</td><td>7만 7천 명</td><td>1,650달러</td><td>1억 2천 8백만 달러</td></tr>
<tr><td>부상자</td><td>2만 5천 명</td><td>2,000달러</td><td>5천만 달러</td></tr>
<tr><td>계</td><td></td><td></td><td>3억 6천 4백만 달러</td></tr>
</table>
</td><td>1945년까지 한국인은 일본인과 똑같이 처우할 수밖에 없음.
-생존자에게는 보상하지 않으며 사망자·부상자에게는 미불금이 있는 경우 미수금을 계상함.
-징용자에게 일본인 귀국자와 동일한 취지에서 일정한 원호조치를 한다는 가정하에 계산하면
【대장성】 22억 4천 8백만 엔(남한분을 70%로 가정함)
【외무성】 101억 8천 4백만 엔</td></tr>
<tr><td></td><td>
<table>
<tr><th>항목</th><th>인원수</th><th>사망자·부상자 수</th></tr>
<tr><td>강제 징용자</td><td>66만 7천 명</td><td>1만 9천 명</td></tr>
<tr><td>군인·군속</td><td>36만 5천 명</td><td>8만 3천 명</td></tr>
<tr><td>계</td><td>1백 3만 2천 명</td><td>10만 2천 명</td></tr>
</table>
</td><td>【외무성】 150억 4천 8백만 엔
일반 노무자: 69억 3천 5백만 엔(36만 5천 명×2만 엔×95%)
복원 군인·군속: 26억 8천 8백만 엔(19만 2천 명×2만 엔×70%)
사망 군속: 54억 2천 5백만 엔(15만 5천 명×5만 엔×70%)</td></tr>
</table>

<table>
<tr><th>항목</th><th>내용</th><th>한국의 주장</th><th>일본의 주장</th></tr>
<tr><td rowspan="2"></td><td rowspan="2">⑤ 한국인의 대일본 정부 청구 은급 관계 기타</td><td>
<table>
<tr><th>항목</th><th>인원수</th><th>금액</th></tr>
<tr><td>연금</td><td>35,120명</td><td>2억 8천 9백만 엔</td></tr>
<tr><td>일시금</td><td>20,268명</td><td>1천 6백만 엔</td></tr>
<tr><td>계</td><td>55,388명</td><td>3억 5백만 엔</td></tr>
</table>
</td><td>
군인의 경우, 일본 내지의 군인 은급 적용 상황에 맞춰 고려하며, 군속은 미복원자 급여법을 적용할 수밖에 없음.
-일본 측은 샌프란시스코 강화조약 발효까지를 고려함.
【대장성】
<table>
<tr><th>항목</th><th>금액</th></tr>
<tr><td>기재정분</td><td>2억 8천 4백만 엔</td></tr>
<tr><td>미재정분</td><td>2억 8천만 엔</td></tr>
<tr><td>계</td><td>5억 6천 4백만 엔</td></tr>
</table>
【외무성】
<table>
<tr><th></th><th>내용</th></tr>
<tr><td>방침</td><td>① 종전 당시 미재정분을 포함함(위 본문과 동일)
② 지방비 지변을 포함함
③ 실권(失權) 시기(평균 1991년까지)를 지급 기간으로 설정</td></tr>
<tr><td>적산</td><td>11,960백만 엔(이자는 계산하지 않음)</td></tr>
</table>
</td></tr>
<tr><td>
귀국 한국인 기탁금
<table>
<tr><th>항목</th><th>금액</th></tr>
<tr><td>세관 예탁 통화류</td><td>10,510,000엔</td></tr>
<tr><td>조선은행권과 교환한 일본은행권</td><td>48,714,000엔</td></tr>
<tr><td>구 조련 기탁분</td><td>54,550,000엔</td></tr>
<tr><td>계</td><td>113,774,000엔</td></tr>
</table>
</td><td>
【대장성】
<table>
<tr><th>항목</th><th>금액</th></tr>
<tr><td>기탁 통화류</td><td>14,514,795엔</td></tr>
<tr><td>교환 조선은행권</td><td>48,714,000엔</td></tr>
<tr><td>구 조련</td><td></td></tr>
<tr><td>계</td><td>63,228,795엔</td></tr>
</table>
【외무성】
조련(북한 지지)관계를 제외하고 한국 주장을 인정함(6천만 엔).
</td></tr>
<tr><td></td><td>⑥ 한국인의 대일본인 또는 법인청구</td><td>패전 전까지 가입한 한국인의 생명보험 관계 채권을 청산하라. 구체적으로는 가입자의 책임 준비금 4억 3,800만 엔(관계 19개 사)을 청구한다. 당시 반강제로 가입시켰고, 현실적으로 국교 회복 후에는 해결이 어려울 듯하니 정부 대 정부 문제로 그때 청구하겠다.</td><td>
개인 대 사기업 관계로 가능하면 한국 주장을 포기시킴.
<table>
<tr><th>① 진출 회사</th><th colspan="2">18개사</th></tr>
<tr><td rowspan="6">② 재조선(남북한) 자산</td><td>현금·예금·저금</td><td>7,470,000엔</td></tr>
<tr><td>유가증권</td><td>138,905,000엔</td></tr>
<tr><td>부동산·동산</td><td>4,638,000엔</td></tr>
<tr><td>대부금</td><td>3,231,000엔</td></tr>
<tr><td>기타</td><td>4,409,000엔</td></tr>
<tr><td>계</td><td>158,653,000엔</td></tr>
<tr><td>③ 남한인 책임준비금</td><td>4천 5백만 엔(추정)</td><td>1억 8백만 엔×60%×70%</td></tr>
</table>
</td></tr>
</table>

항목	내용	한국의 주장	일본의 주장
6	한국인(자연인 및 법인)의 일본 정부 또는 일본인(자연인 및 법인)에 대한 권리행사에 관한 원칙	① 항목 1~5에 포함되지 않은 것은 한일회담 성립 후라도 개별적으로 재판 등을 통해 행사할 수 있도록 요구함. ② 이 경우, 국교 정상화 때까지는 시효가 진행되지 않는 것으로 해야 할 것을 요구함.	① 이번 일한회담은 청구권에 관한 전후 처리 일체를 정리하자는 취지 아래 열린 것으로, 지금 이런 유보 사항이 나오는 것은 국교 정상화를 위해서도 달갑지 않으니 거부함. ② 기술적으로도 미군정 법령 제33호와의 관련성, 시효 중단의 불안정성, 사적 채권 취급상의 비일관성 등 문제가 매우 많음.
7	이자를 붙여줘야 한다	한국 주장 없음	없음
8	타결 후 6개월 이내에 완제	한국 주장 없음	없음

제1~3항은 조선총독부, 조선은행, 식산은행, 우체국 등의 금융 자산에 대한 청구권이고, 제4항은 조선에 본점 혹은 사무실을 두었던 기업들의 자산에 대한 청구권이다. 일본은 한국의 금융 자산 청구에 반박하기 위해 다량의 회계 관련 자료를 제시했다. 회계장부를 이용하여 한국의 청구 근거를 무력화하고, 폭압적인 경영을 감추고, 경제적 성과를 부풀려 식민지 시기 한국의 발전상을 부각하려는 의도였다. 하지만 회계장부의 내용과 경제적 실체가 같다고 할 수 없다. 일본이 사업공채를 발행함으로써 한반도에 도로 철도를 건설했다는 점도 강조했다(제Ⅱ권, 137쪽). 또 1910~1945년 군사비 현황을 보면 1910년부터 꾸준히 지출하여 1937년도에 급증했다가 1945년 초에 또 대폭 증가했음을 볼 수 있다. 패전이 눈앞에 다가왔음에도 한반도와 한국인을 동원한 것은 수치로도 증명된다(제Ⅱ권, 140~141쪽).

제5·6항은 개인 청구권에 관련된 내용이다. 현재 일본과 논쟁을 벌이는 항목에는 조선총독부에 근무한 조선인 근로자의 임금과 은급(연금), 징용 한국인에게 발생한 미불 임금, 퇴직금, 보험, 보상금[3] 등이 포함되어 있다. 일본에 동원되었던 대부분의 노동자는 일제의 패전 후 빈손으로 귀국했다. 일본은 1945년까지는 일본인과 똑같이 처우한다는 조건을 내

3 배상은 위법행위에 의해 발생한 손실을 의미한다면 보상은 적법한 행위에 의한 손실인 경우에 사용된다. 국제관계에서는 제1차 세계대전 후에 체결된 베르사유 조약에 따라 전쟁 중에 발생한 전승국의 피해나 손실에 대하여 패전국이 지불하는 '배상'과 전쟁 행위로 민간인이 입은 피해를 회복하는 '보상' 개념이 생겼다. 한국은 배상과 보상을 섞어서 사용하고, 일본은 협상에서 '청구권'이라는 용어만 사용했다.

세우며 생존자에게는 보상하지 않고, 부상자나 사망자에게 미불금이 있는 경우에 미수금을 계산하겠다고 했다.

현재 한일 과거사 처리에 가장 상징적인 문제인 한국인 강제동원 피해자에 대한 보상은 인원수에 따라 금액이 달라진다. 제5항 4번 피징용 한인 미수금의 경우 사망자, 행방불명자, 부상자, 생존자 등을 구분할 만한 정확한 자료가 존재하지 않기 때문에 산정 방법에 따라 결과가 다르게 나온다. 한국 정부는 노무자·군인·군속 중 생존자는 1인당 300달러, 사망자와 부상자는 1인당 1,000달러 내지 1,500달러를 요구했다.[4]

한국 정부의 요구 근거는 1956년 네덜란드가 일본과 평화조약을 맺을 당시 민간인 11만 명을 인도네시아에 억류한 것에 대한 보상으로 1인당 250달러를 청구하고, 일본 정부가 1인당 100달러를 인정한 사례였다. 이에 따라 생존자에 대한 보상금으로 300달러를 요구했으니, 한국 정부는 네덜란드의 요구에 50달러를 더한 것이었다.[5]

제5항 자연인에 관해서는 북한 등에 거주하는 사람들의 청구권까지 포함한 것이었다. 문제는 일본 정부가 관련 자료 대부분에 먹칠을 했기 때문에 어떤 기준으로 계산했는지 명확하지 않다는 점이다. 분명한 것은 구체적인 숫자, 즉 일본이 강제동원한 한국인 명부 등을 가지고 있을 가능성이 높다는 것이다. 피해보상이나 정확한 미수금을 산정하기 위해서는 본인이나 가족 신고 등을 통한 정확한 추적조사가 필요했으나 일본은 구체적인 명부나 관련 자료 발굴 협력에 매우 소극적이었다.

일본은 한국이 주장한 청구권을 대부분 부정하거나 최소한으로 한정하려 했다. 한국의 지금·지은 요구는 사실상 한국 통치의 불법성·부당성과 연관된 요구였다. 일본은 한국병합에 따라 축적된 일본인 재산은 당연히 존중해야 한다는 입장을 고수했다. 가능한 한 자신의 입맛에 맞게 대폭 한정하여 한국이 청구권 교섭을 진행하기 어렵게 만들었다. 일본이 청구권으로 인정한 금액은 극히 적었다. 한국이 주장하는 제1~4항에 대해서는 금액을 인정할 수 없다며 버텼고, 제5항의 극히 일부만 인정했다. 미수금은 한국인 지분을 확인해

4 JW-04144, 「한일회담 일반 청구권 소위원회 관계 청훈의 건」, 282~283쪽.

5 장박진, 『미완의 청산』, 622쪽.

야 하고, 노무자 보상에 대한 법적 근거가 없다고 주장했다. 군인·군속에 대한 보상은 평화조약 발효로 실정법상 일본 국적자에게만 한정하기 때문에 지불이 어렵다고 밝혔다. 한국으로서는 청구권의 범위와 금액을 결정하려면 정치적 교섭을 해야 했다.

한편, 현재 일본이 근대 역사·문화 관련 문화유산을 유네스코에 등재하려 할 때마다 강제동원 여부가 쟁점이 되고 있다. 자료집 Ⅱ권의 453쪽(원문 3분책 170~173쪽)에는 '조선인 징용 상황'에 대해 모집은 '자발적 의사에 따른 계약 형태를 취하고 있으나 집단적 모집이며 사회적 압력이 있었음은 상상하기 어렵지 않다'라고 설명하면서 강제성을 인정하고 있다. 당시 상황을 살펴보면 전쟁 초기에는 관 알선이 많았으며, 전쟁이 격화되면서 일본으로 가는 것을 꺼리는 사람들이 속출했다. 조선에서도 식량 증산 및 군 관계 토목 공사가 급증하면서 노무 수급에 차질이 발생하자 동원을 거부하면 제재를 가할 수 있는 징용으로 인력을 송출했다. 대부분의 조선인 노동자는 탄광에 배치되었고, 이들은 굶주림에 시달리고 본인 의사와는 무관하게 계약이 연장되는 등 부당한 처우를 당하다 목숨까지 잃는 경우가 많았다. 현재 일본 정부는 강제노동을 부정하고 있으나, 한일회담 당시에는 조선인 노무자 동원은 모집, 관 알선, 징용 등 3가지 방식으로 이루어졌으며, 이 모두에 '강제'성이 있음을 시사했다.

3. 재조 일본인 청구권 문제

자료집 Ⅲ(136쪽부터)은 한일 청구권 문제 참고자료(제4분책)로 재조 일본인 재산 청구권에 관한 것이다. 제1차 회담에서 일본 정부는 한국 정부에 청구권을 주장했다. 하지만 이는 교섭의 전략일 뿐 실제로 청구할 생각이 없었다. 일본 정부는 일본인 개인 청구권을 포기할 경우 국내 보상 문제가 발생할 수 있기 때문에 학자를 동원하여 법률 검토를 했다(Ⅲ권, 141~155쪽). 재조 일본인 입장에서 한국은 전쟁 상대국이 아니라 식민지였기 때문에 연합군에 몰수된 재산에 대해 일본 정부에 보상을 요구할 수 있다고 판단했다. 일본 정부는 미군정 법령 제33호에 따라 일본인 재산이 귀속되었기 때문에 손실에 책임을 지지 않는다고 주장했다. 즉 일본 정부가 재산을 직접 수용해서 연합국에 인도한 것이 아니라 외국 정부의 조치에 이견을 제시하지 않겠다는 것으로, 재외국민 보호권을 포기한 것에 불과하다고 주장했다.

제1차 회담 당시 조선에서 귀국한 일본인들로부터 재외재산 민원이 쇄도했다. 일본 정부는 이들이 정착할 수 있도록 원호 조치를 실시했으나 턱없이 부족했다. 재조 일본인들은 국가적 보상이 실현될 수 있도록 조직적 운동을 펼치며 각계각층에 호소했다.[6]

1953년 당시 일본 정부는 한국에 있는 일본 국민의 사유재산은 약 120~140억 엔이라고 밝혔다. 이는 대장성의 재외재산조사회(財外財産調査会, 1946년 설치)에 근거한 것이다. 일본 외무성은 청구권을 양국이 서로 포기하는 형태의 안을 만들고자 했다. 협정문에 '청구권'이라는 단어를 사용하면 재조 일본인 재산을 포기했다는 인상을 줄 수 있고 그러면 귀국 일본인들의 재산보상 문제가 발생할 수 있었기 때문이다. 특히 당시 무상 3억, 유상 2억이 청구권에 해당하는 금액이라고 한다면 일본 국회의 비준도 어렵다고 판단했다.

하지만 대장성은 이를 강력히 반대했다. 당시 재산권에 대한 의미가 명확했던 대장성은 정부가 개인의 청구권을 대신 포기할 수 없고, 만약 포기한다면 헌법 제29조에 따라 보상해야 한다고 판단했다. 일본 정부는 귀국 일본인들의 청구권이 정부 보상으로 이어지지 않게 하고자 대책을 검토했는데, 이는 자료집 Ⅲ권의 141쪽부터 살펴볼 수 있다.

4. 맺음말

청구권 교섭은 14년이나 이어졌지만 난항의 연속이었다. 처음부터 협정을 타결하기에는 한계가 존재했다. 대장성은 한국과의 청구권 교섭 내내 소극적인 태도로 임했다. 한국이 주장하는 근거 자료를 가지고 있으면서도 한국이 청구하는 금액에 대해 스스로 증명

6 재조 일본인 청구권에 대한 상세한 내용은 박경민, 2022, 「재조선 일본인 귀환자의 한일청구권 문제, 1945~1965」, 『비교일본학』, 227~247쪽을 참조.

할 것을 요구했다. 이 자료집을 통해 한국 정부가 '대일 8항목 요구'에서 제시한 민사상의 재산권은 법인재산도 포함해 대부분 개인재산의 성격이었다. 일본은 당시 개인 청구권 보호라는 국제법상의 일반적 원칙을 인지하고 있었지만, 재조 일본인들의 청구권을 포기했기 때문에 일부러 교섭 테이블에서 논의하려 하지 않았다. 식민지 시기 일본인으로서 전쟁에 동원된 강제동원 피해자들에 대한 토의에서는 그들이 피해자라는 인식조차 없었다. 일본의 건설 현장에 묻히면서 두 번 다시 조국땅을 밟지 못하게 된 수많은 피해자에 대한 문제 제기는 한국 정부 역시 하지 않았으나, 이에 대한 일본 정부의 책임 의식도 전혀 찾아볼 수 없다.

청구권 문제가 경제협력으로 체결된 후 일본 대장성은 한국의 청구권을 법적으로도 소멸시켜야 한다고 주장했다. 한국이 아닌 일본 점령지에 있었던 한국인들이나 일본에 거주하는 한국인들은 처음부터 교섭 대상이 되지 못했다. 1945년 이후 일본에 거주하던 한국인은 외국인이 되면서 일본인에게 부여된 권리에서 배제되었다.

이 자료에는 여전히 중요한 부분에 먹칠이 되어 있다. 그 내용은 협상 과정에서 일본의 대처 방침, 즉 협상 준비과정에서 이루어진 부처 간 논의 내용, 각 부서에 대한 평가 등이 대부분이다. 특히 청구권 금액 산정 관련 기준도 먹칠이 되어 있다. 북한과의 교섭에서 불리하게 작용할 우려가 있다는 것이 그 이유다.

이 자료집에는 일본이 한국과의 교섭전략에 활용한 자료들이 총정리되어 있다. 이 자료집만큼 일본 정부가 청구권 문제에 어떻게 접근했는지 잘 보여 주는 문서는 없다고 할 수 있다.

3분책

*『일본 정부의 청구권 정책 전모 Ⅱ』에서 이어짐

요강 6. 한국인의 일본 정부 또는 일본인에 대한 권리 행사의 원칙

1. 한국 주장

(1) 요강 1 또는 요강 5에 포함되지 않은 한국인(자연인 및 법인)의 일본 정부 또는 일본인(자연인 및 법인)에 대한 권리는 한일회담 성립 후라도 개별적으로 재판 등을 행사할 수 있다고 인정해 주기를 바란다.

(2) 이 경우 국교가 정상화될 때까지 시효는 진행하지 않는 것으로 해 주기를 바란다.

2. 일본 견해

(1) 이번 한일회담은 청구권에 관한 전후 처리를 모두 마무리 짓고 한일 관계를 말끔히 정리하려는 취지 아래 열린 것이다. 지금 이러한 유보 조항을 제기하는 것은 국교정상화를 위해서도 바람직하지 않으므로 거부한다.

(2) 기술적으로도 군정법령 제33호와의 관계 ■■■ 시효 중단으로 인한 권리관계의 불안정성 ■■■ 사적 채권 취급상의 비일관성 ■■■ 등 문제가 극히 많으므로 이를 쉽게 인정할 수 없다.

[1]

1 일본공개외교문서 1751, 「韓國の対日請求権処理にかかる原則問題について」(1962년 3월 3일)에 따르면 먹칠된 부분은 다음의 내용으로 추정할 수 있다.

(나) 일본으로서는 이러한 제안을 받아들일 경우, 다음과 같은 문제가 발생할 것이 예상되므로 도저히 인정할 수 없는 것이라고 생각한다.

(a) 이 한일회담은 청구권에 관한 전후의 불안정 상태를 모두 해결하려는 취지에 기반하여 묻고 있는 것이고, 지금 이러한 유보 조항에 의해 불안정한 면을 남기는 일은 양국의 국교정상화 및 우호관계 유지를 위해서 바람직하지 않다.

(b) 일본은 설명한 것처럼 한국 청구권 처리는 당연히 재한 일본 재산의 처리 사실이 고려되어야 한다고 생각하여 이러한 유보조항에 따라 실질적으로 「미국 해석」의 정신이 흐지부지해질 우려가 있기 때문에 일본은 감당하기 힘들다.

애초에 한국이 대일 청구 항목 가운데 이러한 한정 없는 성격의 것을 포함시킨 것은 기존의 대일청구권 항목을 8항목으로 좁혔다는 주장에 ■■하는 것인 "일본의 재한 재산 포기를 고려하여 8항목 청구로 좁혔다"라고 하는 취지에도 모순된다.

(c) 현실적으로 이러한 청구를 인정하는 것은 법 기술적으로도 시효 중단에 의해 기재 법률관계의 안정성이 저해되고 또 어떤 종류의 권리는 요강 5까지 항목에 포함된다는 것을 고려하여 사적 청구권의 취급 모두 일관성이 없어지는 등 법적 안정성을 저해하고 우리(일본)는 물론 한국에 있어서도 장래에 문제가 발생할 우려가 다분히 있다.

(다) 우리(일본)로서는 청구권에 대해서 다음과 같은 형태로 문제의 해결을 도모하기로 하고 한국에 대해 요강 6을 철회하도록 주장하고 싶다.

① 한국 정부와 한국인의 일본 정부 또는 일본인에 대한 청구권은 본 청구권 해결(즉, 한일회담 타결 시의 청구권에 관한 규정)로 모두 정리됐고 이에 의해 한국 정부와 한국인이 일본 정부 또는 일본인에 대해 가지거나 또는 가질 수 있는 모든 청구권 문제는 해결된 것으로 한다.

② 평화조약 제4조 (b)항의 규정을(「미국 해석」의 제시하는 바라는 것을) 재확인하는 것으로 한다.

참고자료

1. 요강 6의 문제점

(1962년 2월 외무성 조약국 법규과)

(1) 한국 측 제안 내용은 다음과 같다.

제목 한국인(자연인 및 법인)의 일본 정부 또는 일본인(자연인 및 법인)에 대한 권리 행사의 원칙.

내용 한국인(자연인 및 법인)의 일본 정부 또는 일본인(자연인 및 법인)에 대한 권리로, 요강 제1항 또는 제5항에 포함되지 않은 것은 한일회담 성립 후에도 개별적으로 행사할 수 있도록 인정할 것.

이 경우에는 국교가 정상화될 때까지 시효는 진행하지 않는 것으로 할 것.

[2]

---

2 6쪽 정도 먹칠되어 있다. 일본공개외교문서 1750, 「要綱第6に関する問題点(討議用資料)」(1962년 2월 26일)의 문서에 일본이 검토한 내용을 기술하고 있는데 그 내용을 먹칠한 것으로 추측한다. 내용은 다음과 같다.

요강 6에 관한 문제점

(토의용 자료)

1962. 2. 26

조규

1. 한국 측 제안 내용은 다음과 같음.

"제목: 한국인(자연인 및 법인)의 일본 정부 또는 일본인(자연인 및 법인)에 대한 권리 행사의 원칙.

내용: 한국인(자연인 및 법인)의 일본 정부 또는 일본인(자연인 및 법인)에 대한 권리로, 요강 제1항부터 제5항에 포함되지 않은 것은 한일회담 성립 후에도 개별적으로 행사할 수 있다고 인정할 것. 이 경우에는 국교가 정상화될 때까지 시효는 진행하지 않는 것으로 할 것."

2. 이에 대한 우리의 원칙적 입장은 일단 다음의 4가지 안(案)일 가능성이 있다.

(1) 한국인의 일본 정부 및 일본인에 대한 사적* 청구권은 본 청구권 해결에 따라 모두 정리된 것으로 한다.

(2) 한국인의 일본인에 대한 사적 청구권의 개별적 행사는 본 청구권 해결에 어떠한 영향도 받지 않음을 확인한다. 단, 시효 정지에 관한 규정은 두지 않으며 법원의 인정에 맡긴다.

(3) 한국인의 일본인에 대한 사적 청구권은 법령 제33호에 따른 소속 변경의 대상이 된 재산에 속하는 채무에서 발생하는 것을 제외하고, 개별적 행사를 인정한다. 시효 정지에 관한 규정은 이들에 대해 인정한다.

(4) 한국 측 요구를 전면 인정하고, 어떠한 제한도 두지 않는다.

---

* 한국인 개인의

3. 이상의 4가지 안 각각에 대한 문제점 및 territory*을 뽑아보면 다음과 같음.

(1) 제1안은 상호 포기의 형태가 되지 않으며 실현 가능하다면 정책적으로는 최선의 안다.

(가) 원칙적으로 통상적인 전전(戰前) 또는 전시 청구권의 처리 협정에서는 이러한 방식이 채용된다. 본건의 경우도 평화조약 제4조 a항에 따른 모든 한국 측 청구권의 완전하고 최종적인 해결(full and final settlement) 형태가 된다.

(나) 실질적으로 해당 청구권은 최종 해결의 지급 금액에 포함하지 않아, 결국 포기라는 결과로 이어질 수밖에 없으나, 그 근거는 관련 조항(Relevant clause)의 취지에서 구하는 것이 가능할 듯하다.

(다) 한국이 끝까지 상호 포기를 요구하면 (나)의 관련성(relevant)은 차치하고 요구에 이유가 없다고 주장하기 어렵다고 생각되며, 다른 한편 일본 측 청구권 포기는 헌법상 문제가 있어 처리상 문제점이 발생한다. 이 경우, 일본 입장은 (1) 평화조약 제4조 (b)항의 해석의 확인(it is understood 방식) 규정에 그치고 한국에는 실질적으로 이 규정에 따라 한국 측 전면 포기와 거의 동일한 결과가 나온다고 설명하거나 또는 (2) 상호 포기의 규정에 과감히 응해 공식적으로는 평화조약 제19조와 동일한 설명을 하든지 둘 중 어느 하나밖에 없다.

(라) 이 방식을 채용하면 요강 4의 주주 유보분, 요강 5의 사채, 주식, 보험준비금 등은 현안과 같이 요강 6의 대상으로 따로 다룬다는 원칙이 불가능해지므로, 청구권 해결의 일부에 포함해 지급하거나 청구를 거부할지에 대한 검토가 필요하다.

(마) 기타, 포기의 예외로 다음의 2가지를 인정하는 것도 검토의 여지가 있다.

(i) 재일 한국인과 일본인 간에 발생한 청구권

(ii) 평화조약 발효 후 발생한 청구권(시점에 관해서는 검토가 필요하다. 주를 참조할 것)

(주) 평화조약 제4조 a항의 해석상, 평화조약 발효 시 현재 동(同)조에 해당하는 재산 및 청구권은 이후의 특별협정 주제가 된다고 생각한다. 따라서 평화조약 발효 이후 발생한 청구권 포기의 제외 사례로 정하는 것은 문제가 없을 듯하다. 반대로 평화조약 발효 이전의 청구권 중 존속이 필요한 것이 있는지 여부와 관련해 상술한 시점 문제를 검토할 필요가 있다. 생각해 볼 수 있는 대안으로는

(i) 법령 제32호** 공포 이후 발생한 청구권

(ii) 한일 무역 재개 이후 발생한 청구권을 제외하는 방식이 있다.

(2) 제2안은 시효의 효과로 실질적으로 제1안과 같은 결과를 지향하는 것으로 (1)의 문제를 회피할 수 있다는 이점이 있다.

(가) 국교정상화까지 시효의 진행을 중지하는 것은 많은 청구권에 관해 이미 완성한 시효의 효과를 부인하는 결과로 이어져 일종의 재산권 몰수로 보상 문제로 발전할 우려가 있다.

* fi**

** 제33호

(나) 시효의 진행은 재판상의 청구, 상대방 당사자의 승인 등으로 중단되나, 한일은 적어도 평화조약 발효 이후 이러한 시효 중단을 불가능하게 하는 불가항력이 존재하지 않았으며, 권리자는 언제든지 시효 중단 조치를 할 수 있었다. 따라서 조약에 특별 입법 조치를 마련할 만한 이유가 부족하여 민법 제161조 기타 관련법에 대한 원칙상의 판단은 법원의 인정에 맡기는 것이 적절하다.

(다) 정책적 시각으로 볼 때 한국 주장의 전반부, 즉 이들 청구권의 존속은 이유 있다고 인정하면서도 후반부는 거부하고 실질적으로 이를 소멸시키는 방식은 설득력이 떨어지며 이는 부정할 수 없는 점이다.

(라) 이 방식을 채용할 경우, (1) (라)의 청구권은 청구권 해결의 지급에 포함할 필요가 없으며, 채무자의 소멸시효 포기로 개별적 청구권에 응하게 할 수 있다(시효 중단 조치가 취해졌을 가능성도 있다. 또한 보험사 등에 소멸시효 포기를 행정적으로 요청하는 것이 어려울 것으로 생각되나, 그때는 사전에 보험사 측의 지급 의사를 확인하는 서한을 받아 청구권 해결 협정의 부속 문서로 넣는 방식도 생각해 볼 수 있다).

(마) (1) (마)의 예외는 (i)에 대해서는 인정하지 않고 (ii)에 대해서는 검토하겠다는 선을 생각해 볼 수 있다.

(3) 제3안은 원칙적으로 한국 측 주장을 전면적으로 인정하고, 다만 법령 제33호의 영향을 고려하는 것이다.

(가) 한일청구권 교섭에서는 순수하게 개인 간의 청구권은 현재 각 요강의 의제에 포함되어 있지 않다(이 부분의 예외로 요강 4의 주주 유보분, 요강 5의 사채, 재일회사 주식, 보험준비금이 있으나, 모두 요강 6으로 넘긴다는 것이 현 방침이다). 따라서 이를 통상적인 청구권 처리 협정의 경우처럼 '동종의 기타 청구권'에 포함하는 것으로 전부 해결했다고 볼 만한 이론적 근거는 없다.

(나) 따라서 이 경우에도 대일본 정부 청구권은 '동종의 청구권'으로 전부 해결했다고 해도 문제는 없다.

(다) 다른 한편 법령 제33호에 따라 재한 일본 재산이 처분된 탓에 이와 관련 있는 개인 청구권을 존속시키는 것은 부당한 결과를 초래할 우려가 크다. 따라서 "법령 제33호에 따른 소속 변경의 대상이 된 재산에 속하는 채무"(구체적인 drafting은 추가 검토할 필요가 있다)는 소속 변경 재산으로 감액됐고 이 상계분은 존속하는 청구권 범위에서 제외하는 방식을 생각해 볼 수 있다.

이 경우 '소속 변경 재산에 속하는 채무' 중 주요한 것은

(a) 채무자가 조선에서 영위한 사업 활동에 근거를 둔 채무

(b) 그 대가가 해당 소속 변경 재산에 편입된 한도에서 채무자가 조선 밖에서 영위한 사업 활동에 근거를 둔 채무를 생각해 볼 수 있다.

(독일, 오스트리아 재산협정 제24조 이하를 참조할 것)

(라) 시효 정지 부분은 이론상 (2)(가)(나)에서 언급한 것과 같은 문제가 있으나, 앞서 설명한 것처럼 청구권의 원칙적 존속을 인정하는 경우 시효 정지에 대해서도 규정하는 것이 적어도 형평성의 관점에서 타당하다는 점은 부정할 수 없다. 따라서 원칙적 존속을 인정하면 시효에 대해서도 정지 규정을 일정한 형태로 두어야 한다.

그때 이론적 설명으로는 한일교섭은 평화조약 제4조 (a)항의 해결로서 평화조약 발효 전부터 이어져 왔고 한일 양국의 개인 간 청구권도 명문상 이 규정에 포함되어 있으므로 적어도 이 기간에는 시효 진행을 정지시킬 만한 이유가 있다는 것을 생각해 볼 수 있다.

(4) 제4안은 현실적으로 우리 측이 채용할 수 없는 안이다.

2. 요강 6에 대한 방침안

(1962년 3월 외무성 조약국 법규과)

(1) 요강 6에 대한 기본 방침

우리 측의 기본 방침은 아래의 4개 항목을 주요 내용으로 하는 것이 적절하다고 본다.

[3]

---

3 일본공개외교문서 1754, 「要綱6に対する方針案(未定稿)」(1962년 3월 8일) 외무성조약국법규과가 검토한 내용을 살펴보면 다음의 내용으로 추측 가능하다. 약 6페이지 정도 먹칠되어 있다.

요강 6에 대한 방침안(미정고)

1962. 3. 8
조약국 법규과

1. 요강 6에 대한 기본 방침

우리의 기본 방침은 아래의 4항목을 주요 내용으로 하는 것이 적절하다고 생각된다.

(1) 재일 한인(법적 지위에 관한 협정에서 인정되는 자)을 제외한 모든 한국인의 일본 정부 및 일본인에 대한 사적 청구권은 본 청구권 해결로 모두 정리된 것으로 한다.

(주)

1. 법적 지위에 관한 협정에는 '재일 한인'의 정의가 담기지 않을 전망이나, "태평양전쟁 전투 종료일 이전부터 계속해서 일본에 거주하는 한국인(평화조약 발효일까지 출생한 그 자녀를 포함한다)으로 한국 국적을 증명하는 문서를 제출하는 자"에 대해 영주 허가를 부여할 방침을 정하고 있어 그것이 사실상 '재일 한인'의 정의에 해당한다. 이 범위는 실제 주일한국대표부의 증명에 따라 결정되므로 엄밀히 말해 재일 조선인을 전부 아우르지는 않으나, 이론상 입법 절차의 문제에 불과하다고 생각한다(재일 한인 문제에 관해서는 후술하는 2를 참조할 것).
2. 평화조약 제4조 (a)항에서 규정하는 "주민"은 평화조약 발효 시 현재의 '주민'이라 풀이하는 것이 조약 해석의 원칙상 자연스럽다.

이렇게 해석하는 경우, 동(同)조에 규정하는 "주민"의 범위와 "재일 한인을 제외한 모든 한국인"의 범위는 이론적으로 일치하지 않을 가능성이 있다. 그러나 실질적으로 그 차이는 무시할 수 있는 정도라 생각된다.

(2) (한국 측이 상호 포기를 요구하는 경우)

평화조약 제4조 (b)항의 해석의 확인(it is understood 방식) 규정을 두고 한국 측에는 실제 이 규정에 따라 한국 측 전면 포기와 거의 같은 결과가 될 것이라고 설명한다.

(3) 일반적으로 시효의 진행 정지 조치를 하는 것은 인정하지 않는다.

(주) 국교정상화까지 시효 진행을 정지하는 것은 많은 청구권에 관해 이미 완성한 시효의 효과를 부인하는 결과로 이어지므로, 일종의 재산권 몰수로서 보상 문제로 발전할 우려가 있다. 따라서 조약에 특별 입법 조치를 두지 않고 민법 제161조 기타 관련법에 관한 원칙상의 판단은 재판소의 인정에 맡기는 것이 적절하다.

(4) 이상에 대한 예외로 다음에 언급하는 청구권을 존속시키며, 이는 채무자의 시효 원용을 하지 않는다.

(주)

1. 시효 원용의 배제 방식으로는
   (1) 입법 조치에 따른 방식[단, (3)의 (주1)에서 언급한 문제가 있다],
   (2) 행정적 조치로 채무자의 자발적 지급을 요구하는 방식,
   (3) 채무자에게 채무를 확인시키는 방식,
   (4) 채무자의 지급 의견을 확인하는 서한을 청구권협정의 부속 문서로 포함하는 방식 등을 생각해 볼 수 있다.

   존속 청구권
   (가) 폐쇄기관, 재외회사의 재일 재산 청산에 수반한 재조선 한국인 주주(본래 주주에 한한다)에 대한 잔여 재산 분배분의 청구권
   (나) 생명보험준비금에 대한 재조선 한국인의 청구권
   (다) 무기명 유가증권류(사채 주식을 포함한다)에 대한 재조선 한국인의 청구권(현물 제시를 조건으로 한다)
2. 무기명 주식의 경우, 주주권은 시효의 대상이 되지 않으며 또 법령 제33호에 따라 몰수된 것을 배제하기란 현실적으로 불가능하다. 협정상 제외 사례로 거론하지 않아도 현물 제시에 의해 모조리 완전한 권리를 인정할 수밖에 없다고 생각하지만, 협정에서는 일괄해서 위 예외에 포함해 설명해도 무방할 듯하다.
   (라) 평화조약 발효 후 발생한 개인 간 청구권
3. 평화조약 제4조 (a)항의 해석상, 평화조약 발효 시 현재 동(同)조에 해당하는 재산 및 청구권이 이후의 특별협정의 주제가 되리라 생각한다. 평화조약 발효 이후에 발생한 청구권을 포기 제외 사례로 삼아도 문제가 없으나, 평화조약 발효 전의 청구권 중에는 존속이 필요한 것이 있을 수 있으므로,
   (Ⅰ) 법령 제33호 공포 이후 발생한 청구권
   (Ⅱ) 일한 무역 재개 이후에 발생한 청구권

   등의 대안도 생각할 수 있다.

2. 재일 한인 문제

(1) 1. (1)에서 규정하는 재일 한인의 제외는 평화조약 제4조 (a)항의 해석("제2조 지역의 주민의 재산 및 청구권"의 처리를 특별협정의 주제로 한다)상 당연하다고 생각된다[물론 제4조 (a)항 상 우리나라(일본)가 의무화된 대상 범위를 넘어서는 협정을 체결할 수 있다]. 따라서 이 점은 요강 6뿐만 아니라 요강 1~5에 관해서도 문제가 된다.

(주)

1. 법적 지위에 관한 협정에서는 '재일 한인'의 정의를 두지 않을 듯하나, "태평양전쟁의 전투 종지일(終止日) 이전부터 일본국에 거주하고 있는 한국인(평화조약 발효일까지 태어난 그 자녀를 포함한다)으로, 한국 국적을 증명하는 문서를 제출하는 자"에 대하여 영주 허가를 부여할 방침으로 사실상 그것이 '재일 한인'의 정의에 가깝다. 이 범위는 실제 주일 대한민국 대표부의 증명에 따라 결정되므로, 엄밀하게는 재일 조선인을 전부 아우르지는 않으나 이론상 입법 절차 문제에 불과하다고 생각한다.

2. 평화조약 제4조 (a)항에서 규정하는 '주민'은 평화조약 발효 시 현재의 '주민'으로 풀이하는 것이 조약 해석 원칙상 자연스럽다.
   이렇게 해석할 때, 이 조에서 규정하는 '주민'의 범위와 "재일 한인을 제외한 모든 한국인"의 범위는 이론적으로 일치하지 않을 가능성이 있다. 하지만 실질적인 차이는 무시할 수 있는 정도로 보인다.

[4]

그 경우, 검토가 필요한 복잡한 문제를 골라 적으면 다음과 같다.

(가) 요강 1: 지금·지은 관계는 없음

(나) 요강 2: 체신국 관계의 우편저금·간이생명보험 중 조선체신국 접수분은 지급에 응하지 않는다. 반대로 한국 측 청구 중에는 포함되어 있다.

(다) 요강 4: 잔여 재산 분배분은 재일 한인에게도 지급되지 않았다(시효와의 관련성은 불분명).

(라) 요강 5의 (1): 기명유가증권은 지급하지 않았다. 주주권에 관해서도 검토가 필요하다.

(마) 요강 5의 (2): 일본계 통화는 없음.

(바) 요강 5의 (3): 징용자 미수금은 없음.

(사) 요강 5의 (4): 보상금은 도의적 지불금이므로 당연히 재일 한인에게는 똑같이 혜택이 돌아가지는 않는다.

(아) 요강 5의 (5): 재일 한인에 대한 은급은 은급법의 실재적 규정 적용이 피하기 어려우므로, (1) 군인은 급[부활은 쇼와 28(1953)년], (2) 미재정분은 지급 근거가 없으며, (3) 기타 기재정분은 평화조약 발효 시 중지될 수밖에 없다.
   귀국자 수취금 관계는 없음

(자) 요강 5의 (6): 생명보험은 일본을 계약지, 지급지로 하는 것은 지급에 응했으나, 조선에서의 계약분은 지급에 응하지 않았다고 생각한다.

(차) 요강 6: 이상 (가)~(자)에 포함되지 않는 개인 간 청구권은 일본인 간 청구권과 완전히 동일하며, 시효 정지 기타 특별 조치를 할 필요가 전혀 없다. 따라서 청구권협정은 물론이거니와 우리나라 국내법상으로도 특별한 수당을 부여할 필요가 하등 없다.

4 3쪽 정도 먹칠되어 있다.

<덧붙임>

※ 한국 측 청구와 관련한 각종 권리 관계의 검토

이하에서는 요강 6과 관련하여 한국이 요강 1~5에서 구체적으로 청구하지 않은 각종 권리에 대하여 과거 한국의 청구를 상정하여 준비한 자료를 참고 삼아 게재한다. 또한 청구권 문제의 해결에 따른 일본 국내의 선후 처리 측면에서 이들 권리도 검토할 필요가 있을 것이다.

참고자료

1. 은행 예금 관계

<비고> 제2차 회담에서 한국 측 aid memo(비공식적으로 제안된) 청구 중 관련 항목

◎ 일본 측 한국 지점 은행의 예금 그리고 반환 기타 잡비 대금

227,638,722엔 25

◎ 일본 내 은행에 대한 개인 예금

6,236,638엔 76

◎ 일본 내 은행이 발행한 송금환으로 수령하지 못한 분

796,859엔 67

(1) 종전 시 재조선 예금액

적확한 자료는 발견되지 않으나, 다음과 같은 관계 자료가 있다.

① 대장성 관리국 조사(1948년) 수치

		예금 총액	현지인 예금 추정액	총액에 대한 비율
일본 본점 은행 조선 지점분	제국은행			
	야스다			
	산와			
	소계			
	동척			
	계			
재조선 본점 은행분	조선은행			
	식산은행			
	조선저축			
	조선신탁			
	조선무진			
	조선상업			

	계	
	합계	

(주)

1. 제국은행, 야스다(安田), 산와(三和)은행 지점분은 각 본점의 보고에 따른다(1945년 12월 8일 현재).
2. 동척(東拓) 지점 및 재조선 본점분은 조선은행 통계 월보에서 발췌한 1945년 6월 말 수치다.

<참고>

은행의 대출액

		대출 총액	현지인에 대한 추정 대출액	총액에 대한 비율	(현지인) 예금-대출
일본 본점 은행 조선 지점	제국은행				
	야스다				
	산와				
	동척				
	계				
재조선 본점 은행분	조선은행				
	식산은행				
	조선저축				
	조선신탁				
	조선무진				
	조선상업				
	계				
합계					

◎ 일본 본점 은행분의 경우, 현지인에 대한 대출금액이 예금액을 많이 웃돌고 있다.

② 귀국자 단체의 자료(「재조선 일본인 개인 재산 조사 설명 보충」에서 발췌)(1945년 7월 말 현재)

		예금 총액 (A)	일본인 예금 (B)	현지인 분 추정 (C)	총액에 대한 비율	
					(C)/(B)	(C)/(A)
일본 본점 조선 지점분	제국은행					
	야스다					
	산와					
	소계					
	동척					
	계					
재조선 본점 은행분	조선은행					
	식산은행					
	조선저축					
	조선신탁					
	조선무진					
	조선상업					
	소계					
	조흥					
	금융조합					
우편저금						
1945.8 말						
합계						

(주) 위 자료에 따르면

1. 예금 총액 [redacted] 중

법인

개인

(중) 일본인

조선인

이다.

2. 일본인 개인 예저금을 지구별로 분류하면, 다음과 같다.

총액		2,171,083 천 엔
남한 지구	65%	1,411,203천 엔
북한 지구	35%	759,880천 엔

③ 은행국 조사(1953년) 수치

◎ 조선 지점과 관련한 부채 상황

	제국은행	야스다	산와
경성			
부산			
평양			
계			

※ 예금 외에 미불 송금수표를 포함한다.

(주) 남한 소재 지점은 1945년 12월 8일 미 군정청의 명령에 따라 조선 측 은행에 인계되어(산와 경성지점→ 식산은행으로, 제국은행 경성지점→ 상업은행으로, 야스다 경성지점→ 조흥으로), 양측 은행 책임자 간에 자산, 채무에 관한 명세서를 작성하고 완전히 인계를 완료했다. 예금, 미불 송금수표 등에 대한 채무는 현금, 대출 등의 자산과 함께 승계 은행에 포괄적으로 귀속됐으므로, 어상반하는 자산은 일본으로 일절 회수하지 않았다.

(2) 그 후의 국내 처리(식민지 예금의 환급 상황)

(가) 초기 처리

전후 금융기관 재건 정비에서 외지 소재 지점과 관련한 자산 및 부채는 정비법을 적용하지 않아, 국내 처리가 전혀 진행되지 않은 채 미해결로 남았다. 그 결과, 외지 예금(송금 포함)의 환급은 인정되지 않았다.

(나) 1954년의 재건정비법 등 개정

이러한 방치 상태는 관계 금융기관, 특히 귀국자들에게 바람직하지 않았다. 이에 1954년에 재외재산문제조사회의 답신 내용을 토대로 재건정비법 등이 개정됐고 다른 한편 외환관리 면의 제약을 해제하면서 외지 예금의 환급을 인정했다.

(주) 폐쇄기관, 재외회사 관계의 금융기관의 재외 예·송금은 다음과 같은 절차를 따르지 않고 국내 재산에서 지급하도록 정했으며, 송금환의 우선 지급 규정도 없다.

(a) 재외 계정의 설정

재외 점포와 관련한 채무는 환산 절차를 거쳐 국내 채권 채무로 하고, 이와 함께 재외자산 부채처리 계정에 계상하여 다른 계정과의 혼동을 막도록 정했다.

(주) 다만, 본방 외에 주소를 둔 자의 자산 부채는 대상에서 제외했다.
재외 계정에 대한 계상 경리는 채권자가 채권자임을 증명하는 물건을 첨부하여 금융기관에 청구한 경우, 금융기관은 그 청구가 정당한 때에 채무로 확인한다.

(b) 채권자에 대한 지급

① 미불 송금환은 1건 5만 엔까지 우선 지급한다.

② 이어서 이 외의 채무(미불 송금 중 5만 엔을 초과하는 부분을 포함한다)를 지급한다.

(c) 조정 계정에서 충당

재외 계정에 지급 자금이 부족한 경우, 조정 계정에서 부족 자금을 융통하는 형태를 취한다.

(주) 금융기관 재건 정비 시, 조정 계정을 설정하여 구 계정에 속한 자산 부채에서 발생한 손익을 이 계정으로 경리하고, 그 익금을 먼저 손실 부담하여 채권자 등에 분배하고, 구 계정의 최종 처리 후 사후 조정하도록 했다.

(d) 재외 계정의 폐쇄

재외 계정은

① 재외 계정에 계상된 부채의 지급을 전부 완료한 때,

② 재외 계정에 계상된 부채의 지급 완료 전망이 아직 보이지 않았으나, 재외 자산을 더 이상 계상할 수 없다고 확정한 경우에는 폐쇄하도록 정했다.

그러나 채권자의 신고를 기다리기만 해서는 재외 계정을 영원히 폐쇄할 수 없으므로, 다음 (다)의 특별조치를 한 뒤에 재외 계정을 폐쇄하도록 정했다.

(다) 남은 예금에 대한 처리

남은 예금 채무는 각 은행의 대표자 명의(사무 관리 입장)로 일괄해서 별단예금으로 처리하고 본인이 통장을 지참해 방문하면, 이 예금에서 찾아 지급했다.

(3) 재외 예금 지급 상황

			비고
일본 본점 은행	후지(富士)		1961년 3월 31일까지의 원금 지급분
	다이이치(第一)		1961년 3월 31일까지의 지급분
	산와		
	계		
재조선 본점 은행	조선은행		1961년 3월 31일 현재
	식산은행		청산종결 1958년 9월 3일
	조선저축		정리종결 1959년 6월 17일
	조선신탁		청산종결 1959년 7월 18일
	조선무진		정리종결 1959년 12월 26일
	조선상업		정리종결 1960년 1월 27일
	조흥		정리종결 1960년 6월 21일
	금융조합		현재 정리 중
	계		
합계			

(주)

1. 일본 본점 은행은 조선 지점분만을 계상했으며, 재조선 본점 은행분은 조선 외의 재외 예금을 포함한다.

2. 환산율

외지 예금의 지급은 다음의 환산율을 적용했다.

점포 소재 지역	표시 통화 단위명	환산율(본방 통화 1엔에 대해)
조선	원	1.5원
관동주	엔	1.6엔
화북	연은권	100엔
화중	저비권	2,400엔

3. 이자 등의 경우,

(가) 일본 본점 은행은 해당 원금액에 이자 약정이 있는 예금은 최종 금리 계산일의 익일부터 1954년 5월 14일까지의 약정 이자를, 그리고 이자 약정 유무를 불문하고 모든 예금에 대하여 1954년 6월 1일부터 지급일까지 일보 5리(厘)의 이자를 부가했다.

(나) 폐쇄기관 이외의 외지 예금 채무는 특수 정리인(청산인)이 해당 재외회사의 주주의 동의를 받아 채무 원금의 4~10%를 가산금으로 지급했다.

(4) 한국인의 일본 은행 예금

과거 자료(1954년 1월 5일에 외채과가 작성한 「예시적 처리 요령에 근거한 한일 양국 부담액 조사」)는 국내 금융기관의 보고를 토대로 한 1953년 8월 말의 수치로 [redacted] 라는 금액을 제시했다.

이 예금은 외환관리인 기타 예금 계정과 구분하여 경리됐고, 엔 예금이다(본건에는 현행 외환관리상의 허가 조건에 따라 해당 예금이 된 것도 포함했다고 생각하므로, 모두 한일 분리에 따른 본래의 재산 및 청구권은 아니다).

(주) 1961년 당시 은행과를 통해 은행에 문의한 결과, 현재 이러한 유의 조사는 어려운 듯하다.

(5) 한국인 예금의 처리 방침(1961년 5월 은행국 은행과 조사를 토대로)

(가)

한국인의 일본 예금은 금융기관에서 시효를 원용하지 않겠다고 했으므로, 앞으로도 적법한 예금 채권의 청구가 있으면 지급하는 데 문제가 없다. 하지만 한국 거주자의 예금은 불출 절차, 외환관리법상 다소 문제가 있을 듯하다.

(나)

일본 본점 은행의 한국 지점에 있던 한국인 예금은 1945년 12월 8일에 이들 지점의 모든 재산이 한국계 은행으로 승계된 만큼, 한국인 예금도 그대로 인계됐을 것이다. 따라서 이들 예금은 한국의 국내 문제로 처리해야 하며, 관련 조항의 원칙을 최대한 주장해야 한다.

2. 손해보험 관계

<비고> 제2차 회담에서 한국 측 비공식적으로 제안한 청구 중 관련 항목

◎ 13개 손해보험사의 미지급 보험금 7,305,468엔 33

◎ 13개 회사에 대한 조선화재해상보험회사의 재보험회수금

10,030,690엔 83

(1) 손해보험사의 대조선 채권 채무 상황

보험2과가 1961년 당시 관계 회사의 보고를 정리한 자료에 따르면, 국내 손보 14사(주) 중 해당 사항을 제출한 곳은 다음 회사들이다.

(주) 손보 14사는 도쿄해상, 야스다, 오사카스미토모, 도와(同和), 다이쇼, 닛폰, 닛산, 지요다, 닛신, 고아(興亞), 교에이(共榮), 니치도(日動), 후지, 도아(東亞)다.

① 도아(東亞)화재의 조선화재에 대한 채권 1,246,473.16

미수 재보험료 104,946.81 미수 재보험금 149,744.52

② 도쿄해상의 조선화재에 대한 채권 81,320.37

미수 재보험료 223,928.95 미수 재보험금 3,902,770.58

미수 재조험료 3,970,274.45 미수 재보험금 74,654.71

◎ (a) 소계 (①+②) 1,327,793.53

③ 도쿄해상의 경성지점 대출 a/c 1,054,033.70

(미수 보험료 1,531,538.32 가수금 477,504.52)

◎ (b) 재소계(채권) ((a)+③) 2,381,827.23

④ 야스다화재의 조선화재에 대한 채무 725,602

(미수 보험료 704,833 미지급 보험금 20,769)

⑤ 지요다화재의 미지급 보험금(내역 불명) 490,726.30

◎ (c) 계(채무) (④+⑤)　　　1,216,328.30

◎ (d) 채무 초과 (b-c)　　　1,165,498.93

<비고> 조선화재해상은 재외회사로 재외회사령에 따라 정리했다.

◎ 1949.12.5 지정, 1959.4.6 정리가 끝났으나, 국내 재산은 자산, 부채 모두 992천 엔으로 잔여 재산이 0이었다.

(2) 손해보험사(조선 관계) 섭외 자산 및 부채 조사

(은행국 보험제2과)　(1951년 6월 30일 현재)

① 자산　(단위: 엔)

현금 및 예금	9,539,503.06
대체저금	593,263.50
금전신탁	1,425,000.00
유가증권	8,461,911.75
부동산 및 동산	2,968,760.26
공탁금	
가불금	528,937.35
기타	2,820,077.84
합계(A)	26,332,453.76

② 부채

가수금	911,483.85
기타	112,644.73
합계(B)	1,024,128.58

③ 재보험 관계

채권	17,608,432.49
채무	14,604,090.74
상계 잔고(C)	3,004,341.75

④ (A)-(B)+(C)　　28,312,666.93

(주)

1. 관계 손해보험사(14사)의 합계액이다.

2. 조선총독부 소관으로 이루어진 전쟁 보험 관계(파견 지점의 취급 문제)가 예측되나 내용은 알 수 없다.

(3) 문제점

① 계수 면에서는 최근 조사와 1951년 당시의 조사 사이에 다른 점이 있어, 합리적인 수치로 어느 쪽을 채택할지 검토 중.

② 다만, 일본 조사에서는 모두 일본의 채무가 더 많을 일은 없다고 생각한다. 한국은 채권 채무액이 아닌 한국의 채권만을 청구했다고 생각하는데, 이러한 발상 자체는 불합리하다고 말할 수 있다.

3. 주식 관계

<비고>

① 제4차 회담에서 한국은 요강 6의 내용을 위와 같이 수정했는데, 제5차 회담까지의 요강은 다음과 같았다.

◎ 한국 법인 또는 한국 자연인 소유의 일본 법인 주식 또는 기타 증권을 법적으로 인정할 것을 청구한다.

본항의 내용은 1945년 8월 9일 현재 한국 법인 또는 자연인이 소유했던 일본 법인의 주식이나 증권을 앞으로도 계속 유효하도록 법적으로 인정하자는 뜻이다.

② 한국이 구체적으로 설명한 적이 없던 탓에 상세한 내용은 불분명하나, 제1차 회담 때의 개략적인 설명에 따르면, 특히 일본의 국내 조치로 폐쇄기관, 재외회사 관계의 구 증권이 무효화된 경우에 구 증권을 실제 보유하고 있는 한국인의 지위 보장을 요구하는 것에 주안점을 두고 있었다.

③ 폐쇄기관, 재외회사 소유의 기명 유가증권은 요강 5 (1) 유가증권, 참고자료 3, 4를 참조할 것.

(1) 한국 관련 전전(戰前) 주식의 취급에 대하여

(가) 주요 회사의 예(1961년 12월 이재국 경제과 조사)

	도쿄전력	일본제철(주)	도시바
1) 한국 재주분 (1) 한국인 (2) 일본인	 1건(이왕가, 李王家) 580주 8건 36주	 1건(이왕가) 5,200주 10건 582주	 2건 200주 4건 262주
	한국 재주자에게 보내는 우편물은 주소가 전전 지명인 탓에 현재 우편국에서 접수를 중단했다. 따라서 (가) 배당은 5년간 미불금으로 정리하며, 그 후에는 회사의 잡수입으로 산입된다. (나) 증자는 증자 통지도 발송할 수 없는 상태로 신주인수권이 실권하는 상황이다.	대체로 좌측과 같다. 다만, 야하타(八幡) 등의 설립 당시 그 주식의 유상양도를 받을 권리는 소멸했으나, 구 일본제철 주주로서 계속해서 그 잔여 재산 분배 청구권은 남아 있다. (주) 구 일본제철은 1950년, 야하타제철, 후지제철, 일철기선(日鐵汽船), 하리마내화연와(播磨耐火煉瓦)의 4개 회사로 분할했다. 구체적으로는 일본제철이 현물출자로 이들 4사를 설립, 그 주식을 취득했고, 그 후 이를 일본제철 주주에게 유상 양도한 뒤 해산, 현재 청산 중이다.	거의 도쿄전력과 같다. 다만, 배당의 경우 제척기간이 3년이다.
2) 일본 재주분 (1) 한국인 (2) 귀국 일본인	일본인과 동일하게 취급하며, 특별히 문제가 없음 원주권(原株券)을 조선에 잔치한 채로 귀국, 국가는 재교부를 받은 자도 생각할 수 있다. (가) 수 불명(한국 재주 일본인의 2~3배 정도인가) (나) 조선에 잔치한 주권을 미군이 접수하여 한국에 인도했고, 한일회담 결과 재차 유효화될 수밖에 없는 경우, 이중 발행이 될 우려가 있다.	좌측과 같음 좌측과 같음 (가) 수 불명 (나) 좌측과 같음 (재발행을 받아도 1945년부터 1950년까지의 기간이다)	좌측과 같음 좌측과 같음 (가) 수 불명 (나) 도쿄전력의 경우와 같음

(나) 한국인 소유 주식을 둘러싼 문제점

종전 후 권리 행사는 불가능한 상태였는데, 배당금, 증자 권리를 어떻게 볼 것인가(신청 기간과의 관계)라는 문제가 있다(특히 연합국 재산 반환의 경우와 똑같이 취급하자고 요구하는 경우, 어떻게 대응할 것인가).

이에 대해 한국인은 연합국 국민이 아니므로 연합국 재산 반환의 경우처럼 특별조치를 인정할 수 없다고 버티고, 소재 불명의 일본인 주주의 경우와 동등 이상의 취급은 불가능하다고 주장해야 한다.

(주) 지금까지 각 회사 모두 연락이 닿지 않는 주주에게도 상법의 규정에 따라 주주총회 소집, 배당금 지급 등을 통지했으나, 우편으로 보내도 반송된 탓에 그 처리에 골머리를 앓고 있었다. 1962년의 상법 개정으로 이 부분의 구제 조치를 마련했다(제224조의2). 따라서 한국에 있는 주주도 동일하게 취급할 것이다.

<참고>

연합국 재산(주식)의 회복에 대하여

① 전시 중의 적산관리법에 따른 처리

태평양전쟁의 발발과 함께 적국인(연합국)이 소유한 주식은 적산관리인이 관리했으며, 적국인에 대한 배당 지급이나 주식명의개서(株式名義改書)를 중지하고, 과실은 적립하여 SPA(특수재산관리계정)에 넣었다. 그리고 1942년, 배당 지급을 중단하고 주식을 매각해도 문제가 없자 주식을 매각, 대금을 SPA에 넣었다.

〈관계 법령〉

◎ 1941년 12월 22일 적산관리법, 동 시행령, 동 시행규칙

◎ 1942년 3월 5일 특수재산관리계정에 관한 건

종전 후, 총사령부는 SPA 계정에 대하여 연합국 국민의 자유 인출을 명했다.

② 연합국 국민 주식의 회복

1949년, 「연합국 재산인 주식의 회복에 관한 정령」의 시행과 함께 연합국 국민의 주식 회복 조치가 취해졌다. 이를 위해 주식을 시장에서 매집하거나 회사에 특별 증자를 시켜 정부가 불입하는 등의 방법으로 종전의 지분율로 되돌렸다.

③ 보상에 관한 조치

하지만 종전과 동일한 지분율로 되돌려도 회사가 전쟁 피해 등으로 인해 사정이 악화한 탓에 반출 금지로 처분하지 못한 연합국 국민은 손실을 보았다. 이에 연합국 국민의 주식은 보상을 시행했다[연합국재산보상법(1951년 1월 26일) 제11조 참조].

다음 계산식에 따라 산출한 금액을 손해액으로 보상했다.

r × {A+B-(a+b+c)}

A: 개전 시 당해 회사가 본방 내에 소유하고 있던 재산에서 발생한 손해

B: 주식 반환 전에 이루어진 잔여 재산 분배액

a: 기업재생법에 따른 채무 정리로 인한 확정손의 보전 중 개전 시 채무

b: 전쟁 손해를 보전하기 위한 감자인 경우, 연합국 국민 외의 주주의 납입에 따른 보전액

c: 회사가 개전 시 보유하지 않았던 재산으로 보상 시 시가가 취득 가격을 초과하는 것의 초과액

r: 개전 시 연합국 국민의 지분 비율

(2) 일본인 귀국자의 주식에 대하여

(가) 종전 후 점령군 지령에 따라 대외금융거래가 금지됐다. 그 결과 외지에 남겨둔 주식, 기타 유가증권의 제권판결을 요구하여 신 증권을 발행받는 행위는 이 금지 조치의 취지에 반하는 것으로 금지됐다.

〈관계 법규〉

◎ 1945년 9월 23일 자 SCAP MEMO

㉮ 금, 은, 증권 및 금융증서의 수출입 통제에 관한 건(AG091.3)

㉯ 금융 거래의 통제에 관한 건(AG130)

◎ 1945년 10월 15일 칙령 제578호「금, 은 또는 백금의 지금 또는 합금의 수입 제한 금지에 관한 건」

◎ 1945년 10월 15일 대장성령 제88호「금, 은, 유가증권 등의 수출입에 관한 금융 거래 단속에 관한 건」

(나) 1949년 고시 제986호에 따른 해제

재외회사, 폐쇄기관이 보유한 유가증권에 대한 조치(구 증권의 무효화, 신 증권의 발행)에 수반하여 특히 주식의 경우 개인과의 불평등(증자 납입의 경우 등 주주가 불이익을 입는다)을 시정해 달라는 요구에 부응하여, 귀국자가 해외에 남겨둔 주식의 제권판결(除權判決)을 요구하는 경우, 금융거래금지 규정(환율상의 제약)을 해제하도록 정했다.

◎ 1949년 12월 9일 대장성 고시 제986호

외국환관리법 시행규칙(1941년 대장성령 제10호) 제94조 및 제100조 또는 금, 은, 유가증권 등에 관한 금융 거래의 단속에 관한 성령(1945년 대장성령 제88호) 제7조의 규정에 따라 다음에 열거하는 사항은 이들 성령에 따른 제한 및 보고를 면제한다.

① 외국에서 본방으로 귀국한 자(이하 "귀국자"라 한다)가 본방에 본점을 둔 회사가 발행한 주식을 귀국 전에 외국에 잔치했거나 외국에서 분실 혹은 소실하여 수입할 수 없는 경우 당해 주식에 대하여 제권판결을 받을 때

② 귀국자가 전호의 제권판결을 받아 본방에 본점을 둔 회사에서 주식을 재발행받을 때

③ 본방에 본점을 둔 회사가 제1호의 제권판결을 받은 귀국자에게 주식을 재발행할 때

(다) 조치의 효과

그러나 위와 같은 조치는 단순히 환율상의 제약을 배제하는 것으로 구 증권의 일반적 무효화를 정한 것이 아니었다. 따라서 귀국자가 주식을 남겨둔 사정이 제권판결의 요건인 멸실 등에 해당하는지의 판단은 법원의 인정에 맡겨졌고, 귀국자의 요망이 무조건 인용된 것은 아니었다.

(주)

1. 도쿄간이재판소에서는 이전 5~6건의 신고를 인용했다("외지에서 망실했다"라는 청구에 대하여 인양증명서, 회사의 증권 발행 증명서, 본인의 상신서를 제출하면, 신고를 믿을 만하다고 보고 수리했다). 하지만 현재는 이와 같은 처리에 의문을 품고 있는 재판관도 있다(최고재판소 민사국의 증언).
   또한 오사카지방재판소에서는 이와 같은 청구를 기각했다(미확인).
2. 귀국자 중에는 귀국 시 현지 영사관에 주권 보관을 의뢰하고 보관증을 받아 그것을 지참하여 귀국한 뒤, 이로써 제권판결을 받을 수 있는지를 문의한 예도 있다(중국 청도에서 온 귀국자의 경우).

(라) 회사 측의 처리

발행 회사로서는 귀국자가 제권판결을 받지 않는 한, 신 주권 발행에 응할 수 없다. 따라서 이러한 귀국자의 주권 재발행 요구에 대하여 대체로 신중한 태도를 취했다.

(주) 회사에 문의한 사례를 보면,

도쿄전력에서는 귀국자의 주권 재발행 청구에 대하여 제권판결을 얻을 것, ■■함으로써 인정한 예가 있다(히타치도 거의 동일하게 취급).

미쓰비시전공에서는 이렇게 취급하지는 않았으나, 1건만 특수한 사례로 인정했다(회사에 피해를 주지 않도록 개인 간의 문제로 처리했다).

(3) 특별경리회사(재건정비법의 적용을 받는 회사)가 발행한 주식의 경우

(가) 회사의 특별 손실 처리에 관해서는

① 감자의 경우, 재외 주주도 그 효과를 받는다.

② 증자의 경우, 주금 납입이 없으면 실권하는데, 이는 재외 주주에게도 적용된다 ((나)의 경우의 적용 배제 규정은 없음).

이들 경우에는 재조선 주주도 처리의 영향을 받았다.

(나) 위 증자의 경우 외의 실권 절차는 외지 주주에게는 실권 절차를 적용하지 않으므로, 권리관계가 불확정인 채로 유보됐다고 생각할 수밖에 없다.

(다) 또한 실권의 우려가 있는 경우에 회사가 대위 납입을 하여 유보하는 경우도 있을 수 있다.

4. 특별경리회사 관계

(1957년 관재국 특수청산과 조사)

(1) 개요

(가) 전후 전시 보상의 중단, 재외 자산의 상실 및 채권추심의 불능 등으로 인해 많은 회사의 재산 상태가 극도로 악화했다. 이에 이들 원인으로 발생한 손실을 적정하게 처리하여 산업의 건전한 회복, 진흥을 꾀할 필요가 있었다. 이 요청에 부응해 기업재건정비법(1946년 법 40호)을 제정하여 각 회사는 일정 재건 정비계획을 수립하고 상법의 규정에 상관없이 특별한 경리적 조치를 한다. 이 법률의 적용을 받는 법인이 바로 특별경리회사다.

(나) 정비계획의 이행 상황(1957년 4월 30일 현재)

① 특별경리회사 수	4,764사
② 재건정비계획 인가 완료 회사 수	4,695
(a) 계획 실행 완료 회사 수	3,997
(b) 계획 미완료 회사 수	698
③ 해산 명령을 받은 회사 수	69

(재건정비계획을 제출하지 않아)

이 법에 따라 전시 보상이 중단되면서 발생한 특별 손실을 어림잡아 채권자에게 부담시켰기 때문에 이 조정을 위하여 가계정을 설정한 회사는 1,547사이며 그중 이미 가계정을 확정한 곳은 133사이다.

(다) 위와 같이 정비계획 미완료 회사는 상당수에 달했는데, 1956년 말 일본은행을 통해 특별경리회사의 실정을 조사한 결과, 조사 우편물이 되돌아온 곳은 283사, 응답하지 않은 곳은 267사에 달했다. 따라서 이들 행방이 묘연한 회사를 제외하면 150사 정도에 불과하여 이 법의 시행 목적도 거의 달성됐다고 말할 수 있다. 관계 사무도 간헐적으로 실시되고 있는 상태다.

또 가계정의 처리에는 자산 처분이 지연되거나 금융기관의 조정 계정 간의 상호 영향 문제가 있는 등 급속한 확정은 기대하기 어려운 상황이다.

(2) 특별경리회사의 재외 부채 지급을 둘러싼 문제점

(가) 재외 자산 및 재외 부채의 법적 처리

지정(1946년 8월 15일 오전 0시), 대차대조표의 자산(차변)부에 재외 자산이 계상된 경우에는 특별 손실 계산상 전액을 손실액으로 한다. 다만, 부채(대변)부에 재외 부채를 계상하고 있는 경우에 손실액에서 그 금액을 공제하고 잔고가 있으면 잔고에 상당하는 금액을 손실액으로 한다. 재외 자산액이 재외 부채액 이하이면 손실액을 0으로 한다.

(나) 재외 자산 및 재외 부채의 처리 상황

① 존속회사

재건정비계획의 인가로 신구 계정은 병합하고 재외 자산, 재외 부채는 장부상에서 지워진다. 다만, 재외 부채가 초과하면 특별 손실과는 관계가 없으므로 어상반하는 자산이 대변에 계상됐다.

② 해산회사(지정 시 청산회사를 포함한다)

정비계획 인가로 구 계정은 폐지하고 청산 절차로 이행한다. 인가 회사에는 재외 자산을 초과하는 재외 부채에 어상반하는 국내자산을 보유한 회사로 구 채권의 변제 정지를 조건으로 인가받은 곳과 재외 자산을 보유하되 국내에는 재외 부채에 어상반하는 자산이 전무한 곳이 있다.

다만, 구 채권의 변제 정지를 조건으로 인가를 받은 회사 또는 재외 부채에 어상반하는 자산을 국내에 보유했으나 해산 인가를 받지 못한 회사는 실제 경영이 정지된 상태로 사무 관리비 등으로 잔여 재산을 탕진하는 경향이 있다.

③ **제2회사를 설립한 뒤 해산하는 회사**

정비계획의 인가(다른 법령 또는 사령부 각서에 따라 해산 명령을 받은 회사)에 수반하여 별도의 법인으로서 제2의 회사를 설립한 모회사는 해산 절차로 이행한 결과, 재외 부채가 제2회사에 인계되지 않은 채 어상반하는 자산이 장부상 대변에 유보되어 있으나, 청산종결이 불가능하여 (2)의 해산회사와 마찬가지로 탕진하는 경향이 있다.

(다) 문제점

① 재외 자산을 상계하여 부채 초과분만 변제할 수 있는지 여부. 변제할 수 있는 경우 지역이 다르다면 어떠한 방법을 취해야 하는가(지구별로만 상계된다고 생각한다).

② 존속회사로 재외 자산이 초과한 경우에는 장부에서 재외 자산과 재외 부채를 지운 결과 지급에 문제가 발생할 가능성이 크다.

③ 해산회사의 경우에는 대부분 지급 불능 상태가 될 것으로 보이는데 그 경우 어떠한 방법을 취해야 하는가.

④ 제2회사를 설립한 뒤 해산하는 회사가 지급 불능에 빠진 때에 제2회사가 변제 의무를 지는지의 여부. 지급 의무가 있다면 경영에 지장을 초래할 수 있는데 그 경우의 조치는.

⑤ 외화 표시 채무의 경우에는 환산율이 문제가 된다.

5. 한국 비공식 제안 청구

그 밖에 우리 측에서 보자면, 내용, 근거, 상대방 등 불분명한 것투성이이나, 제2차 회담 당시 한국 측 비공식 제안에 열거된 사항을 보면 다음과 같다.

(1) 상사채권적인 것

(단위: 엔)

A	조선전업주식회사	주문품 대금 전도금	6,187,067
	경성전기주식회사	주문품 대금 전도금	2,207,088
	남선전기주식회사	주문품 대금 전도금	801,016
	서선합동전기주식회사	주문품 대금 전도금	132,603
	농지개발영단	주문품 대금 전도금	282,866
	마사회 종마 대금 전도금		841,745

B	재외 일본군부 기관의 공탁금 등	1,935,193
	마약대금 미수금(일본후생성 외)	12,985,725
	교통부 운임승차권대 기타 미수금	31,980,386
	임산물 공출대금 미수금	5,965,627
	조선식량영단 미수금	53,995,432
	수리(水利)조합연합회 관계 미수금	88,910
	농지개발영단 공사 전도금	255,542

C	약공품 대금 미수금	3,563,321
	방송국 주문품 대금 전도금	115,604
	전매국 관계 미수금	5,140,174
	계	126,476천 엔

<비고>

1. 개별적으로 판명된 것으로는 조선식량영단의 한국 미곡대금 미수 기타 청산금이 있다. 이는 1945년 7월과 8월에 매입하여 농림성에 직접 송출한 미곡 대금 21,953천 엔을 가리킨다고 생각하나, 본 영단은 재외회사로 지정되어 정리가 마무리됐고, 대금은 1950년 6월 13일에 식량청에서 수령했다.

2. 또한 조선전업, 경성전기, 남선(합동)전기, 농지개발영단, 조선식량영단은 재외회사로 이들과 관련된 청구는 재외회사령에 따라 처리했으므로 요강 4와 관련하여 검토할 문제다.

(2) 그 밖에 정식 제시를 보류한 사항

(단위: 엔)

일본 법인에 대한 한국 내 금융기관의 연체 대출금	509,461,246
일본인에 대한 한국 내 금융기관의 연체 대출금	211,241,763
일본 법인과 일본인에 대한 가불금	1,165,626
일본 법인과 일본인의 미납 세금	162,210,215
무역보상금	117,617,200
무역보류금	102,577,550
군사 행동으로 인한 피해	232,398,883
강제 철거와 소개로 인한 피해	11,055,612,536
1945년 8월 9일 이후 일본 관리의 월권행위로 인한 피해	231,585,225
강제 공출로 인한 피해	1,848,880,437
공공단체의 파산 및 기업 도산으로 인한 피해	38,010,686

요강 7. 과실의 청구[5]

요강 8. 타결 후 6개월 이내에 완료할 것

◎ 요강 7과 요강 8은 한국 측 설명이 없음.

이자 문제는 우리의 대략적인 생각을 각 항목의 일본 측 조사액에서 제시했는데, 일단 다음과 같이 생각했다. 또 2(원칙 문제)의 참고자료 5를 참조할 것.

각 항목에 대하여 기본 권리가 인정되는 것이 전제이나,

(1) 계약 관계에서 정한 이자 등 지급 문제

[6]

5 요강 7의 내용은 원문에 없음.

6 1쪽 반 정도가 먹칠되어 있다.

◎ 한일 간의 청구권 문제에 대하여(각론) (안)

(1962년 3월 10일 외무성 아시아국)

(주) 다음은 1962년 3월의 고사카(小坂)·최 회담(제1회 정치절충) 당시, 제2분책 V. 2. 참고자료 1에서 다룬 고사카 외상이 발언한 청구권의 원칙 문제에 관한 일본 견해와 각론으로서 8개 항목에 대한 일본 견해다. 미야가와(宮川) 청구권위원회 주사가 발언할 요량으로 대장성의 수정까지 반영하여 준비했다. 한국이 고사카 외상 발언에 실망하면서 회의 분위기가 급랭한 탓에[제1분책 Ⅱ. 2. 4) 참조] 결국 이를 언급할 기회는 없었으나 8개 항목의 청구에 관한 대장성·외무성 두 성의 견해에 공통되는 최대공약수가 일본 견해가 됐다(향후 국회 답변 시 "8개 항목에 대한 일본 견해"는 이 선에 따라야 할 것이다).

◎ 요강 1. 지금·지은의 반환 청구에 관하여

한국은 1909~1945년까지 조선은행을 통해 한국에서 반출한 지금·지은의 반환을 청구했으나, 일본은 본건에 관한 한국 측의 청구에서 어떠한 법률적 근거도 인정할 수 없다.

즉 조선은행은 조선 지역의 발권은행인 동시에 그 업무 중 하나로 지금·지은의 매매를 규정하고 있었다. 따라서 1909~1945년까지 조선은행을 통해 반출된 지금·지은은 통상적인 상업 거래로 정당한 대가를 물고 적법하게 매입된 것이다. 또 지금·지은의 매매 가격은 일본 또는 조선을 불문하고 동일한 적정 가격이었다.

더 나아가 한국은 조선은행의 발권 준비로서 지금·지은을 보유해야 했다고 주장했으나, 조선은행법은 조선은행의 발권 준비가 지금이 아니어도 무방하다고 정했다. 또 입법 취지 자체를 거론한다면 이미 법적 청구권의 범위를 넘어선 정치적 요구로 풀이할 수밖에 없다.

이상과 같이 일본은 한국이 본건 지금·지은의 반환을 요구하는 법적 근거를 전혀 인정할 수 없다.

◎ 요강 2. 체신국 관계에 관하여

한국은 종전 전에 조선 지역에서 이루어진 우편저금 잔고와 조선간이생명보험 우편연금특별회계의 대장성 예입금 중 한국인분의 지급을 청구했으나, 일본은 한국 측 청구의 취지는 일단 이해하나, 한국인 분을 어떻게 추정할 것인가를 둘러싸고는 사무 절충에서 우리 측이 설명했듯이 보다 신중한 배려가 필요하다고 생각한다.

그 밖의 청구에 대하여 일본은 다른 의견이 있는 만큼 응할 수 없다.

◎ 요강 4. 폐쇄기관, 재외회사의 재일 재산 청구에 관하여

한국은 종전 전 한국에 본사, 본점 또는 주요 사무소가 있던 법인의 재일 재산의 반환을 청구했으나, 일본은 연합군 최고사령부의 폐쇄기관령에 따라 폐쇄, 청산된 기관, 즉 조선은행 외 3사 및 SCAPIN 1965호에 따라 정리된 재외회사 188사에 관하여 이들 회사의 재산 중 1945년 12월 6일 현재 한국에 존재하던 것은 미 군정법령 제33호에 따라 소속이 변경된 것으로 인정했다. 이미 총론에서 언급했듯이 동 군정법령의 효력은 재조선 미군의 관할 지역 밖으로는 미치지 않는 만큼, 이들 회사의 재일 재산에도 미치지 않는다.

이 사실은 상술한 폐쇄기관령 및 SCAPIN 1965호 모두 미 군정법령 제33호에 관계없이 재일 재산에 관한 처리를 규정했다는 점에서도 자명하다(덧붙이면, 이들 법인이 법제상 처음부터 한국 법인이었다는 입장에 선 재일 재산의 청구라면 법리상 전혀 문제가 되지 않는다).

다만, 일본은 이들 법인의 잔여 재일 재산을 처분할 때에 우선 구 주주의 권리를 유보했으므로 본 회담의 추이를 종합적으로 고려하여 적절하게 처리할 용의가 있다.

◎ 요강 5

(1) 일본유가증권에 관하여

한국은 일본국채 등의 유가증권을 청구했으나, 일본은 한국이 무기명 또는 무등록 채권의 현물을 보유한 것은 그 인도를 조건으로 지급을 고려할 수 있으나, 등록채권 중 일본이 등록지인 등록채권은 재일 재산이므로 군정법령에 관계없이 본래 한국인이 소유한 것은 차치하고 그 밖의 것은 미 군정법령 제33호의 효력이 미치지 않는다는 관점에서 청구에 응할 수 없다.

(2) 일본계 통화에 관하여

한국은 전후 소각한 일본은행 구권 등의 일본계 통화를 청구했으나, 일본은 일본은행권 및 일본 정부지폐의 현물을 제시하면 이의 지급도 고려할 수 있지만, 소각 방법 중 일본은행 행원의 입회 아래 소각한 분 외의 것은 자료를 확인하기 어렵고 또 일본은행권, 일본 정부지폐가 아닌 여타 통화의 지급은 인정할 수 없다.

(3) 한국인 노무자 등의 미수금에 관하여

한국은 한국인 군인, 군속, 노무자 등의 미불 봉급, 임금, 연금, 수당 등의 미수금을 청구했으나, 일본은 한국인 분 미수금을 확인하고자 노력했다.

(4)a 집단 이입 한국인 노무자의 보상금에 관하여

한국은 일본에 강제징용된 노무자에 관하여 생존자, 사망자, 부상자 각각 일정한 보상을 청구했으나, 일본은 1939년 이래 1945년 4월경까지 자유 모집, 관 알선, 최종적으로는 국민징용령에 따라 상당수의 조선인 노무자가 집단 이입된 사실은 인정하나, 이들 노무자는 일본인으로서 일본인으로 일본에 왔고 일본인과 함께 일했으므로 이에 대해 한국이 요구한 보상금을 지급할 법률적 근거가 없다. 또 이들 노무자 중 노무계약 기간 중에 부상 또는 사망한 자는 당시 위문금 또는 조위금을 각 고용주가 지급했으므로, 일본이 또다시 조치를 강구할 법적 근거는 없다고 생각한다.

[외무성 안(案)에는 다음의 내용이 삽입되어 있었다. 다만, 이들 노무자 중에는 안타까운 사정을 안고 있는 자도 상당수 있었다는 점은 충분히 인식했다.]

(4)b 조선인 군인, 군속에 대한 보상금에 관하여

한국은 한국인 구 군인, 군속에 대하여 전항 징용자를 포함해서 이와 동일한 보상금의 지급을 청구했으나, 일본이 이들 군인, 군속에게 보상금을 지급하는 것은 실정법상 극히 어렵다. 즉 군인에 대한 은급은 연합군 최고사령부의 명령에 따라 1946년 1월 이후 정지됐고 또 군속에 대한 제반 조치도 동시에 정지됐다.

평화조약 발효 후, 군인, 군속에 대한 전상병자 전몰자 등 유수가족원호법이 제정되면서 군인 은급이 부활했으나 이들 제도에 따른 원호 또는 은급 지급은 일본 국적 보유자에 한정했다. 따라서 한국인 군인, 군속은 이 제도의 대상이 될 수 없다.

(5)a 한국인 은급 청구에 관하여

한국은 종전 당시 기 재정분 외에 미 재정분 은급을 20년분 청구했으나, 일본은 전전(戰前) 국정이 부담하던 분은 미 재정자까지 포함한 수급권자에 대하여 평화조약 발효까지의 분을 지급하는 것은 고려할 수 있다.

(외무성 안에는 다음 내용이 삽입되어 있었다. 평화조약 발효 후에는 은급법상 한국인의 은급권이 소멸했다고 해석되나, 이 점에 관해서는 군인, 군속 사망자 및 부상자 문제와 함께 추가로 연구할 생각이다.)

(5)b 귀국 한국인 기탁금에 관하여

한국은 종전 후 한국으로 귀국한 한국인이 세관에 맡긴 기탁금, 일본은행권과 교환한 미결제 조선은행권 및 조련 기탁금을 청구했으나, 일본은 세관 기탁금 및 미결제 조선은행권은 지급을 고려할 수 있지만, 조련에 기탁한 사실을 보여주는 기록이 전혀 존재하지 않으므로 이의 지급은 불가능하다.

4. 한국 청구권 금액

(1) 후술하는 1)의 시산액은 1962년 1월 10일, 오히라(大平) 관방장관(당시)의 명령으로 대장성과 외무성 사무 당국이 작성한 시산표다. 작성 경위는 3의 '8개 항목의 대일 청구 내용'의 두주(頭註)를 참조할 것.

① 한국 청구액은 제6차 회담 청구권위원회에서 한국이 제시한 주장액을 그대로 집계했으며, 미화 환산액은 한국이 주장한 15엔=1달러의 환산율을 적용했다. 그 결과 산출된 15억 달러라는 금액이 신문에 보도되자, 한국은 이 수치를 주장한 적이 없다고 부정했다.

② 일본 시산액은 당시 시간이 없어 서둘러 계산된 관계로 일부 3의 '8개 항목의 대일 청구 내용'의 일본 측 조사액과 다를 수 있다.

(2) 후술하는 3)은 1.의 시산액 작성 후, 외무성이 독자적으로 시산을 거듭 수정하여 산출한 것으로, 우리 측이 참고삼아 받은 것이다[제1분책 Ⅱ. 2. 3)의 경제협력 방식으로의 전환에 대하여 설명하는 내용에서 등장하는 1억 달러라는 수치의 근거는 이 수정 자료로 추측된다. 당시 한일 문제를 둘러싸고 외무성에서만 정부 수뇌부와 사무 당국 간에 절충이 이루어졌고, 대장성은 관여하지 않았다. 따라서 그간의 경위는 알 수 없다].

(3) 또한 대장성 시산액 산출 중 작성되어 1961년 11월 9일 대장성 회의에 제출, 검토된 뒤 수정한 각종 시산액을 참고삼아 558쪽 다음에 끼워 넣었다.

(당시는 제6차 회담이 막 시작된 때이고, 자료도 거의 없었기 때문에 1962년 1월의 시산 수치와 크게 다르다는 점에 유의할 필요가 있다.)

1) 한국 측 대일청구액 및 대장성, 외무성 시산액

[1962년 1월 10일, 오히라 관방장관(당시)의 명령에 따라 작성한 것]

(단위: 백만 엔)

청구 항목	한국 측 청구액	대장성안	외무성안[7]
Ⅰ. 지금·지은	현물 청구		
	지금 249톤 평가액		
	지은 67톤101,582		
Ⅱ. 총독부 관계			
1. 체신국 관계			
(a) 우편저금 등	1,198		
(b) 국채저축채권 등	요강 5. 1에서 청구		
(c) 조선간보연금	135		
(d) 해외환저금	70		
(e) 동결 수취금	46		
2. 일본인 예금 인출액	토의 보류		
3. 증명 자금이 없는 국고금 지출	토의 보류		
4. 총독부 도쿄사무소	토의 보류		
Ⅲ. 한국에서 송금 반환	요강 5. 1에서 청구		
1. 조선은행 본점에서 대체송금			
2. 일본으로의 송금	토의 보류		
Ⅳ. 재일 재산 청구	일본 측의 처리 방침을 들은 후 내용을 결정하겠다		
Ⅴ. 한국인의 대일본인 및 대일본 정부 청구			
1. 유가증권	8,735		
2. 일본계 통화	1,526		
3. 한국인 피징용자 미수금	257		

4. 피징용자 보상금	364백만 달러	
5. 은급 청구 등		
(1) 은급	306	
(2) 귀국 한국인 기탁금		
통화류	11	
미결제 조선은행권	49	
조련 기탁 압류분	55	
6. 생보 준비금 청구	438	
Ⅵ. 한국인의 권리 행사의 원칙	개별적으로 행사할 수 있도록 인정	
Ⅶ. 과실	아직 설명 없음	
Ⅷ. 지급 방법	아직 설명 없음	
	(한국 측 청구액)	
	엔 채무	
	12,805백만 엔	
	8536백만 달러	
	달러 채무 364백만 달러	
합계	현물(지금·지은)	
	282백만 달러	
	계 1,500백만 달러	
	단, 엔 채무의 달러 평가는 15=1달러로 함	

7 일본공개외교문서 376, 「日韓関係想定問答(未定稿)」(1962년 2월 26일), 37~39쪽에서 먹칠 부분 추측이 가능하다.

① 달러 평가액(1달러 = 360엔)

한국 청구액	일본 측 시산		외무성 시산
1,003백만 달러	㉮	9.6백만 달러	71백만 달러
(1달러=15엔일 때는 15억 달러)	㉯	16백만 달러	

② 표 중 ( ) 안은 1961년 9월까지의 이자다.

◎ **한일청구권 금액 적산 일람표(1962. 2. 17 현재)**

(단위: 백만 엔)

요강	한국 청구			당성 시산		외무성 시산	
Ⅰ. 지금·지은	지금	249	톤				
	지은	67	톤		0		0
	(평가액 1,020억 엔)						
Ⅱ. 체신국 관계							
1.우편저금 등		1,197			258(196)		258(196)
2. 간보 연금		135			67(12)		67(12)
3. 해외환 저금		70			?		?
4. 동결 수취금		45			0		?
Ⅲ. 재한 법인 재일 재산		?		구 주주 유보액	39		39
					?		?
Ⅳ. 대일본인(정부) 청구							
1. 일본유가증권		8,735			228(146)		608(389)
2. 일본계 통화		1,525			1,517		1,522
3. 미수금		237			98(38)		133(52)
		백만 달러			(2,248)		10,184
4. 보상금		364			564		11,960
5. 은급		306(338)				(이자 미계산)	
기탁금		113			63		60
6. 민간 생보사		438			0		0
합계	12,801	백만 엔		보상금 제외			
	364	백만 달러		-2,834백만 엔			백만 엔
외	지금·지은 현물평가액 1,020억 엔					24,831(649)	
				보상금 포함 5,082(730)			

(1) 한일회담의 청구권 문제 처리 시 문제점

1962년 1월 10일
대장성 이재국
외무성 아시아국

(주) 다음은 시산표를 오히라 관방장관에게 제출할 때에 시산표를 설명하고자 외무성이 작성하여 두 성의 공동 자료로 함께 제출한 것이다.

1. 한일회담의 청구권 처리는 한국이 지급을 청구하고, 일본이 그 지급에 응할 수 있는 '법적 근거'가 있는 청구에 국한된다. 그 사실은 작년 11월의 이케다 총리, 박 의장 회담에서도 확인했으며, 그 후의 청구권위원회에서도 이 취지에 따라 토의를 진행했다.

2. 그에 충분한 '법적 근거'가 있는 청구로 일본이 인정할 수 있는 것의 금액이 어느 정도인지를 계산할 필요가 있는데, 계산 시에는 다음과 같은 주된 애로 사항이 있다.

(1) 사실관계를 확인하기 매우 어렵다는 점

이 부분은 향후 한국과 자료를 대조하거나 일본의 옛 자료를 재조사하면 꽤 선명해질 것으로 기대한다. 한국전쟁으로 인하여 현지 자료 중 상당 부분을 망실했다. 예를 들어 군인, 군속, 징용 노무자의 총수, 부상자수 및 그 정도, 종전 시 상황 등에 관해서는 대대적으로 추정에 의존할 수밖에 없어 추정 방법에 따라 금액의 증감이 뚜렷하다.

(2) '법적 근거'를 어떠한 점에서 구할 것인가라는 점

이케다 총리는 박 의장에게 "개인의 청구권은 일본인 수준으로 취급한다는 원칙 아래 지급할 용의가 있다"라고 언급했다. 다만, 일례로 우리나라의 은급법은 수급권자를 일본국민에 한정했으므로 한국인에 대한 은급 지급은 이들 한국인이 평화조약의 발효로 일본국민의 지위를 상실한 시점에 중단해야 하는지, 아니면 국적 여하에 상관없이 정책적으로 배려하

여 종신(또는 적어도 꽤 장기간) 지급하는 것이 좋은지(국제 선례를 보더라도 그와 같이 취급한 예가 많다) 이 부분은 신중하게 고려할 문제로 법제적 검토까지 포함하여 향후 다뤄질 전망이다.

(3) 남북한의 구별의 경우, 과거 한국은 이를 전적으로 무시했으며, 또 설사 구분하는 경우에도 어떠한 방법을 채용하든 개괄적일 수밖에 없는 점

설사 특정 청구 항목에 관하여 남북한 전체의 정확한 수치를 산출해도 그중에서 한국에 지급할 분을 정확하게 산출하기란 대단히 어렵다. 따라서 예를 들어 우편저금은 남북의 인구 비례를 기준으로 70%를 곱하는 등 개괄적으로 산출하는 방식을 채용할 수밖에 없다.

(4) 평화조약 제4조에 관한 이른바 '미국 해석'을 어떻게 적용할 것인가의 문제

일본은 이전부터 일관되게 '미국 해석'에 따른 재한 일본 재산에 대한 청구권 주장의 철회 사실을 한국이 대일청구권을 처리할 때 고려할 필요가 있다고 주장해 왔다. 따라서 각 항목별로 금액을 산출하면 상시 이 점을 염두에 두어야 하나, 한국은 이전부터 일본과는 다르게 해석하고 있어 쌍방이 납득할 만한 결과를 도출하기란 극히 어렵다.

3. 충분히 '법적 근거'가 있는 청구로 일본이 인정할 수 있는 것을 계산할 때에 '법적 근거'의 뜻을 엄격하고도 순수하게 해석한다면(즉 추정 수치나 개괄적 적산을 철저하게 피하면서 실정법만을 기준으로 할 때) 그 수치는 현 단계에서는 물론이거니와 향후 사실 확인 작업을 적지 않게 수행해도 2)와 같은 제반 사정에 비추어 볼 때 극히 소액에 그칠 것이다.

4. 이상에 비추어 향후 한일 간의 청구권 처리를 진행할 때 충분히 '법적 근거'가 있는 청구라 칭하면서 추정 수치나 정치적 배려를 섞어 산출한 금액을 가지고 교섭한 경우, 나중에 국회 등에서 설명하기가 대단히 어려울 것이라 예상된다. 따라서 당분간은 '법적 근거'가 있는 금액이 한국의 요구에 비해 극히 소액이 될 수밖에 없다는 사실을 한국이 깨달을 수 있도록 사무적 논의를 진행할 필요가 있다. 하지만 마지막에는 한일 간에 최종 합의해야 할 수치에 대하여 '청구권'이라는 명칭을 피하고 별도의 명칭을 고려하는 방향으로 본

건의 해결을 꾀하는 편이 일본으로서는 오히려 현명하다고도 생각하나, 이 점은 향후 신중한 검토가 필요하다.

◎ 이재국 시산(1961. 11. 9 대장성 회의 검토 후 수정)에 따른 한국 청구권 지급 각종 시산액

(단위: 백만 엔 / 괄호 안: 백만 달러)

항목			
요강 1. 지금·지은			
요강 2. 대총독부 채무			
(1) 체신국 관계			
(a) 우편저금			
(b) 국채·저축채권			
(c) 조선간보연금			
(d) 해외위체 저금			
(e) 동결 한국 수취금			
(2) 일본인의 예금 인출액			
(3) 증명 자금이 없는 국고금 지출			
(4) 총독부 도쿄사무소			
요강 3. 대체송금			
요강 4. 재일 재산			
(본래 한국인 주주 유보분)			
요강 5. 한국인의 청구			
(1) 유가증권			
(2) 일본계 통화			
(세관 예치금)			
(3) 피징용자 미수금			
(4) 피징용자 보상금			
(5) 은급			
문관			
군인			

(6) 대일본인 청구	
요강 6. 주식의 인정	
합계	
원리금 합계	

(주) R.C. - Relevant Clause(재한일본인 재산을 고려해 청구에 응하지 않겠다는 취지)

2) 한국 청구권 금액 시산에 관한 외무성 · 대장성 양측 안의 비교 검토 (1962년 1월 12일 이재국 외채과)

(1)

한국 청구권의 금액 시산에서 외무성과 대장성 양측 안이 큰 차이를 보이는 까닭은 주로 피징용 한인 보상금과 은급 산정금액이 다르기 때문이다(양측 안의 차이는 아래 2)에서 설명한 것처럼 두 항목에서 에 달하며, 두 안의 합계 조정액 에서 거의 전부를 차지했다).

(2) 양측 안이 다른 이유

(가) 보상금 중 징용 노무자 관계

(나) 보상금 중 군인, 군속 관계

(다) 은급 관계

① 대상

대장성 안	문관 은급(평화조약 발효 시까지는 군인 은급을 지급할 여지가 거의 없다)
외무성 안	문관과 군인 쌍방에 지급한다.

② 지급 기간

대장성 안	평화조약 발효(1952년)까지 지급
외무성 안	평화조약 발효 후에도 계속해서 전원 실권 시기(1991년경)까지 지급한다.

 [8]

8 일본공개외교문서 376, 「日韓関係想定問答(未定稿)」(1962년 2월 26일), 76쪽에서 먹칠 부분 추정이 가능하다. 〈부연설명〉 한국 청구권에 대한 대장, 외무 두 성이 작성한 안(案)의 다른 점에 대하여

> Q. 한국 청구권 금액 산정을 보니, 대장성과 외무성 간에 현격한 차이가 있는 듯 보인다.
> 그 이유를 알고 싶다.

말씀하신 한국 청구권 금액에 관한 대장성, 외무성의 정식 안 같은 것은 존재하지 않는다. 다만, 일부 사무 당국이 교섭에서 참고하고자 가정으로 시산한 적은 있다. 이 문제는 어쨌든 전후 십수 년이 지났고 또 그사이 한국전쟁으로 자료로 소실되어 정확한 사실을 파악하기 극히 어렵다. 더욱이 조선 독립이라는 사실에 국내법을 적용할 때에 어떻게 해석할지와 같은 지극히 까다로운 문제가 있다. 이처럼 사실관계, 법적 해석에서 아직 불분명한 점이 많은 상황에서 한차례 시산해 본 것이다. 또 이를 둘러싸고는 두 성 간에 해석 차가 약간 있어 금액 산정에서 차이가 발생한 것이다.

하지만 이들 시산은 어디까지나 가정에 불과하며, 정부는 향후 회담의 토의를 통해 사실관계를 더한층 확실히 규명하고 법적 해석을 통일한 다음, 타당한 금액을 도출해 나갈 생각이다.

㊙ <비고>

1. 대장성 안, 외무성 안의 차이점에 대하여

3) 수정 외무성 안

(주) 「한일청구권 교섭의 향후 진행 방식」(총리에게 제출한 보고서)(1962년 2월 7일 외무성 아시아국)에 첨부된 외무성 안이다.

(1) A안　　35,591백만 엔(9,886만 달러)

(별지 참고) 대장성 안과 외무성 안의 차이는 주로 ① 군인, 군속, 피징용자에 대한 위문금[Ⅳ의 (4) 보상금]과 은급[Ⅳ의 (5)]에 대한 사정액에 있으며, 나머지 항목 대부분에서는 두 성의 안이 수치 면에서 거의 차이가 없다. 두 성의 안에서 차이점이 발생한 이유는 다음과 같다.

① 현재 징용노무자와 복원 군인·군속에 대해서는 실정법상 아무런 조치도 취해지지 않았다. 그런데 가령 귀국자 급부금에 준하는 위문금을 지급하면 어떻겠냐는 아이디어가 제시됐고, 이를 어느 수준까지 또 어느 범위(명수)까지 지급할 것인가에서 두 성은 다른 산정 기준을 설정했다.
② 조선인에 대한 은급 지급 조치와 관련해서는 국적을 상실할 때까지로 할 것인지, 상실한 후에도 계속해서 지급하고 실권할 때까지로 설정할 것인지 두 성 간에 적용 기준이 다르다. 대장성 안은 일단 1952년 4월(평화조약 발효 때까지)까지로 설정한 한편, 외무성 안은 1991년경까지로 설정해 계산했다.

2. 외무성이 총리에게 제출한 자료(1962.2.7, 「일한 청구권의 향후 추진 방식에 대하여」)의 수치에 대하여
◎ 외무성은 자료에서 대장성과 외무성의 안에 대해 대장성 안 약 1,000만 달러(보상금 계산은 불포함), 외무성 안 약 1억 달러를 제시했다.

(가) 피징용자 보상금

① 노무자 위문금	6,103	백만 엔
② 복원 군인군속	2,895	
③ 사망 군인군속	776	
조위금		
④ 사망 군속연금	9,900	
⑤ 군속 장해연금	475	백만 엔
소계	20,149(a)	
(나) 은급	12,117(b)	

(다) 합계(a+b)	33,266	

(2) B안　　42,072백만 엔(1억 1,687만 달러)

9

의 성격을 감안하여 지급하며, 이자 를 붙인 것을 더하여 산출했다.

---

9 먹칠 부분은 일본공개외교문서 1746, 「日韓請求権交渉の今後の進め方について」(1962년 2월 7일)을 통해 추정 가능하다.
〈별첨〉
한국 청구권 처리로써 설명이 되는 금액의 사정(査定)

항목		A안(백만 엔)	B안	참고(1월10일대장성 시산액)
Ⅰ. 지금은		0	0	0
Ⅱ. 체신국관계		325	325	325
	이자	208	208	208
Ⅲ. 송금 반환		0	0	0

4) 1953년 당시 한일청구권의 수치

최근 국회 심의에서 종종 문제가 된 1953년 한일회담(제3차) 결렬 당시의 외무성 정보문화국이 발표한 한국 측 청구권 90억 또는 120억 엔의 수치에 대해 설명하면 다음과 같다.

이 수치에 대하여 정부는 "정보문화국장의 발언에서 등장한 수치는 당시 회담이 결렬하자 일본의 입장을 알기 쉽게 설명하려고 사무 담당자가 당시 시점에서 각종 추정한 것 위에 시험 삼아 계산한 것에 불과하다"라고 답했다.

Ⅳ. 한국인 주주 분배금		22	22	22
	이자	6	6	6
Ⅴ. (1) 유가증권		608	4,560	228
	이자	389	2,918	146
(2) 일본계 통화		1,522	1,522	1,522
(3) 미수입		133	133	133
	이자	52	52	52
(4) 피징용자 보상금		20,149	20,149	0
(내역) 노무자 문안금		6,103		
복원 군인군속 문안		2,895		
사망 군인 군속 조위금		776		
사망 군속 연금		9,900		
군속 장애 연금		475		
(5) 은급 청구		12,117	12,117	1,006
기탁금		60	60	60
계		35,591백만 엔 (9,886만불)	42,072백만 엔 (1억1,687만불)	35,591백만 엔 (약1,022만불)

(주) 본표 숫자는 앞으로 자료 검토에 따라 약간 증감할 수 있다.

(1) 관계 자료

◎ 1953년 11월 외무성 정보문화국이 발행한 『세계의 동향』 특집호 「한일회담의 경위」 중 재한 일본 재산에 관한 부분인 '한일회담의 포인트를 본다'

또 청구권 문제에서 일본인이 '한국'에 남겨둔 재산은 사실 한국만이 아니라 북한을 포함한 한반도 전체로, 조선 전역을 지배하고 있지 않은 한국 정부와 확실하게 합의하는 것은 적어도 현실적인 문제로 의문이 남는다. 그럼에도 일본 정부는 일단 한국 정부와 회담하여 양국의 선린우호 관계를 수립하고자 노력해 왔다.

혹자의 계산에 따르면, 종전 당시 조선에는 일본인 사유재산(즉 국유재산이나 공유재산은 차치하고 개인 재산과 사기업의 재산만을 더한 합계)이 약 730억 엔 있었다(당시 1달러는 약 15엔이었다). 지금 만약 그중의 60%가 이른바 '38도선' 북쪽에 있고 40%만이 남쪽에 있다고 가정하고 더 나아가 그중 65%가 전쟁으로 인하여 멸실했다고 추정하면, 현재 한국 안에는 약 100억 엔의 일본인 사유재산이 남아 있다는 계산이 나온다.

그 밖에도 장부의 산정 등을 감정에 넣으면, 한일 상호 간의 청구권은 다음과 같다.

일본이 한국에서 받아야 하는 금액	약 140억 엔
일본이 한국에 물어야 하는 금액	약 120억 엔
공제 수취액	약 20억 엔

만약 한국의 주장처럼 일본이 한국에 청구할 만한 것이 한 푼도 없고 청구권 문제란 애당초 한국이 일본에서 수취할 금액의 문제에 불과하다면, 이 혹자의 계산에 따르면 종전 당시 돈으로 120억 엔을 일본이 한국에 물어야 하는 셈이 된다.

재한 재산 전부를 무효로 하고 더 나아가 이와 같은 거액을 물어야 한다면 우리 국민은 결코 납득하지 못할 것이다.

'외무성 정보문화국장 발언'

청구권 문제는 다소 설명이 필요하다. 즉 일본은 전쟁 전 한국에 있던 일본의 공유재산을 평화조약에 따라 한국이 취득하는 것을 인정했는데, 일본 국민 소유의 사유재산인 종전 시 가격 약 120~140억 엔에 대해서는 청구권을 가진다고 주장했다[이것이 한국의 전체 재산 가치 중 85%에 달한다는 말은 터무니없이 과장된 것이다. 그리고 양(梁) 대사는 이번 한국전쟁에서 파괴된 재산까지 반환하라고 일본이 주장했다고 신문 기자에게 종종 발언하는데, 일본은 그런 터무니없는 요구를 한 적이 없다]. 이에 대해 한국은 일본에서의 재산 약 90~120억 엔에 대하여 청구권을 가진다고 주장했다. 이 쌍방의 주장 사이에 정치적 해결 방법으로 양측의 청구권을 상계하자는 제안이 있다. 이는 실제 20~40억 엔을 한국을 위해 포기하는 셈이다. 이 안은 작년 한일 수석대표 간의 비공식 회담에서 양(梁) 한국 대표가 제안한 것이다. 일본으로서는 한일 간의 우호관계 수립을 위해 흔쾌히 이 안을 진지하게 연구하겠다고 밝혔다. 그러나 놀랍게도 일본이 이 안을 고려하지 않을 것이라는 사실이 알려지자마자, 한국의 양 대표는 이 제안을 한 적이 없다고 주장했고, 더 나아가 재한 사유재산에 대한 일본인의 청구권은 일절 인정하지 않으며, 반대로 한국의 재일 재산에 대하여만 한국의 청구권이 있다고 강변했다. 이를 따른다면 일본은 실제 한국에 약 100억 엔을 물어야 하는 셈이다.

(2) 청구권의 예시적 처리 요령

위 자료에서 등장한 수치의 근거를 찾아보면, 당시 대장성에서 다음과 같이 청구권의 처리 요령을 시험 삼아 만들고 이에 근거하여 당시 가지고 있던 자료를 토대로 (3)과 같이 수치를 시산하여 작성한 적이 있으며, 해당 시산표를 외무성에도 제시했다. 이 수치를 발언에서 인용했다고 생각한다.

이 처리 요령은 1957년의 미국 해석을 수용하기 전, 일본이 대한청구권을 주장한 시기의 생각을 바탕으로 작성한 것이므로 유의할 필요가 있다.

◎ 예시적 처리 요령

(1) 자금운용부 자금특별회계(구 예금부 자금특별회계)

① 우편저금, 대체저금, 우편송금환

가. 1945년 8월 15일 이전 조선총독부 체신관서에 예입된 우편저금·대체저금·우편송금환은 일본에서 지급한다.

나. 1945년 8월 16일 이후, 조선총독부 체신관서에 예입된 우편저금·대체저금·우편송금환은 대한민국에서 지급한다.

다. 1945년 8월 16일 이후, 한일 양국에서 지급이 완료된 우편저금·대체저금·우편송금환 등은 별도의 조정 조치를 강구한다.

② 간이생명보험, 우편연금

가. 조선총독부 체신관서와 계약한 간이생명보험, 우편연금은 대한민국에서 지급한다.

나. 조선총독부 체신관서와 계약한 간이생명보험, 우편연금의 여유금으로 일본에 반환된 것은 대한민국에 인도한다.

③ 대부금

예금부의 대한민국 지방공공단체 및 그 국민(법인을 포함한다)에 대한 대부금은 해당 채무자가 이를 지급한다.

④ 위 ①, ②, ③의 지급 방법, 조정 조치, 인도 방법 등은 따로 협의한다.

(2) 재외 본사 주식 관계

① 일본국은 일본국 또는 그 국민이 대한민국에 본점을 둔 회사에 대하여 가진 주주권으로 재한 미군정부가 매각한 것은 회복을 주장하지 않는다. 다만, 매각으로 발생한 매각 대금은 일본국 또는 해당 국민에게 인도한다.

② 대한민국은 일본국 또는 그 국민이 대한민국에 본점을 둔 회사에 대하여 가진 주주권으로, 재한 미군정부가 매각하지 않은 것은 그 주주권의 존속을 법적으로 확인한다.

③ 위 ①, ②의 매각대금 인도 및 주주권의 법적 확인 방법 등은 따로 협의한다.

(3) 공사채 관계

① 일본국이 발행한 공채는 발행자가 지급 책임을 진다.

다만, 연합국 최고사령관의 지시에 따라 무효화된 증권은 책임지지 않는다.

② 대한민국은 조선사업공채법, 미곡생산재원확보에 관한 법률 등에 따라 발행된 공채의 미상환 잔고 등에 상당하는 자금을 일본국에 인도한다.

③ 대한민국의 지방공공단체가 발행한 공채 및 대한민국에 본점을 둔 회사가 발행한 사채는 발행자가 지급 책임을 진다.

④ 위 ①, ②, ③의 지급 및 인도 방법 등은 따로 협의한다.

(4) 일본은행권

일본국은 일본은행권에 대하여 일본은행이 채무자임을 확인한다.

(5) 조선은행권

대한민국은 조선은행권에 대하여 조선은행 또는 그 승계자가 채무자임을 확인한다.

그 결제 방법은 따로 협의한다.

(6) 피징용 한인의 미수금

일본국은 피징용 한인의 미수금으로 청구권을 일본국 및 그 국민에게서 정당하게 취득한 것에 한해 권리를 확인한다. 그 지급 방법은 따로 협의한다.

(7) 기타 재산 및 청구권

한일 양국은 각항 이외의 기타 재산 및 청구권에 대해서도 사유재산권 존중의 원칙에 따라 해결한다.

다만, 연합국 최고사령관 또는 재한 미군정부의 지령에 따라 각 지역에서 시행된 조치의 효과는 상호 존중한다.

구체적인 해결 방법은 따로 협의한다.

(3) 예시적 처리 요령에 근거한 한일 양국 부담액 조사

[1954년 1월 5일 이재국 외채과(최종 정리분)]

항목		한국에서의 수취액	한국에 대한 요지급액
(1)	예금부 관계		
	① 우편연금간이보험		
	② 인수 공사채		
	③ 대부금		
(2)	우정성 관계		
	① 종전 시 자금 잔고		
	② 종전 후 일본인 저금 예입액		
	③ 종전 후 조선 발행 환어음의 일본 지급액		
	④ 우편저금		
	⑤ 보관증권		
	⑥ 대체저금		
(3)	재외 주식		
(4)	공사채 관계		
	① 사업공채 미상환액		
	② 등록국채		
	③ 비등록 공사채		
(5)	일본은행 관계		
	① 조선은행 선대금		
	② 대리점 저금잔고		
	③ 일본은행권		
(6)	조선은행권		
(7)	귀국 한국인 예탁금		
(8)	육해군 관계 미불금		
(9)	일반 피징용자 미불금		

(10)	공탁금(증권을 포함함)
(11)	보험준비금
(12)	은급
(13)	폐쇄기관 잔여 재산 최종 전망액
(14)	비거주자 예금
	소계
(15)	공제액
(16)	재한(기업 및 개인) 재산추정액(주)
	합계
(17)	재공제액
(18)	미달러 표시 오픈 계정 잔고
	총 합계액
(19)	총 공제액

(주) 재외 재산 보고서의 추계는

(1)의 예금부 관계에 대하여

[10]

10 2쪽 정도가 먹칠되어 있다.

(2) 우정성 관계에 대하여

[11]

11 2쪽 정도가 먹칠되어 있다.

(4) 공사채 관계에 대하여[12]

(5) 일본은행 관계에 대하여

12 원문에는 (4)로 되어있지만, 오탈자로 보인다.

[13]

13 3쪽 정도가 먹칠되어 있다.

4분책

Ⅵ
재한 일본 재산에 대하여

재한 일본 재산과 관련한 문제는 두 가지가 있다. 첫째는 평화조약 제4조 (b)항의 규정과 얽힌 일본 측 청구권의 문제를 둘러싼 것으로, 한일회담 초기 일본은 이 청구권을 주장했지만 1957년 12월의 '미국 해석'을 기초로 청구권 주장을 철회했다. 그 사이의 경위와 철회 후 청구권 "포기"의 법률적 기초는 현재까지 회의 때마다 논쟁의 불씨다. 다른 하나는 "포기"와 관련한 재한 재산 보상 문제로, 이는 일반적인 재외 재산 보상 문제와 결부된다. 또한 재한 재산액의 총액을 발표할지 여부가 문제로 부상했으며, 이들 제반 문제는 한일회담의 비준국회까지 정부를 추궁하는 질문 형태로 언제나 얽혀 있다고 생각한다.

1. 문제의 개요

1) 재한 일본 재산에 대한 일본 측 청구권

재한 일본 재산은 1945년 12월의 재한 미군정부의 귀속명령(군정법령 제33호)에 따라 미군정부에 귀속되어 그 후 1948년 9월의 한미협정에 따라 한국에 양도됐다. 우리나라(일본)는 1952년 4월에 발효한 샌프란시스코 평화조약 제4조 (b)항의 규정에 따라 재한 미군정부의 재한 일본 재산에 대한 처분을 승인했다. 따라서 재한 일본 재산은 일본이 청구권을 주장할 수 없다.

(주) 북한 소재 일본 재산은 사실관계는 차치하고 법률적으로 볼 때 백지상태다. 제4조 (b)항은 조선에 관해 미국의 군정하에 있던 남한에 대해서만 규정했으므로, 만약 북한 당국과 청구권 약정을 맺는 때에 북한 측은 두말할 나위 없이 동(同) 항에 따라 일본 재산의 귀속을 주장할 수 없다.

2) 재한 재산에 대한 보상 문제

(가) 평화조약의 승인으로 인해 재한 일본 자산의 상실이라는 결과를 야기한 것은 다른 재외 재산과 마찬가지로 패전의 결과라는 부득이한 사정에 기인한 것이다. 일본 정부가 처분한 것이 아닌 만큼 정부는 헌법 제29조 등의 규정에 따른 법률상의 손실 보상 등과 같은 의무는 없다고 생각했다.

(나) 하지만 다수의 재외동포가 생활의 본거지에서 거의 무일푼이다시피 귀국할 수밖에 없던 사정을 감안해 '재외재산문제심의회'의 답신을 바탕으로 특별한 정책적 배려로서 귀국자 급부금의 지급과 기타 원호 조치를 강구해 왔다.

3) 일본 측 청구권과 '미국 해석'의 관계

한일회담 초기, 일본은 재한 재산에 대해 청구권이 있다고 주장했는데 이는 어디까지나 한국이 막대한 청구권을 요구할 것이라고 예상하고, 말하자면 교섭상의 기술로 주장한 것이었다.

그 후 교섭 진전에 수반해 정부는 평화조약의 해석으로 이러한 해석은 부적절하며 '미국 해석'을 솔직한 해석으로 보고 1957년 12월 말에 재한 재산에 대한 청구권 주장을 철회했다.

우리나라의 재한 재산에 대한 청구권은 평화조약 제4조 (b)항에 따라 소멸했으며, '미국 해석'은 이 점을 확인한 것에 불과하다. 정부는 처음부터 평화조약 제4조의 해석은 미국 해석에 제시된 것과 같은 해석이어야 한다고 생각하고 있던 만큼, 미국 해석에 따라 재한 재산을 포기한 게 아니다.

(주) 미국 해석

평화조약 제4조에 관해 1957년 12월 31일 샌프란시스코 평화조약 제4조 (b)항을 처리하는 당사자이며 또 동 조약의 기초(起草)에 중요한 역할을 담당한 미국 정부가 소위 '미국 해석'을 발표하고 한일 양국과도 이 해석을 확인했다.

미국 해석은 다음과 같은 내용을 담고 있다.

① 재한 미군정부의 지령(군정법령 제33호) 및 평화조약 제4조 (b)항에 따라 재한 재산에 대한 일본의 청구권은 소멸했다.

② 하지만 이 사실은 특별 협의를 고려할 때 "관련이 있다"(relevant). 즉 재한 일본 재산을 한국 정부가 인수함에 따라 어느 정도까지 한국 측의 대일청구권이 소멸하거나 소멸했다고 인정할 것인가의 결정을 특별 협의는 포함한다.

4) 재한 일본 재산액에 대하여

재한 일본 재산액을 산정하는 기초로는 재한 미군정부의 접수 목록이 가장 정확하다고 생각한다. 이는 한국도 한미협정에 따라 재한 재산을 양수할 때 수령했다. 우리나라는 지금까지 한미 양국에 자료의 제시를 요구해 왔다. 그러나 한국은 이 요구에 응하지 않았고, 미국은 일부 자료를 제시했으나 여전히 부족해서 확실하게 판명되지 않았다.

그 밖에 재외 재산의 조사는 종전 후 일본에서도 실시했다. 하지만 이는 귀국자 등 사인(私人)의 신고를 기초로 한 탓에 신빙성을 꽤 유의해야 하며 더욱이 한국 소재 재산만 구분한 것도 아니다.

이상과 같은 상황에서 재한 일본 재산액을 정확하게 산정하기란 불가능하다. 가령 현재 보유 중인 자료라도 좋으니 제출하라는 요구가 있어도 이러한 자료는 한결같이 오해를 살 우려가 있다. 그런데다 현재 한일회담이 진행 중이기 때문에 이에 관한 설명은 삼가고 싶다는 것이 정부의 태도다.

(주) 재한 재산액

① 재외 재산 보고 등의 국내 수치(조선 전체분)

90,577백만 엔

② G.H.Q. 자료(국내 수치를 기초)

남한분	2,276백만 달러	계(조선 전체분) 5,246백만 달러
북한분	2,971백만 달러	

③ 재한 미군정부 자료(미국에서 수령한 자료)

접수 일본 사유재산(남한분)

■■■■■■■■[14]

14 먹칠 부분은 492,940,000달러임(일본공개외교문서 1234, 「国会に於ける在外財産補償に関する政府答弁等」, 51쪽)

◎ 샌프란시스코 평화조약 발췌

제4조

(a) 이 조항의 (b) 규정에 따라 제2조에 언급된 지역에 있는 일본 및 그 국민의 재산, 현재 이 지역들을 통치하고 있는 당국 및 그 주민(법인을 포함한다.)에 대한 일본 및 그 국민의 청구권(채권을 포함한다), 그리고 일본에 있는 이들 당국 및 주민의 재산과 일본 및 그 국민에 대한 이들 당국 및 주민의 청구권(채권을 포함한다)의 처리는 일본과 이들 당국 간의 특별 협의의 대상이 된다. 제2조에 언급된 지역에 있는 연합국 또는 그 국민의 재산을 아직 반환하지 않았다면 통치하고 있는 당국이 현 상태 그대로 반환해야 한다(국민이라는 표현은 이 조약에서 사용할 때 언제나 법인을 포함한다).

(b) 일본은 제2조 및 제3조에 언급된 지역의 어느 하나에 있는 합중국 군정부에 의하여 또는 그 지령에 따라 이행된 일본 및 그 국민의 재산 처리의 효력을 인정한다.

2. 일본 측 청구권 문제의 경위

◎ 1960년 6월 외무성 아시아국 북동아시아과 「한일회담의 문제별 경위(3) 일반청구권 문제」의 일부를 옮겨 싣는다.

1) 제1차 회담 이전의 상황

(1) 샌프란시스코 평화조약은 제4조 (b)항에서 "일본은 제2조와 제3조에 언급된 지역에 있는 일본 및 그 국민의 재산에 대해 미군정부의 지령에 따라 이행된 처분권의 효력을 인정한다"고 정하는 데 그쳤으며, 기존의 제반 평화조약 선례에서 볼 수 있는 영토 분리 시 재산, 채무 등의 처리에 관한 구체적인 내용은 일절 규정하지 않았다. 따라서 제4조 (b)항, 즉 구체적으로는 1945년 12월 6일 자 재조선 미국육군사령부군정청 법령 제33호의 법률 해석이 쌍방 논의의 초점이 되리라 예상했다. 일본은 이 문제에 관해 나고야대학 야마시타(山下) 교수가 연구한 법리론(주) 등을 토대로 대한 교섭을 준비하기에 이른다.

(주) 뒤에 게재하는 참고자료 1 참조 (156쪽).

(2) 이보다 앞서 일본은 제반 종류의 정보를 토대로 한국의 대일 요구는 배상적 요소를 포함하며, 그 금액도 종전 당시 화폐가치로 400억 엔에서 500억 엔에 달할 것으로 예상했다.(주) 이러한 막대한 배상 요구 예상에 대해 일본은 어떻게 이 요구를 배제하고 상호 포기로 이행할 것인가 하는 자기방어적 대책을 고민했다. 그러나 본 청구권 문제에 대한 교섭 요령에 관해 각종 심의를 거듭한 결과, 상호포기론은 군정법령 제33호에 대한 우리 측 반론의 근거가 될 만한 사유재산 존중 원칙과 모순되며, 또 곧바로 국내 보상 문제를 유발할 수 있다며 대장성 쪽에서 거세게 반대했다. 결국 일본은 사유재산 존중 원칙에 따라 재

조선 재산 반환을 주장하는 태도로 교섭에 임했고, 회담에서는 우선 한국의 제안을 경청하고 그 견해를 밝히게 한 뒤 대책을 결정하는 데 도달했다.

(주) 뒤에 게재하는 참고자료 8 참조(192쪽).

2) 제1차 회담(1952년 2월 15일~1952년 4월 25일)

(1) 한국 측은 "일본은 대일평화조약 제4조 (b)항에 따라 재한 미군정부가 일본 재산을 대상으로 취한 조치, 즉 군정법령 제33호를 승인했다. 군정법령 제33호는 평화조약 제14조의 연합국에 있는 일본 재산의 처리와 흡사한 규정이다. 그렇다면 일본에서 해방된 한국은 일본과 싸워 승리한 국가와 동일한 입장에서 그 재산을 취득한 셈이 된다. 한국은 과거의 불쾌한 추억에서 나온 요구라기보다 앞으로의 생존을 위해 절대적으로 필요한 것만을, 더욱이 법적으로 한국에 귀속되어야 할 것만을 청구한다"는 취지의 인사말을 했다(위 한국 측 대표의 인사말에 담긴 이념은 그 후의 회담을 통틀어 한국 측의 일관된 태도로 드러났다).

(2) 이에 대해 일본 측은 "일본은 평화조약 제4조 (b)항에서 국제법상 적법하다고 인정되는 재산 처분만을 승인했다. 다시 말해 국제법, 특히 헤이그육전규칙 등에서 점령군에게 인정된 권한의 범위 내에 있는 재산 처분만을 인정한 것이다. 다시 말해 점령군인 미군은 단순히 적산 관리자에 불과하며, 사유재산까지 직접적이고도 포괄적으로 몰수할 수 없다. 따라서 일본이 군정법령 제33호를 인정하고 있는 것은 미군의 적산 관리 처분 행위를 인정할 뿐, 이들 재산이 매매 이전된 경우에 그 재산의 대가 또는 과실에 대해서는 원 소유자인 일본인이 여전히 청구권을 갖는다. 그러므로 우리 측의 재한 재산에 대한 청구권 또한 한일 간의 특별 협의의 대상이 될 수 있다"고 반론했다(주).

(주) 뒤에 게재하는 참고자료 4(181쪽) 및 5(183쪽) 참조.

(3) 일본 측 설명에 대해 한국 측은 군정법령 제33호에 몰수적 효과가 있다는 논거를 바탕으로 "일본의 재한 재산에 대한 청구권은 존재하지 않으며, 평화조약 제4조 (a)항에서 말하는 특별 협의의 대상이 되는 것은 한국의 일방적인 대일청구권뿐"이라는 주장을 펼쳤다. 이와 동시에 상호 청구권 보유를 기초로 작성된 일본 측의 청구권 처리안 설명에 대한 질문 차례로 넘어가기를 거부하고 재한 일본 재산 자체를 언급하는 것조차 얼토당토않다며 토론을 거부했다. 이에 심의는 교착 상태에 빠졌다.

(4) 3월 24일의 본회의(제4회) 당시, 논의는 청구권 문제에 집중됐다. 한국은 종래의 주장에 더해 "일본 측에서 이번 한국전쟁으로 인해 재한 일본 재산이 입은 피해 보상까지 요구하다니 경악스럽다"라고 말했다. 이에 일본 측은 "그러한 보상까지 요구했다는 것은 한국 측의 오해일 뿐이며, 일본 측 제안의 진의는 도리어 불가항력으로 인한 피해는 면책을 생각할 여지를 남기고 싶다는 취지"임을 설명했다.

이 회의에서 한국 측 대표는 "한국 국민은 카이로회담에서 일본이 한국을 '약취(略取)', '도취(盜取)'한 것은 불법이었다고 인정했고 따라서 한국에서 자행한 일본의 행위는 죄다 불법이고 '재산'도 '무효'이며, 더욱이 이것이 재한 미군정부의 군정법령 제33호가 제정된 연유라고 생각한다. 이러한 한국인의 국민감정을 고려해 재산 문제를 처리하지 않으면 합의점을 도출할 수 없다"라는 취지로 발언했다.

(5) 한국 측 수석대표인 양(梁) 대사는 4월 19일에 항공편으로 워싱턴으로 귀임했는데, 그 전후로 일본 국내 및 미국 등에서 빈번하게 우리 측 견해를 왜곡하고 사실에 반하는 정치적 선전을 하고, 미국 측의 간섭을 유치하기 위해 노력하는 모양새였다.

(주) 양 대사는 4월 1일과 17일에 마쓰모토(松本) 대사와 가진 비공식 회담에서 청구권의 상호 포기를 뜻하는 발언을 했다[이 점에 관해서는 뒤에 나오는 5) (1)(209쪽)을 참조할 것].

이러한 상황에 비춰 우리는 이번 회담의 타결이 매우 어렵다고 전망했으나, 다시 비공식 회담에서 청구권 문제에 관한 1, 2의 제안을 하는 등 마지막까지 노력을 이어갔다. 하지만 4월 21일과 24일에 열린 마쓰모토 대표와 김 공사의 비공식 회담에서 한국은 우리의 제안 중 어느 하나에도 응하지 않았을뿐더러 22일에는 한국 정부가 한일회담 중단을 국무회의에서 결정했다는 보도가 23일 자 부산방송과 외신으로 전해졌다. 한국 본국의 이러한 태도를 볼 때 우리는 부득이하게 회담을 중지할 수밖에 없다고 인정했으나, 그 후에도 강화 발효 후의 한국 대표부의 지위에 관한 문제를 놓고 한국은 성의 있는 태도를 보이지 않았다. 어쩔 수 없이 4월 25일부로 마쓰모토 대표가 김 공사 앞으로 회담 중단에 관한 서한을 보냈다.

3) 제1차 회담 중단 후 제2차 회담 개시까지(1952년 4월~1953년 4월)

4월 말의 회담 중단 이후에 발생한 새로운 사태와 관련해 일본에서는 회담 재개를 대비한 청구권 문제 대책 수립이 필요하다는 생각에 쫓기고 있었다. 그래서 외무성은 청구권 상호 포기를 골자로 한 안을 둘러싸고 대장성 당국과 절충을 거듭했다. 대장성은 기존의 법리론[기본 요강에 관한 약간의 주해(주)]이 양보할 수 있는 마지노선이며, 청구권 포기는 곧바로 국내 보상 문제로 파급된다며 거세게 반대했고, 외무성은 대장성의 동의를 얻는 데 실패했다.

(주) 뒤에 게재하는 참고자료 6 참조(187쪽).

제1차 회담 후에 발생한 새로운 사태란 다음과 같은 것이었다.

(가) 4월 29일, 미 국무부는 주미 한국공사 앞으로 서한(주)을 보냈다. 이 서한을 보면, 평화조약 제4조 (b)항과 관련한 미국 정부의 견해는 일본 측 법리론보다 한국 측 해석에 가깝다는 것이 명백했다.

(주) 3. 미국 해석에 대하여 - 참고자료 1 참조(210쪽).

(나) 5월 중순경 미국 각 신문 지면에 청구권 문제를 둘러싸고 일본을 비난하는 기사가 일제히 실렸는데, 이는 한국의 양 주미대사의 언론 선동으로 보였다.

(다) 8월, 이승만 대통령의 재선이 결정되면서 이 정권의 존속 전망이 커졌다.

4) 제2차 회담(1953년 4월 15일~1953년 7월 23일)

(1) 5월 11일에 열린 제1회 청구권관계부회에서 일본 측의 구보타(久保田) 대표는 이전 회담이 시종일관 평화조약 제4조 (b)항을 둘러싼 기본적 법리론을 토의한 것이었으니 이번 회담에서는 법리론 토의는 뒤로 미루고 현실적인 방식으로 토의해 상호 이해를 확대해 나가고 싶다고 인사말을 했다. 이에 한국 측도 동의했다.

다만, 장기영 한국 측 대표는 법률론을 토의하지 않는 이유 중 하나로 1952년 4월 29일자 미 국무부 서한을 제시했는데, 요컨대 한국 측은 이 서한의 발송으로 재한 일본 재산에 대한 일본 측 청구권이 없다는 것이 결정됐다는 입장이었다.

이에 대해 우리 측은 5월 19일에 열린 제2회 동 부회에서 미 국무부 서한에도 불구하고 일본 측 법률론은 변함이 없다고 밝혔다. 그러자 한국 측은 애써 이 원칙론의 언급을 피하는 듯 보였다.

(2) 이처럼 법률 문제를 회피하고 쌍방이 각각 제시하는 조회 사항에 대해 자료를 가져와 서로 실정을 설명하는 방법으로 토의를 진행했다. 한국의 제안(8개 항목 청구)에 대해

우리는 먼저 관계 항목의 현 상황을 설명했다. 한편 우리 측에서 재조선 미군정부 및 한국 정부가 종전 이후 일본인 재산에 취한 조치와 현황에 대한 조회(주)와 관련해 질문했지만, 한국 측은 일본 측에는 대한청구권이 없다는 원칙에 서서 마지막까지 답변을 주지 않았다.

(주) 뒤에 게재하는 참고자료 9 참조(199쪽).

(3) 한편 회담과 병행해 외무성에서는 본 청구권 문제를 최종적으로 해결하려면 청구권을 상호 포기하는 방법밖에 없다는 입장이었다. 이에 상호 포기를 원칙으로 한 안을 대장성에 제시했으나 대장성은 이승만 정권을 상대로 황급히 회담을 마무리 짓는 것에 의문을 품었으며, 청구권 포기가 국내 보상 문제로 파급될 것을 우려했다. 결국에는 상호 포기로 낙착한다 해도 지금 당장은 옴짝달싹할 수 없다는 태도를 보여 본 문제의 본격적인 해결은 당분간 보류하는 방침을 취했다.

5) 제3차 회담(1953년 10월 6일~1953년 10월 21일)

(1) 우선 6일에 열린 제1회 본회의에서 옵서버로 참석한 양 주미대사는 일본 측에 청구권 철회를 요청했고, 한국 측 자산의 80%에 달하는 재한 일본 자산에 대해 "일본이 청구권을 주장하는 행위는 한국의 머리 꼭대기에 겨눈 검과도 같으며, 일본의 청구권 주장은 한국의 재지배를 뜻한다. 일본은 평화조약 제4조 (b)항에 규정되어 있듯이 또 평화조약의 입안자인 미 국무부의 동 조항에 관한 견해를 수용하여 대한청구권을 철회해야 한다"는 취지로 연설했다.

이어서 10월 9일에 열린 청구권 부회(분과회의)에서 한국은 "종래의 사실 조사 방식을 계속해도 진전이 없을 거라고 생각하니 한국의 처음 주장처럼 일본에는 대한청구권이 전혀 없고 협정 대상은 한국의 대일청구권뿐이라는 원칙을 확립한 후 한국 측 청구권을 주제로 토의하고 싶다"고 발언했다.

또 한국 측 법리론에 대해서는 앞서 제시한 미 국무부의 각서대로이며 미국도 한국과 견해가 같다고 주장했다.

이 주장에 대해 일본 측은 "미 서한에도 불구하고 일본 측에 대한청구권이 있다는 기존 주장에는 변함이 없다. 이 서한 말미에 '재한 일본 재산의 몰수는 4조 (b)항의 협정 때 고려한다'라는 문언이 있는 데다 제1회 회담 당시 양 수석대표가 비록 비공식이기는 하나 수차례에 걸쳐 청구권 상호 포기를 언급한 점에서 볼 때 한국 측이 일방적으로 대일청구권을 주장할 게 아니라 호양(互讓) 정신에 입각해 정치적 양보 방식을 채용한다면 해결의 여지가 있다"고 시사했다.

이에 대해 한국 측은 양 수석대표의 상호 포기 발언을 이구동성으로 부정하는 동시에 "재한 일본 재산은 원래 권력 기구 아래에서 축적된 것이므로 이 재산에 대한 일본 측의 정치적 청구권과 영토 분리 시 발생한 한국 측의 최소한의 법률적, 청산적 청구권은 근본적으로 성질이 다르므로 상계할 수 없다. 일본은 필리핀, 인도네시아를 고작 1년밖에 점령하지 않았음에도 배상을 지급했다. 한국은 36년의 점령 기간에 입은 손해를 배상하라고는 말하지 않겠지만 재한 일본 재산만으로는 만족할 수 없는 만큼, 영토 분리에 수반한 당연한 법률적 청산을 주장한다"고 발언했다.

일본 측은 이에 대해 "재한 재산을 모조리 잃고 더욱이 몰수까지 당한다면 일본 국민은 감정적으로 납득할 수 없을 것이다. 이쪽에서는 상호 포기를 제안하지 않지만 양 대사가 언명했듯이 상호 포기를 제안한다면 대화에 응해도 무방하다. 또 상계하더라도 일본이 법률적으로 지급 의무를 지는 것, 예를 들어 미불 급여금 같은 것은 지급할 용의가 있다"고 답했다.

(2) 10월 15일에 열린 제2회 청구권부회에서 한국은 "일본이 권력 기구의 비호 아래 조성한 36년간의 축적 재산에 대한 청구권을 끝까지 주장한다면, 한국으로서는 수원의 학살 사건, 병합 직후에 각지에서 자행된 학살, 지배 중에 이루어진 치안유지법, 기타에 따른 독립운동가의 투옥 및 사망에 대한 배상 또는 국제시장 가격보다 싼값에 한국산 쌀을 매입해

일본으로 수출한 행위에 대해 36년간의 피해를 배상하라고 말할 수밖에 없다"고 발언했다.

이에 대해 구보타 일본 측 대표는 사견이라는 전제를 단 뒤, "한국이 그러한 배상적 제안을 한다면 일본 측도 한국에 민둥산에 대한 조림(造林), 철도 부설, 항만 건설, 논의 조성, 그리고 매년 거액의 보충금을 지출해 한국 경제를 키운 것을 대안으로 제안해서 한국 측의 이러한 배상 요구와 상계하겠다"고 응수했다(주).

10월 20일과 21일에 열린 본회의 석상에서 한국은 10월 15일 청구권부회의 구보타 대표의 마지막 발언을 왜곡해 5가지로 정리하고 일본 측의 해명을 요구했다. 그리고 우리 측의 설명 중 납득이 가지 않는 부분뿐만 아니라 발언 전체의 철회를 압박하고 나섰다. 우리가 이를 거부하자마자 결국 이후의 회담 속행은 불가능하다며 자리를 뜨고 회담 전체를 실패로 몰고 갔다.

(주) 뒤에 게재하는 참고자료 7 참조(190쪽).

6) 제3차 회담 결렬 후의 상황(1953년 10월~1957년 12월)

(1) 제3차 회담 결렬 후에도 수차례 회담 재개의 움직임이 있었으나, 그때마다 한국은 일본의 대한청구권 포기와 소위 '구보타 발언'의 철회를 주장했고 일본이 이에 응하지 않으면서 모두 결실을 맺지 못했다.

(2) 이 사이 한국은 이승만라인 부근에서 끊임없이 일본 어선을 나포했다. 이를 통해 확보한 일본인 어부의 억류(1956년 말의 부산 억류 어부 수는 902명에 달했다)와 한인 피퇴거 강제자의 인수 거부를 빌미로, 이 문제의 해결과 관련하여 향후 회담에서 일본 측의 청구권 문제에 관한 양보를 요구할 것으로 보였다. 당시 일본 측도 억류 어부 문제를 조속히 해결할 필요성에 쫓기고 있던 탓에 일단 억류 어부와 한인 피퇴거 강제자 문제 해결을 위한 비공식 회담에 들어갔다. 그런데 그 교섭에서 석방 후 조치를 둘러싼 견해차에 부딪혔고 이를

타개하고자 한일회담의 조기 재개 필요성이 고조됐다. 한국은 회담 재개의 조건으로 소위 '구보타 발언' 철회와 청구권 문제를 제안했다.

이들 문제에 관해 1956년 10월 1일에 시게미쓰(重光) 외무대신과 김 공사가 회담을 개최했다. 그 자리에서 시게미쓰 대신이 회담 재개의 조건으로 한국이 억류 중인 어부를 석방해야 한다고 발언하자, 김 공사는 회담 재개 전에 일본이 '구보타 발언'을 취소하고 종래 회담을 교착 상태에 빠뜨린 근본 원인인 재산권에 관한 주장을 포기할 필요가 있다고 발언했다. 이에 대신은 소위 '구보타 발언'을 취소할 용의가 있으며 아울러 재산권은 일본 측도 가능한 한 양보해 원만히 타결할 방침이나, 이 문제는 정식회담에서 해결해야 한다는 취지로 답했다.

(3) 그 후 진행된 나카가와(中川) 아시아국장과 김 공사의 비공식 회담에서는 정식회담 시작 전에 한국은 억류 어부를 석방하고, 일본은 '구보타 발언'을 철회하고 청구권 문제에 관해 미 정부의 해석을 기초로 대한청구권 주장을 철회한다는 원칙으로 의견 일치를 보았다. 또 미 정부의 해석과 관련해 1952년 4월 29일 자 주미한국대사에게 보낸 서한과는 별도로 새로운 노트의 발송을 요구한 것에 대해서도 한국 측의 양해를 얻었다. 그 뒤 속행된 교섭에서 일본은 미 정부 해석에 대해서 일본과 한국 모두 묶여 있음을 밝혀야 한다고 강하게 주장했으나, 한국은 일본이 청구권 상호 포기 방식으로 해결을 꾀한다고 극도로 경계하며 이에 반대했다. 일본은 이러한 한국의 우려에 청구권 문제는 한국도 미국 해석과 같은 의견임을 의사록에 남기는 동시에, 재개될 회담에서는 재산권 문제에 관해 한국이 이전 회담 때 제출한 안을 토의하겠다는 내용을 의사록에 명기하여 한국을 납득시켰다. 이 교섭 도중 한국은 새로이 문화재에 관한 요구를 꺼냈으나, 교섭은 순조롭게 진행되어 3월 말쯤 위와 같은 선에서 문제 해결의 전망을 얻기에 이른다.

(4) 각 문제에 대한 한국 정부의 최종 결정이 자꾸 지연되는 사이, 5월 중순 김 공사를 대신해 한국의 수석대표로 임명된 김유택 대사, 유 공사(참사관에서 승격), 최 참사관은 일본 측 안도(安藤) 아시아국장 대리, 미야케(三宅) 참사관과 가진 비공식 회담에서 앞선 나카

가와-김(金) 회담에서 거의 양해에 도달한 사항까지 부정했다. 특히 청구권 문제는 한국도 미국 정부 해석과 의견이 같다고 명기한 의사록 1항의 삭제를 요구했다. 사무 당국 간의 교섭뿐만 아니라 기시(岸) 총리, 이시이(石井) 부총리, 오노(大野) 차관까지 직접 설득하는 등 집요한 운동을 펼쳤다. 그리고 한국 측은 억류 어부 석방 문제의 조기 해결, 특히 6월 중순으로 예정되있던 기시 총리 방미 전에 결정하자는 일본 측 의향에 편승해, 본건을 비롯해 문화재 문제, 기타 문제에 관해 우리 측의 추가 양보를 요구하며 수차례 문안 수정을 요구하는 등 교섭은 난항을 거듭했다. 이에 대해 일본 측은 억류 어부의 석방을 하루라도 빨리 실현하고 싶은 마음에서 문화재 문제, 기타 문제에서 양보 가능한 마지노선까지 양보하고, 특히 청구권 문제는 의사록 1항에 정식회담에서 한국의 청구권을 성의를 다해 토의한다는 내용을 추가하는 데 동의했다. 그러나 미국 해석에 한국도 같은 의견이라는 내용의 1항 삭제는 끝까지 거부했다.

힘든 교섭 끝에 가까스로 얻어낸 협정 성안(成案)도 한국 정부의 동의를 끌어내는 데 실패하면서 기시 총리의 미국 출발 날짜인 6월 16일 전에는 끝끝내 결정을 내리지 못했다. 그 후에도 한국은 여전히 본국 정부의 훈령이라며 미 정부의 해석에 한국을 구속하지 않는다는 내용의 1항을 추가하자고 요구했다. 이에 대해 우리 측이 거부하자마자 억류 어부 석방 문제 연기 카드를 내놓는 등 마지막까지 분쟁을 거듭했다.

7) '미국 해석'에 근거한 청구권 주장의 철회

(1) 마침내 같은 해 12월 31일에 회담 재개, 억류자의 상호 석방, 청구권 문제, 문화재 인도 등의 문제에 관한 약정이 성립했다. 또 이전부터 일본 측이 미국에 요청한 평화조약 제4조의 해석에 관한 미국 정부의 견해가 담긴 서한이 같은 날짜에 발송됐다.

(주) 뒤에 게재하는 참고자료 3 참조(175쪽).

(2) 억류 어부 석방 문제를 둘러싼 한국 측의 요구에 울며 겨자 먹기로 양보한 대한청구권에 관한 우리의 원래 주장은 막대할 것으로 예상되는 한국 측의 배상적 요구를 봉쇄하기 위한 정치적, 방어적 주장이었다. 이는 법리론으로 따져도 꽤 무리가 있다는 비난도 제기됐다. 더욱이 이 문제에 관한 미국의 견해 표명으로 이 주장은 더더욱 설 자리를 잃었고 조만간 양보를 할 수밖에 없는 상황이었다. 그리고 설령 일본 측이 법리론을 관철해도 실질적인 결실도 없고 한일 관계 전반의 대국적 견지에서 보더라도 더 이상 주장을 고집하는 것은 좋은 방법이 아니라는 통찰에 기반한 것이었다.

(3) 한편 한국 측의 대일청구권의 경우, 미국 정부는 1957년 12월 31일 자 서한에서 재한 재산에 대한 일본의 청구권은 평화조약 제4조 (b)항과 재한 미군 지령에 따라 소멸했으나, "한국과 일본국 간의 특별 협의는 한국 내의 일본 자산을 한국 정부가 인수함에 따라 한국 측의 대일청구권이 어느 수준까지 소멸 또는 만족했는지 인정할 것인가에 대한 결정을 포함할 것이다"라고 밝혔다. 따라서 미국 견해와 의견이 같다고 표명한 한국으로서는 이전처럼 일방적인 청구권만 주장할 수 없는 처지에 직면했다. 한국 측의 완강한 저항을 꺾고 의사록의 1항에 한국도 미국 견해와 의견이 같다는 1항을 남긴 까닭도 이 때문이다.

하지만 일본 측으로서는

참고자료

1. 평화조약 제4조에 대하여(발췌)

[1951년 9월 나고야대학 야마시타 야스오(山下康雄) 교수]

〈제4장 미군의 일반 자산 처리〉

평화조약 제4조 (b)항은 "일본은 제2조와 제3조에 언급된 지역에 있는 일본 및 그 국민의 재산에 대해 미군정부의 지령에 따라 이행된 처분권의 효력을 인정한다"라고 규정했다. 이 규정은 최종안에 처음 삽입됐다. 여기서 제3조에 언급된 지역, 즉 오가사와라제도(小笠原諸島)나 오키나와제도(沖繩諸島)도 문제가 되나, 실제로는 제4조 (a)항과의 관계에서 문제가 되는 것은 미군이 한국에서 실시한 일본 자산의 처리다. 이때, 제4조 (b)항의 규정이 어떠한 형태로 제4조 (a)항의 규정에 영향을 주는지, 반대로 말하면 제4조 (a)항은 제4조 (b)항으로 인해 어떠한 제약을 받는지가 특히 중요하다. 구체적으로 한국에 있는 일본 자산이 제4조 (a)항에 따른 특별 협의 대상 밖에 온전히 놓이는지, 아니면 역시 별개 협정의 대상이 되는지, 더 나아가 구체적으로 한국 소재 일본 자산에 대해 일본 및 일본 국민은 어떠한 청구권도 가지지 않는지의 문제가 제기될 수 있다.

따라서 미 군정 당국이 한국에서 일본 자산을 어떤 식으로 처리했는지를 우선 살펴볼 필요가 있다. 주요 처리 방법은 「재조선 미국 육군사령부 군정청 법령 제33호」(군정법령 제33호)와 「한미협정」 제5조에 규정되어 있으며, 그 내용은 다음과 같다(내용 생략).

여기서 군정법령 제33호와 한미협정을 종합해 보면, 평화조약 제4조 (b)항의 의미는 다음과 같다.

(1) 한미협정 제5조 제1항에 따라 군정법령 제33호에 따른 일본 재산의 처리는 한국 정부가 승인했으나, 이번에는 평화조약 제4조 (b)항에 따라 일본 정부도 승인했다.

(2) 한미협정 제5조 제3항에 따라 미국은 일본 자산의 처리에서 발생하는 책임을 면했고, 이 책임은 한국 정부로 이전됐다. 따라서 일본 자산에 관한 일본 및 일본 국민의 청구권은 미국 정부가 아닌 한국 정부에 있다. 이러한 청구권 자체는 평화조약과 한

미협정에 의해서도 소멸하지 않는다.

(3) 평화조약 제4조 (b)항에서 말하는 일본 자산 처리의 "효력을 인정한다"는 뜻은 군정법령 제33호에 따라 미 군정청이 일본 자산의 소유권을 취득하고, 한미협정에 따라 일본 자산을 한국 정부에 이전한 것이 유효하다는 점을 인정한다는 말이다. 일본 자산의 처리가 유효하게 시행된 것을 인정했다고 해서 일본 자산에 관한 청구권을 포기한 것은 아니다. 일본 자산 처리의 효력을 인정하는 것과, 일본 자산에 관한 청구권을 포기하는 것은 완전히 별개의 문제로, 평화조약 제4조 (b)항은 청구권의 포기와는 직접적인 관련성이 없다. 따라서 한국 소재 일본 자산 또는 그 매득금(賣得金)에 대한 일본 및 일본 국민의 반환 청구권은 여전히 남아 있다. 그 처리는 제4조 (a)항에 따른 특별 협의의 대상이 될 수 있다.

(4) 일본 자산에 관한 미 군정청의 처리가 유효하게 이행됐음을 인정한 결과, 군정법령 제33호에 따른 일본 자산의 소유권 이전 자체에 일본은 이견을 제기할 수 없다. 이 점은 베르사유조약 제10편 제4관 부속서 제1조의 경우와 완전히 같다. 동(同) 부속서 제1조는 상호주의에 의해 연합국도 독일도 상대국이 전시특별조치에 따라 실행한 적산 처리가 유효하다고 인정하고, 적산 이전의 적법성 여부를 둘러싼 논쟁의 제기를 허용하지 않았다. 모든 적산의 처리는 유효하게 실행된 것이라고 정했다. 그렇다고 해서 이 조문에 따라 연합국이나 독일이 적국에 있는 자국민의 재산에 관한 청구권을 포기한 것은 아니었다. 그 증거로 연합국 국민은 독일에 있는 재산에 대해 배상 청구권과 반환 청구권 모두를 가지고 있다[베르사유조약 제297조 (마)-(사)호 참조]. 독일 국민은 이러한 청구권을 포기할 수밖에 없었으나, 그것은 제297조 (라)호나 부속서 제1조에 따라 포기된 것이 아니다. 이와 같은 포기는 전연 별개의 규정, 즉 제297조 (나)호에 따라 이루어졌다. 그런데 한국에 있는 일본 자산에 관해서는 일본 국민의 청구권을 포기하도록 정한 규정이 평화조약 어디에도 존재하지 않는다. 제4조 (b)항은 이러한 포기를 포함하지 않았다.

(5) 다만, 군정법령 제33호에 따라 일본 재산의 소유권은 미군으로 이전됐고, 더 나아가 한미협정에 따라 대한민국으로 이전됐다. 하지만 이러한 재산권 이전 조치가 유효

하게 실행됐다고 인정했으니 결국 일본 및 일본 국민의 한국 소유재산은 완전히 '몰수'됐다는 견해도 나올 수 있다. 그러나 이 견해는 이치에 맞지 않는다. 왜냐하면 미군은 한국에서 점령군으로 행동하고 있었고, 1907년의 '육전의 법 및 관습에 관한 협약' 부속서 '육전의 법 및 관습에 관한 규칙' 제46조에 제2항에 따르면, 사유재산은 몰수할 수 없다. 또 제53조에 따르면, 국유 동산은 현금, 기금 및 유가증권, 비축무기, 운송수단, 재고품 및 식량과 군사작전에 사용될 수 있는 것 외에는 압수할 수 없다. 더 나아가 제55조에 따르면, 국유 부동산에 관해 점령군은 그 관리자 및 용익권자(用益權者)에 불과하며, 이 부동산의 기본을 보호하고, 용익권의 법규에 따라 관리하는 행위만 가능하다. 따라서 한국에서 미군이 실행한 행위가 '몰수'이며 그 몰수가 평화조약 제4조 (a)항에 따라 인정된 것이라는 의견은 불합리하다. 제아무리 전승국이라 할지라도 국제법에 반하는 행위를 정당한 행위라고 인정할 수 없다. 그에 따른 손해 배상 청구권을 포기시킬 수는 있어도 위법을 적법하다고 인정시킬 수는 없는 셈이다.

(6) 더구나 한국에서 미군이 시행한 행위는 결코 일본 자산의 몰수가 아니며, 관리와 다름없다는 점에 유의해야 한다. 군정법령 제33호가 규정하는 바를 전반적으로 살펴보면, 소위 '적산관리'와 다름없고, 법령 제33호는 '적산관리령'에 진배없다. 가령 일본 자산의 소유권을 취득하는 행위, 그것을 매각하는 행위, 일본 자산이나 그 매각대금을 보관하는 행위 등 모두 미국이나 영국에서 전쟁 중 시행된 '적산관리'제도와 조금도 다르지 않다. 미국이나 영국이 시행한 적산관리제도를 간소화한 것이 군정법령 제33호라 말할 수 있다.

(7) 예를 들어 '귀속(vest)'이라는 개념은 적산관리법상의 개념이다.

군정법령 제33호 중 일본 자산에 대한 "소유권은 1945년 9월 25일부로 조선군정청이 취득하고 조선군정청이 그 재산 전부를 소유함"이라는 조목은 영문으로 "… is hereby vested in … and … is owned by"라고 쓰여 있다. 또 한미협정 제5조에도 '귀속 결정(vesting)'이라는 용어를 사용했다. 이때의 '귀속'은 결코 '몰수'가 아니다. 흔히 '접수'라는 애매한 낱말이 남용되고 있으나 이 또한 '관리'와 다름없다.

이 귀속이라는 용어는 관습법(common law)에서 쓰인다. 가령 신탁 관계에서는 위탁자가 신탁 재산을 수탁자(trustee)에 맡길 때 귀속된다(vset)고 말한다. 이 경우, 신탁 재산의 소유권은 수탁자에게로 이전되며, 수탁자는 수익자에게 일정 급부를 줄 채무를 진다. 신탁 재산은 수탁자 명의가 됐으나, 실질적으로는 위탁자의 재산이다.

영국의 적성국교역법은 이 귀속에 해당하는 용어를 적산 관리에서 쓰고 있다. 적산은 적산 보관인(Custodian of enemy property)에 귀속(위탁)된다. 1939년의 적성국교역법 제7절은 상무부가 적산 보관인을 임명해야 하며, 적산은 이 보관인에게 귀속된다고 정했다. 이 규정의 목적은 "with a view to preventing the payment of money to enemies and of preserving enemy property in contemplation of arrangement to be made at the conclusion of peace(적에게 돈을 지불하는 것을 방지하고 평화협정 체결 시 이루어질 합의를 고려하여 적의 재산을 보존하는 것을 목적으로)"라고 첫머리에 쓰고 있듯이, 적산을 보관, 보전하는 것이므로 최종 처리는 강화조약에 따라야 한다.

미국에서도 전쟁 중 적산 관리가 시행됐다. 1917년 10월 6일의 적성국교역법 제6절은 적국자산관리인의 임무를 "적인(敵人) 또는 적의 동맹국 국민에게 합중국에서 지급해야 하거나 속하는 현금 및 재산으로, 이 법의 규정에 따라 관리인에게 지급하고, 이전하고 양도하고 인도해야 하는 것을 수령하고, 대통령의 일반 지령 및 이 법의 규정에 따라 보관, 관리하며, 그 출납을 명확히 한다"라고 정했다. 또 제7절 (다)항은 대통령의 요구가 있은 때에 적인에게 속한 현금 기타 재산은 적국자산관리인에게 양도하고 이전하고 인도하거나 지급해야 한다고 규정했다(… Shall be conveyed, transferred, assigned, delivered, or paid over).

1917년의 적성국교역법이 미 의회에 상정된 때, 이 법률에 규정된 적산관리제도가 1907년의 헤이그협약(위 '육전의 법 및 관습에 관한 규칙' 제46조)을 위반한 것이 아니냐는 한 의원의 질문에 정부는 다음과 같이 설명했다(Congressional Record, p.4851, 9, July 1917).

해당 의원은 성실한 학생이었고 신중한 변호사이니 당연히 (적성국교역)법안을 검토해

보았을 것이다. 그랬다면 몰수가 아니라 수탁자를 통한 재산의 접수/관리(requisition) 및 보전을 위한 법안임을 명확히 알 수 있을 것이다. 이 법안에 따르면 수탁자는 전쟁이 끝날 때까지 예탁된 재산을 보유하고, 전쟁이 끝나면 당사자 간에 존재하는 형평법에 따라 법적 소유자에게 재산을 반환해야 한다.(If the gentleman has studied this bill, as I have no doubt he has, for I know his assiduity as a student and his carefulness as a lawyer, he sill see clearly, that instead of is being confiscatory in its nature it is in the nature of a requisition of property and a conservation of the property in the hands of the trustee, who is to hold it in escrow until the termination of the war, when his property is to be returned to the legal owner thereof subject to the equities existing between the parties.)

또 상원의 '무역위원회'의 공청회에서도 사법부 대표인 워렌(Warren)은 다음과 같이 증언했다.

이 법안의 논리는 미국 내 적산은 미국에 있는 적의 채무자나 대리인의 손에 남아 있으면 안 되며, 대통령이 지시하는 경우 채권 투자를 통해 정부에 필요한 자금을 조달하기 위해 정부가 일시적으로 적산을 몰수하고, 전쟁이 끝나면 의회가 지시하는 바에 따라 적에게 반환하거나 다른 방식으로 처분해야 한다는 것이다. 다시 말해, 전쟁 중에 적의 재산을 이용하여 적과 싸우되 적의 재산을 영구적으로 몰수하지는 않는 것이다. 또한 이러한 적산의 일시적 몰수는 적산을 보전하는 행위이기도 ….(The theory of this bill is that enemy property in this country shall not remain in the hands of the enemy's debtor or agent here: but that, if the president so directs, it shall be temporarily conscripted by the Government to finance the Government through investment in its bonds, and to be paid back to the enemy or otherwise disposed of at the end of the war as Congress shall direct. In other words, we fight the enemy with his own property during the war: but we do not permanently confiscate it. Moreover, this temporary conscription of enemy property is also conservation of enemy property ….)

그리고 또한 제1차 세계대전 당시 초대 적국자산관리인 앨버트 마슈만 팔머(A. M. Palmer)도 1917년 11월 14일의 관보(Official Bulletin)에서 다음과 같이 밝히고 있다.

적성국교역법(Trading with the Enemy Act)에 표현되어 있는 것처럼 의회가 전반적으로 목표로 하는 바는 다음과 같다. 첫째, 미국에 있는 적국 소유의 재산이 소실되지 않도록 보전한다. 둘째, 적국의 재산이 어떠한 방식으로든 미국에 적대적이거나 불리하게 사용되는 것을 방지한다 …. 적산관리인(Alien Property Custodian)은 … 보통법상 수탁자의 권한 … 행사해야 한다. 물론 재산을 몰수하거나 소멸시킬 의도가 없으므로 신탁으로 보유한다(The broad purpose of Congress, as expressed in the Trading with the Enemy Act, is, first, to preserve enemy-owned property situated in the United States from loss, and secondly, to prevent every use of it which may be hostile or detrimental to the United States …. The Alien Property Custodian is directed to exercise … the … authority of common-law trustee …. There, of course, is no thought of the confiscation or dissipation of property thus held in trust).

이상의 논술에서는 적산 관리는 적산에 관한 소유권의 이전을 동반하나, 결코 영구적인 몰수는 아니라는 결론이 도출된다. 단순히 적산을 보전하는 것에 불과하다. 그 정당한 소유자(legal owner)는 역시 적인이며, 적산 관리인은 '보통법상의 수탁자'(미 적성국교역법 제12절 제4항)로서 행동한다. 적산의 최종 처리는 전쟁 종료 후의 평화조약을 기다려야 하는 셈이다.

이는 한국 소재 일본 자산에 대해서도 같다. 한국 소재 일본 자산은 군정법령 제33호에 따라 미 군정청에 귀속되어 한미협정에 따라 한국 정부에 양도됐다. 그러나 그 법률상의 소유자는 일본 또는 일본 국민이며, 최종 처리는 평화조약 제4조 (a)항에 예정되어 있는 특별 협의에 따라 실행해야 한다.

(8) 재산권 이전이 몰수를 뜻하지 않음은 한미협정 자체로도 증명된다. 가령 한미협정 제5조 제1항 (b)의 규정에 따르면, 한국 정부는 한국 정부에 이전된 일본 자산을 "한국 국민의 이익을 위하여" 수령하고 관리할 정부 기관을 설치해야 한다. 이때 "한국 국민의 이익을 위하여(for benefit of the Korean people)"라고 정했고, "한국 국민을 대신하여(for or on behalf of the Korean people)"라고 정하지 않았다. 이는 한국 소재 일본 자산이 한국 국민의 소유물이 아니며, 한국의 국유자산이 아니라는 점을 보여준다.

"한국 국민의 이익을 위하여" 수령하고 관리한다는 것은 결국 한국 국민의 대일청구권의 담보로서 관리함을 뜻한다. 한국은 일본의 일부로 일본과 교전 상태에 있던 나라가 아니다. 따라서 한국은 평화조약에서 이른바 "연합국"이 아니다(제25조). 종전 후 한국이 일본에 대해 선전포고를 한 사실도 없다. 따라서 일본과 한국 간에 '평화조약'을 체결하는 것도 이상하다. 한국 정부는 일본과 '평화조약'을 체결할 뜻이 있다고 전해지나, 뭔가 착각하고 있는 듯하다. 한국과의 평화조약은 실로 당치않다. 평화조약 제4조 (a)항에서 말하는 특별 협의 혹은 통상항해조약을 착각해서 평화조약이라고 말하고 있을 뿐이다.

따라서 한국은 일본에 대해 배상 청구권을 가질 리가 없다. 전쟁 손해가 없음에도 배상 청구권을 주장하는 것도 터무니없다. 그러나 한국 국민은 일본 또는 일본 국민에 대해 일정한 청구권을 가진다. 일본 국민도 그와 같은 정도로 한국 국민에 대해 청구권을 가지는데, 그런 점에서 한국 국민도 대일청구권을 가진다(예를 들어 은급 청구권, 금전 채권). 한국 국민의 대일청구권의 담보로서 한국 소재 일본 자산을 관리하는 것이 "한국 국민의 이익을 위하여"라는 표현의 뜻이라고 생각한다. 그렇다면 일본 자산이 비록 한국 정부에 이전됐다 해도 법률상 소유자는 결국 일본 국민이며, 한국 정부는 단순히 대일청구권의 담보로서 일본 자산을 관리하는 것에 지나지 않는다. 이 대일청구권과 일본 자산을 어떠한 방식으로 청산할지는 실로 제4조 (a)항에서 말하는 특별 협의의 대상이 된다.

재산권 이전이 반드시 몰수를 뜻하지 않음은 한미협정 제6조로도 입증된다. 이 조항에 따르면, 일본 제국 정부가 적산으로 취급했고 더불어 제5조 규정하에 대한민국 정부에 "이전"되는 기타인(일본 국민도 연합국 국민도 아닌 자)의 한국 소재 재산은 연합국 국민의 한국 소재 재산과 함께 정당한 소유자(rightful owners)에게 "반환"될 때까지 한국 정부가 보호하고, 보존한다. 이 조문은 이러한 재산권에 대해 반환 청구권이 있음을 뜻한다. 따라서 재산권 이전이 몰수를 뜻하지 않음을 보여주는 증거인 셈이다.

(9) 이처럼 한국 소재 일본 자산은 미 군정청에 귀속되어 후에 한국 정부로 이전됐으나, 그것은 결코 몰수를 뜻하지 않는다. 그것의 정당한 소유자는 여전히 일본 및 일본 국민이다. 이 일본 자산을 한국 국민의 대일청구권과 대조해 어떻게 최종 처리할 것인지는 실로 평화조약 제4조 (a)항에 예정되어 있는 특별 협의에 따라 장래 정해질 것이다.

그렇다면 제4조 (b)항은 어떠한 점에서 제4조 (a)항에 영향을 주고 있을까. 바꿔 말해 제4조 (a)항의 첫머리에 있는 "이 조항 (b)의 규정에 따라"는 어떠한 뜻일까. 이것이 마지막 문제가 된다.

제4조 (b)항에 따라 일본은 한국에서 시행된 미군의 일본 자산 처리(일본 자산의 소유권 변경 및 그 후에 이루어진 일본 자산의 매각)의 효력을 인정했기 때문에 다음의 두 가지 점을 주장할 수 없다.

(가) 군정법령 제33호는 육전의 법 및 관습에 관한 규칙 제46조를 위반한다고 주장할 수 없다. 이는 두말할 나위도 없다. 그렇다면 군정법령 제33호에 따른 소유권 변경은 몰수가 아니다. 이는 이미 구체적으로 논했다. 따라서 군정법령 제33호가 육전의 법 및 관습에 관한 규칙 위반이 아님은 자명하다.

(나) 미군이 일본 자산을 매각, 기타의 방법으로 처분한 때에 그 처분은 유효했기 때문에 이를 무효라고 주장할 수 없다. 따라서 일본 국민의 청구권은 매각된 재산에 대해서는 존속하지 않으며, 매각대금에 대하여만 존속한다. 그러나 매각하지 않은 재산의 경우, 일본 국민의 청구권은 이 재산에 대해 존속한다. 다만, 이 매각 재산을 임대하면 그 임대 관계를 인정해야 하며, 임대 관계에서 발생한 수익은 일본 국민에게 속한다.

따라서 한국 소재 일본 자산에 대해 일본 국민이 가지는 청구권은 매각대금, 매각하지 않은 재산 또는 임대료 위에 존속한다. 매각한 재산의 반환을 요구하거나 임대 관계를 해소해서 부담이 없는 상태로 매각하지 않은 재산을 반환하라고는 요구할 수 없다.

이처럼 한정된 청구권은 제4조 (b)항의 규정에도 불구하고 존속하며, 그것이 제

4조 (a)항에 따른 특별 협의의 대상이 된다. 이것이 제4조 (a)항과 제4조 (b)항의 관계다.

이렇게 생각할 때 한국 소재 일본 자산에 대해 일본 및 일본 국민은 일체의 청구권을 상실한 것이 아니다. 이 점은 평화조약 제19조 (a)항에 따라 변경될 수 없다. 제19조 (a)항에 따른 청구권의 포기는 "일본" 영역 내에서 연합국 군대의 존재, 직무 수행 또는 행동에서 발생한 청구권의 포기로, 이때의 "일본"은 조선을 포함하지 않는다고 풀이된다. 설사 이때의 "일본"에 조선을 포함해도 이 경우 포기한 청구권은 연합국에 대한 청구권에 국한한다. 한국에 대한 청구권은 제19조에 따라 포기하지 않는다. 한국은 평화조약상의 "연합국"이 아니기 때문이다. 한미협정 제5조 제3항은 일본 자산에 관한 청구권에 대해 미국은 책임을 면하고 한국이 대신 책임을 진다고 정했다. 따라서 이 청구권은 한국에 대한 것이다.

또한 평화조약 제21조에 따르면 한국은 "제4조의 이익"을 받을 권리를 가진다. 이때의 "이익"이란 일본 자산에 관한 청구권을 소멸시키는 이익이 아니며, 이러한 청구권과 대조해서 한국의 대일청구권을 요구하고, 만족시킬 수 있도록 특별 협의를 체결할 수 있는 이익에 불과하다.

이러한 의미에서 제4조 (b)항의 추가로 이익을 받는 곳은 한국이 아닌 오히려 미국이다. 전하는 바에 따르면, 한국이 일본 자산의 반환 요구를 셧아웃(shut out)할 요량으로 이 규정의 삽입을 요구했다고 한다. 만약 그것이 사실이라면 이에 응한 척한 미국도 실로 고약하다 할 수밖에 없다. 만약 한국이 이 규정으로 안심했다면, 이 또한 어리석은 착각이다. 만약 반대로 미국도 한국도 한국 소재 일본 자산에 관한 청구권이 제4조 (b)항에 따라 완전히 봉쇄됐다고 진심으로 믿고 있다면, 제4조 (b)항의 규정은 졸렬한 규정이다.

2. 미 국무부의 주에 대한 고찰(다오카 논문)

◎ 1952년 4월 29일에 한국 대사 앞으로 보낸 미 국무부의 통첩 및 이에 부가된 미 국무부의 주에 대한 고찰

교토대학 교수

다오카 료이치(田岡良一)

(1)

1951년의 샌프란시스코 평화조약 제4조 (b)항은

"일본은 제2조와 제3조에 언급된 지역에 있는 일본 및 그 국민의 재산에 대해 미군정부의 지령에 따라 이행된 처분권의 효력을 인정한다"라고 규정했으며, 또 제2조의 (a)항은 조선의 독립을 규정했다. 하지만 한국은 이 평화조약에 조인하지 않았으므로, 제4조 (b)항에서 어떠한 조리도 취득할 수 없다. "계약은 제삼자에게 의무를 지울 수 없으며 또 권리를 부여할 수 없다"라는 Pacta tertiis nec nocent nec prosunt 내용은 로마법 이래의 원칙으로 국제법에도 수용되어 일반적으로 통용되고 있음은 국제법학자들이 한결같이 인정했다. 1866년에 체결된 프라하조약(프로이센-오스트리아 간) 제5조는 "오스트리아 황제는 1864년의 빈강화조약(오스트리아-덴마크 간)에 따라 슐레스비히·홀슈타인에 대하여 인정된 권리 모두를 프로이센 왕에게 양도한다. 다만, 북부 슐레스비히는 주민이 자유로운 투표로 덴마크와의 병합을 원한다는 의사를 표시한 때는 재차 덴마크에 병합될 것이다"라는 규정을 두었다. 그러나 이 국민 투표는 치르지 못한 채 1878년 10월 11일의 독일·오스트리아 협정에 따라 국민 투표 조항을 폐기했다. 국제법학자들은 이 조치가 덴마크의 권리를 침해한 것이 아니라는 점에 대해서는 이론이 없다. 덴마크는 프라하조약의 당사국이 아니었기 때문이다.

상설국제사법재판소도 1926년 5월, 상부 실레지아의 독일인 이익에 관한 사건의 판결에서 폴란드는 1918년 11월 11일의 정전협정(연합국과 독일 간), 12월 1일 스파의정서(Protocol of Spa)의 조인국이 아니므로, 이 두 조약의 폴란드에 관한 규정에서 권리를 취득

할 수 없다고 하고 "조약은 그 조약의 당사국들 사이에서만 유효하다(Un traité ne fait droit qu'entre les Etats qui y sont parties)"라고 판결했다.

따라서 한국은 일본에 1951년 평화조약 제4조 (b)항에 따라 1945년 12월의 재한 미국 군정부의 소유변경령(vesting decree) 또는 군정부와 한국 정부 간의 이양협정(transfer agreement)을 인정하라고 요구할 권리가 없으며, 또 일본의 대한 교섭이 소유변경령 및 이양협정을 기초로 이뤄져야 한다고 요구할 권리도 없다.

하지만 한편으로 제4조 (b)항은 평화조약 조인국에는 권리 의무를 발생시킨다. 따라서 일본은 연합국과의 관계에서는 제4조 (b)항에 구속된다. 일본 정부가 이 행동에서 제4조 (b)항을 무시할 경우, 연합국에 대한 의무 위반이다.

따라서 일본 정부는 1945년 12월의 소유변경령 및 이양협정에 따라 구속되어야 한다. 일본 정부가 이러한 구속에서 벗어나고 싶다면 평화조약에 조인한 연합국의 명시 또는 암묵적인 동의만 얻으면 되며, 한국의 동의를 구할 필요는 없다. 한국이 평화조약에 대해 제삼자이기 때문이다.

그럼 만약 일본이 소유변경령이나 이양협정을 무시하고 한국 정부에 일본인 재산의 반환을 요구한다면 법에 저촉되는 행위일까. 형식만 올바르다면 우선 연합국의 승인을 구하고 그 후 한국에 반환을 청구해야 하지만, 현실적으로는 한국만 태도를 굽히면 연합국은 암묵적 동의를 부여할 것이라 보이므로, 우선 한국을 공략하는 방법을 쓴들 비난할 일은 아니라고 생각한다.

현 정세를 볼 때 한국은 1945년 12월의 미군정부의 조치를 방패 삼아 양보할 생각이 없는 듯하며, 또 연합국은 제4조 (b)항의 준수를 일본에 기대하고 있는 듯하다. 이러한 정세 속에서 일본 정부는 재한 미국 정부가 일본 재산에 대해 취한 조치를 전제로 한국 정부와 교섭할 수밖에 없다.

(2)

이어서 살펴봐야 할 문제는 미군정부가 발표한 명령이나 미국 정부가 제삼국 정부와 맺은 협정의 의의와 관련해 일본이 미국 정부의 해석에 구속되어야 하는가다. 미군정부는 미국의 파견기관인 만큼 미군정부가 발표한 명령, 그와 체결한 협정의 의의는 미국 정부의 해석이 유권적이다. 또 미국 정부와 한국 정부의 협정에는 양 정부의 일치된 해석이 유권적이다. 이는 일본이 그 해석에 이견을 제기할 권리가 없다는 발상이 나오기 쉽다. 하지만 이 발상은 정확하지 않다. 일본과 연합국 간의 평화조약으로 일본이 연합국 중 한 나라가 발표한 명령 또는 한 나라가 제삼국과 맺은 협정을 승인한다는 뜻은 일본이 명령 또는 협정을 이해한 의미를 기초로 승인한다는 것이다. 일반적으로 A국과 B국의 조약에 따라 B국의 1법률 1명령을 A국이 승인했다는 뜻은 A국이 이 법률, 이 명령을 이해한 의미로 승인했다는 것과 다름없다. B국의 법령이므로 B국의 해석이 유효하다는 설은 A와 B의 조약이 A와 B의 자유로운 의사 일치로 성립했다는 사실을 무시하는 것이다. 이 법령이 B 국내에서 시행되는 경우에는 당연히 B국 정부의 해석이 유권적이다. 하지만 이 법령이 국가 간 조약에 있어 하나의 사실로 수용된 경우, 이 사실의 해석에 관해 A국은 B국과 동등한 발언권을 갖는다. 따라서 A국의 해석이 B의 해석과 상이한 때는 국제법정의 해결을 기다릴 수밖에 없는 문제로 발전한다.

그러므로 일본은 1945년 12월의 소유변경령에 대해 미 국무부가 내린 해석과 이양협정에 대한 한미 양국이 내린 해석에 구속되지 않는다. 다만, 이러한 해석이 1951년 대일평화조약 조인 전에 발표되어 일본 정부가 이를 인지하면서 제4조 (b)항을 수락했다면, 일본 정부는 이 해석을 인정했다고 추정할 만한 충분한 이유가 있다. 이 경우에 일본은 이 해석에 구속된다. 그러나 미 국무부가 한국 대사에게 보낸 통첩을 통해 자국의 해석을 공표한 때는 일본이 평화조약에 조인했거나 비준한 뒤인 1952년 4월 29일(조약이 효력을 발생한 이튿날)이며, 그 이전에 미 국무부가 이 해석을 일본에 통지한 사실이 없다면, 일본은 미 국무부가 사후에 공표한 해석에 구속될 의무가 없다. A국과 B국의 조약에 따라 A국이 B국이 행한 행위를 승인한 경우, 이 조약이 성립한 후에 B국이 위와 같은 행위의 해석을 공표하고 A국에 이를 통지하고 후자가 이에 따라야 한다면, 후자는 예상치 못한 피해를 입을 수 있다. A국은 조인 당시 자신이 해석한 의미로 B국의 행위를 승인하는 데 그쳤다. 따라서 1945년의 소유변경령 또는 이양협정의 의의에 대해 일본과 미국 간에 해석의 차이가 있다면, 더 나아가 외교 교섭으로 해결할 수 없다면 이 문제는 대일평화조약 제22조에서 말하는 "조약의 실행에 관한 분쟁"으로 당연히 국제사법재판소에 회부해야 한다. 회부 시, 양국 간에 회부에 관한 합의(special agreement)를 꼭 체결할 필요는 없다.

(3)

필자는 샌프란시스코에서 일본 정부가 평화조약 제4조 (b)항을 어떤 식으로 이해하고 또 재한 미 정부의 소유변경령을 어떻게 해석하고 평화조약에 조인했는지 모른다. 또 그 후의 재한 일본 재산에 관한 한국과의 교섭 경위도 전혀 들은 바가 없다. 따라서 일본 정부가 재한 일본 재산과 관련해 한국 정부에 제기한 청구의 법률적 근거도 알 수가 없다. 하지만 어쨌든 일본 정부가 샌프란시스코조약 조인 때에 채용한 제4조 (b)항의 해석 또는 소유변경령의 해석이 미국 정부와 다르다면 상술한 해석 방법을 택하는 것은 일본의 권리라 생각한다.

이하에서는 평화조약 제4조 (b)항과 미국 정부의 소유변경령에 대한 필자의 해석을 서술하겠다.

(가) 평화조약 제4조 (b)항

평화조약 제4조 (b)항에 따르면 일본은 조선에 있는 합중국 군정부가 시행한 일본 및 일본 국민의 재산 처리 효력을 인정할 의무가 있다. 여기서 "처리(disposition)의 효력을 인정한다"라는 표현을 썼지만 "일본은 재한 일본 재산에 대해 합중국 군정부의 명령에 따라 실행된 소유권 이전에 대해 그 효력을 인정해야 하나, 보상 청구권은 별개의 문제이며 보상 청구권의 포기까지 본조에 따라 인정한 것은 아니다"라고 주장할 수 있다.

제4조 (b)항의 취지는 일본은 합중국 군정부가 일본 또는 일본인의 재산에 대해 실행한 결정을 어떠한 내용이든 인정한다고 해석하는 것이 본조약의 솔직한 해석일 것이다. 그렇다면 재한 일본 재산에 대해 미군정부가 실행한 결정이 완전 몰수(outright confiscation), 즉 보상 의무를 동반하지 않는 완전한 몰수가 확실하다면, 일본 정부도 이를 인정하고 평화조약 제4조 (a)항에 따른 특별 협의의 문제에서 재한 일본 재산에 대한 보상 문제를 빼야 한다. 이에 반해 미군정부의 결정이 재한 일본 재산의 소유권을 한국 정부로 이전하는 동시에 일본의

보상 청구권을 명시 또는 암묵적으로 인정했다면, 일본은 보상 청구권을 갖는다. 요컨대 평화조약 제4조 (b)항이 "처리"라는 표현을 쓰고 있는 탓에 일본 측의 보상 청구권 유무는 그 결론을 도출하기가 불가능하다. 따라서 문제의 중요 포인트는 1945년 12월에 미군정부가 발표한 소유변경령 의의의 해석이다.

(나) 소유변경령(Vesting Decree)

1945년 12월 6일의 재경성 합중국 군정부 명령(군정법령 제33호)은 일본 정부 및 일본인이 소유하거나 지배하는 금, 은, 백금, 통화, 기타 종류 여하를 불문하고 모든 재산은 군정부에 이양되어 당 정부의 소유물이 된다고 규정했을 뿐이다. 소유물의 변경 의도를 명료하게 제시했으나, 이 소유 이전이 무상 몰수를 의도하고 있는지 여부는 밝히지 않았다.

미국 정부는 1952년 4월 29일, 한국 대사관에 보낸 통첩에서 이러한 종류의 재산 또는 그에 포함되는 이익에 대해 일본은 청구권을 갖지 않는다는 의견을 피력했다. 그리고 더 나아가 '한일청구권 처리와 관련해 대일평화조약 제4조의 해석에 대한 미국 입장의 성명'이라는 제목의 문서로 이를 뒷받침하고 "조선에 독립국을 세우려면 일본과의 끈을 깨끗하면서도 완전하게 끊을 필요가 있다고 보였기 때문에" 일본 재산을 빼앗아 한국에 이양한 것이다. 소유변경령 및 이양협정의 의도는 한국 당국에 위 재산을 완전히 지배시키는 데 있었다. "따라서 합중국 정부의 견해로는 일본의 보상 청구는 소유변경령, 이양협정 및 평화조약 제4조 (b)항의 문언(language), 이유(rationale) 및 의도(intent)와 양립하지 않는다"라고 간주한다고 밝혔다. 하지만 소유변경령, 이양협정에 대해 국무부가 평화조약의 조인 후에 표명한 해석은 앞서도 언급했듯이 유권해석으로서의 가치가 없다. 다만, 그것이 합리적이라면 우리도 이에 따라야 한다. 따라서 국무부의 해석이 과연 합리적인 근거를 가지고 있는지 여부를 검토해 봐야 한다.

필자가 보기에 소유변경령의 문언(language)에는 국무부가 주장하는 듯한 뜻은 등장하지 않는 듯하다. 만약 이 명령이 "일본 재산의 몰수(confiscation)"와 같은 표현을 쓰고 있다면, 일본 측의 보상 청구 문제는 불문인 채로 방치됐다고밖에 해석되지 않는다. 이 명령의 문언은 소유권 이전이 유상인지 무상인지 결정하는 토대를 제공하지 않았다.

또 소유변경령의 의도(intent)는 국무부가 밝히고 있듯이 "한국 정부 당국에 재산을 완전히 지배(control)시키는 데 있었다"라는 점은 의심할 여지가 없어도 이 의도가 왜 일본 측의 보상 청구권을 부정하는 결과로 이어지는지는 명료하지 않다.

이는 "조선에 독립국을 세우기 위해 일본과의 끈을 깨끗하면서도 완전하게 끊을 필요가 있었다"라는 이유(rationale)도 마찬가지다. 이러한 필요성에서 한국 영토 안에 있는 일본 또는 일본인의 흔적을 남김없이 지우겠다는 정책 — 이는 가혹하면서도 극단적인 정책이나 — 을 도입하는 것이 군정부의 의지였다 해도, 그것과 일본과 한국 간에 채권적 관계를 완벽히 끊는 것은 별개의 문제다. 만약 소유변경령이 공포된 이유가 일본의 손실을 통해 한국을 윤택하게 만들기 위해서라면 이 명령이 무상 몰수를 뜻한다는 것은 이해되나, 미국 정부는 이와 같은 이유를 주장한 적이 없다. 단순히 상술한 이유로는 무상 몰수를 증명할 수 없다.

요컨대 1945년의 군정부 명령의 문언, 의도 및 이론적 근거에서는 일본 재산을 대상으로 시행한 소유권 이전이 완전한 무상 몰수였다는 결론을 도출할 수 없다. 한편 이 군정부 명령이 일본 또는 일본인에게 보상 청구권을 인정하는 취지였음을 적극적으로 증명하는 자료도 이 안에서는 발견되지 않는다. 따라서 이 문제는 군정부 명령에 따라 해결되지 않았다고 결론 지을 수밖에 없다.

다만, 일본 정부는 과거 일본의 영토였으나 패전 결과 상실한 땅 위에 존재하는 일본 재산에 관해 적어도 보상 청구권이 있다고 생각했던 듯하며, 그렇게 생각한 이유도 이해가 간다. 지금까지의 평화조약에 따라 패전국의 영토가 승전국 또는 제삼국의 영유로 넘어가는 때에 그 영토 안에 존재하는 재산의 경우 패전국의 국유재산은 차치하고 패전국 사인의 재산은 소유권을 박탈하지 않는 게 일반적이었다. 예를 들어 1871년 5월 10일의 프랑크푸르트 강화조약(독일-프랑스 간) 제2조는 프랑스가 독일에 할양하는 지역 내에 거주하는 프랑스인으로 프랑스 국적을 보유하고 싶은 자는 1872년 10월 1일까지 그 의사를 표시하고 주소를 프랑스로 옮길 수 있으며, 그때 그들은 위 지역 내에 있는 부동산을 계속해서 소유할 자유를 가진다(Les seront libres de conserver leurs immeubles situés sur le territoire réuni à l'Allemagne)고 정했다. 1919년의 파리강화조약이 채용한 주의도 대체로 같았다. 예를 들어 베르사유조약 제37조 제4항이다. "그들(선택권을 행사한 사람들)은 벨기에가 취득한 영토에 위치한 그들의 부동산을 자유롭게 보유할 수 있을 것이다. 그들은 자연스럽게 그들의 개인 재산을 가져갈 수 있을 것이다[Elles(les personnes) ayant exercé le droit d'option seront libres de conserver leurs biens immobiliers qui elles possedent sur ler territories acquis par la Belgique: Elles pourront emporter leurs biens meubles de toute naturel]."

최근의 대전 이후 체결된 1947년의 파리평화조약도 패전국이 할양하는 지역 내에 있는 패전국 국민의 사유재산을 존중한다는 원칙을 채용했다. 예를 들어 대이탈리아평화조약 제14 부속서 제9항은 할양 지역에 영주하는 이탈리아 국민의 재산은 신 영유국 국민의 권리와 동등하게 존중된다고 규정했다. 또 제10항은 이탈리아 국적을 선택하여 이탈리아 국내로 주소를 옮기는 자는 동산과 부동산을 신 영유국 국민과 동일한 조건으로 매각할 수 있으며, 또 동산과 자금을 이탈리아로 휴대할 수 있다고 정했다.

위에서 든 예는 본국 일부가 할양된 경우며, 사유재산은 이 토지의 토착민의 재산이다. 식민지가 분리되는 경우, 과거 정복자로서 식민지에 들어와 토착민을 학대한 자의 재산과는 차원이 다르다는 반론이 있을지도 모르겠다. 1898년 12월 10일에 체결된 파리조약(미국-스페인 간)은 쿠바에 대한 스페인의 주권을 포기시키고 푸에르토리코와 필리핀에 대한 주권을 미국에 양도한 조약이다. 이 조약에서 쿠바에 관해 '주권의 포기'라는 표현을 특별히 쓴 까닭은 이 섬을 독립시키는 것이 예정되어 있었기 때문으로 조선의 경우와 매우 닮아 있다. 이 조약의 제9조는 "반도 출신 스페인인으로 본조약에 따라 스페인이 그 주권을 포기했거나 양도한 지역에 거주하는 자", 즉 스페인 본국에서 태어나 쿠바, 푸에르토리코, 필리핀으로 건너간 스페인인은 계속해서 거주할 수 있거나 퇴거하지 않아도 되며 두 경우 모두 재산에 대한 권리를 보존한다고 규정했다.

위와 같은 평화조약의 영토 할양에 관한 선례에 비춰 볼 때, 일본 입장에서는 미국이 재한 일본 국민 재산을 전부 무상으로 몰수한 조치가 동서고금을 막론하고 유례없는 가혹한 조치라고 해석해도 무리가 없다. 화해와 신뢰를 토대로 한 관대한 평화조약이라고 선전된 샌프란시스코조약에 대해 일본은 미군정부의 일본 재산에 대한 소유권 이전 처분을 기정사실로서 어쩔 수 없이 승인하겠지만, 이에 대한 보상은 당연히 받을 권리가 있다고 생각했어도 이상하지 않다. 일본 정부는 이러한 생각을 품고 조약에 조인했을 것이다. 하지만 이 생각은 군정부 명령의 해석으로는 결정적이지 않다. 이 해석을 보면, 군정부의 명령은 일본 측의 보상 청구권에 대해 어떠한 말도 하지 않고 어떠한 결정도 내리지 않았다. 그렇다면 이러한 점을 볼 때 일본은 결론적으로 한일교섭에서 어떠한 입장을 취해야 할까.

〈결론〉

솔직하게 말하면 재한 일본 재산에 대한 보상 청구를 둘러싼 일본의 입장은 샌프란시스코 평화조약 제4조 (b)항이 존재하는 한 대단히 취약하다고 할 수밖에 없다.

한국은 평화조약의 당사국이 아니다. 따라서 제4조 (b)항에서는 하등의 권리도 얻지 못한 것이 사실이나, 일본은 연합국에 대한 관계에서 본조에 구속되며 따라서 연합국이 일본을 본조에서 완화할 의사가 없는 한, 한국과의 거래에서도 본조에 구속되어 행위해야 한다.

제4조 (b)항이 군정부가 실행한 '조치'의 효력을 일본이 인정한다는 표현을 쓰고 있는 탓에 일본은 소유권 이전은 인정하고 있을지언정 보상 청구권까지 포기하겠다고 승인한 것은 아니라는 논쟁을 도출해 내기도 어렵다. 본조가 말하고자 하는 바는 일본은 군정부가 일본 재산에 취한 결정을 어떠한 내용이든 인정하겠다는 뜻이며, 따라서 군정부가 무상 몰수를 결정했다면 이를 수용한 셈이 된다. 그러므로 문제는 재한 일본 및 일본인 재산에 대해 군정부가 취한 결정이 어떤 내용을 담고 있었는지에 귀착된다.

이 문제에 대해 일본의 이익을 위해서 말할 수 있는 것은 군정부의 행위 의미에 대해 미국 정부의 해석이 유권적이라고 말할 수 없다는 점이다. 하지만 이는 단순히 그것에 그칠 뿐, 일본 정부의 해석이 옳다거나 미국의 해석은 틀렸다는 등의 결론을 도출해 낼 수 없음은 두말할 나위도 없다.

미 국무부가 군정부의 결정은 완전한 무상 몰수였다고 해석하는 것은 그다지 강력한 근거가 없는 듯 보이나, 한편 군정부의 결정은 보상 청구권을 일본 측에 부여한다는 설 또한 솔직히 충분히 증명하기는 어려운 듯하다. 이 글의 (3)의 말미에 필자는 일본 정부의 입장에서는 이렇게 말할 수 있지 않겠냐고 필자의 생각을 내비쳤으나, 이도 결코 강력하고 유력한 담론은 아니다.

결국 군정부의 명령은 보상 문제에 관해 아무런 결정도 담고 있지 않다. 따라서 일본이 한국에 보상을 청구하는 행위가 금지된 것도 아니다. 하지만 '보상 청구를 금지하지 않았으니 일본의 자유다'라는 것은 일본 측에 보상 청구권—한국 측에 이에 대응하는 보상 지급 의무가 수반되는—이 있음을 뜻하지도 않는다. 군정부의 명령이 보상 문제를 언급하지 않았다는 것은 일본이 한국과의 교섭에서 보상 청구를 금지하지 않았다는 뜻도 있지만, 한국에 이 청구에 응해 보상하라고 명할 수 없다는 뜻이기도 하다. 따라서 일본 정부의 입장에서 보면, 보상 문제는 군정부 명령에서 규정하지 않았으니 평화조약 제4조 (b)항에 따라 제4조 (a)항의 특별 협의의 대상에서 제외된 문제에는 해당하지 않으므로 한일교섭의 의제 중 하나로 채택할 수 있다. 이는 평화조약을 위반하는 행위가 아니다. 그러나 한국이 일본의 보상 청구에 응하지 않는다면 어떻게 될까. 군정부 명령에서 한국의 보상 의무를 도출하지 않는다면 그 밖에 한국의 의무, 즉 일본의 권리를 뒷받침하는 법규는 어떤 것이 있을까.

만약 일반국제법에 "영토 양도의 경우에 양도되는 토지의 재산 소유권은 절대적으로 존중되어야 하며, 설사 A국과 B국 간에 X지역을 A에서 B로 양도하는 조약을 체결하는 동시에 이 지역 위에 있는 A국 및 그 국민의 재산을 전부 B국 정부에 이양한다고 규정하고, B국 정부가 그 취득 재산에 대해 A국에 보상을 지급하겠다는 규정을 두고 있지 않은 경우에도 B국은 A국에 보상을 지급할 의무가 있다"는 규칙이 있다면, 일본의 입장은 유리해질 것이다.

필자는 양도 지역 내에 있는 양도국 및 그 국민의 재산에 관한 일반국제법규에 대해 다소간 고찰해 보았다. 시간 관계상 이 글에서는 자세하게 쓰지 못하니 결론만 말하면 당면한 문제에 대해 일본에 유리한 법규는 발견할 수 없었다. 조약에 양도 지역 내에 있는 재산에 대해 어떠한 규정도 두지 않은 경우, 개인의 재산은 기득권 존중 원칙을 들어 다투는 것도 불가능하지 않다. 다만, 양도국의 국유재산 쪽은 이것도 별 소용이 없다. 어쨌든 이 원칙은 이를 주창하는 학자마저도 보충 법규, 즉 당사자 간의 조약에 규정이 없는 경우에 비로소 작용해야 할 일반국제법으로 주장하고 있고, 당사자 간의 조약에 양도 지역의 재산 처리에 관한 일정한 규정을 두고 있는 경우에도 우선적으로 적용해야 할 강행 법규로 설파하지 않았다. 일정한 규정이 있는 때는 할양 지역에 있는 재산의 운명은 오로지 조약의 의사 해석 문제로 취급해야 한다. 대한 일본 재산의 경우, 일본은 평화조약 제4조 (b)항을 통해 미군 정부의 처리를 인정했으므로, 위에서 언급한 "조약에 규정이 있는 경우"에 해당한다. 이 규정은 재한 일본 재산에 대한 일본 및 국민의 소유권을 박탈해 한국 정부에 인도한다고 정하고, 그 보상에 대해서는 침묵했다. 그리고 일본 정부는 평화조약 조인 당시 보상 권리를 유보하지 않았다. 그전 또는 그 후에 일본 정부가 한국 정부와 어떠한 교섭을 하고 있는지는 상관없다(irrelevant). 한국은 평화조약의 당사자가 아니므로 연합국에 분명히 유보해 둘 필요가 있던 셈이다. 일본이 유보를 선언하고, 연합국도 일본의 유보를 인정하고 평화조약에 조인했다면 그 후 일본의 보상 청구권을 지지할 수밖에 없었을 것이다. 이 유보를 하지 않았다면, 대일평화조약의 해석으로 일본에 보상 청구권—한국 측에 이에 대응하는 지지 의무가 수반되는—이 있다고 입증하기는 어려울 듯하다.

필자는 평화조약 제4조 (b)항과 같은 규정이 삽입된 것을 대단히 유감스럽게 생각한다. 전시에 적국 영토에 침입한 점령군은 한때의 감정이나 필요에 따라 어떠한 조치를 할지 알 수 없으나, 그러한 점령군의 조치를 모조리 일괄로 받아들이는 엉성한 규정을 둔다면, 되돌릴 수 없는 큰 손해를 입을 우려가 있다. 물론 일본은 당시 입장에서 미군 정부의 조치를 수용할 수밖에 없었을 것이고, 평화조약에 부속서를 붙이고 여기에 일본이 승인하는 미군 정부의 조치를 열거하고 이들 조치의 뜻과 범위를 명확히 규정하고 이 한도 내에서 군정부의 조치를 승인한다는 방법으로 합의해야 했다고 절절하게 느끼고 있다.

3. 평화조약 제4조 (b)항과 재남한 구 일본 재산의 관계
(1952년 2월 6일 외무성 원 해석에 의함)

1945년 12월 6일의 재조선미국육군사령부군정청 법령 제33호에 따라 미군에 접수되어 청산, 기타 처분된 뒤 한국에 인도된 일본 재산에 대해 우리나라(일본)는 여전히 법리상 소유권 또는 청구권을 가지며, 따라서 평화조약 제4조 (a)항(특별 협의)의 대상이 될 수 있다는 우리 측 견해에 한국은 이를 부정하는 논지를 제기하리라 생각한다.

이 문제는 한일청구권처리회담의 전제를 구성하는 것이다. 우리 측 견해가 다소 낙관적이어서 이대로는 이론적 보편성이 떨어진다고 생각한다. 우리 측 견해의 이론적 기초인 야마시타(山下) 나고야대학 교수의 견해와 관련해 외람되지만 약간의 의견을 더하겠다.

(1)

야마시타 교수는 "군정법령 제33호는 적산관리령과 다름없으며, 적산의 소유권은 적산관리인에 소유권이 변경(vest)되나, 적산 관리인은 '보통법상의 수탁자'로서 적산을 관리하는 자로, 적산이 매각되어도 매각대금의 최종 소유자는 여전히 적(일본) 국민이다. 평화조약 제4조 (b)항은 미군의 일본 자산 처분(예를 들어 경매) 효력을 일본이 인정한 것으로, 일본 자산에 관한 일본 국민의 청구권[예를 들어 매득금(賣得金)에 대한]을 포기한 것이 아니다"(법률시보)라는 취지의 주장을 한다.

이 주장을 약간 상세하게 수정하면 야마시타 교수의 논점은 우선 군정법령 제33호는 "적산관리령과 다름없다"라는 점을 전제로 달고

① 적산관리령(=군정법령 제33호)에 따른 소유변경(vesting)이란 최종 소유권의 이전을 뜻하지 않는다.

② 적산 관리인(=재한 미군)은 '보통법상의 수탁자'로서 적산을 관리하는 자로, 적인(일본)과 관리인은 각각 위탁자와 수탁자의 지위에 있다.

③ 신탁 재산은 수탁자 명의로 되어 있으나, 실질적으로는 위탁자(일본)의 재산이다. 위탁

자는 보상 또는 반환 청구권을 가진다.

라는 이론을 구성한 뒤, "한국에서 시행된 일본 재산의 소유변경(vesting)은 몰수가 아니며" 평화조약 제4조 (b)항의 규정에도 불구하고 "잔존 자산 또는 매각대금에 대한 일본 국민의 청구권 역시 제4조 (a)항(특별 협의)의 대상이 될 수 있다"고 결론 내렸다고 풀이해도 문제가 없을 것이다.

(2)

이 군정법령 제33호가 적산관리령이라는 전제는 야마시타 교수의 이론을 관통하는 것이다. 야마시타 교수는 "적산관리령"의 전형으로 미 적성국교역법(Trading with the Enemy Act)을 규명하고, 이 교역법이 적산의 몰수 법규가 아님을 입증함으로써 군정법령 제33호도 마찬가지로 일본 재산을 몰수하는 법령이 아니라고 추론했다.

다른 한편, 이 글은 야마시타 교수와 동일한 전제에 서면서도 적산관리령이 적산의 몰수 법규임을 입증하여 군정법령 제33호가 일본 재산을 몰수하는 것임을 추론하려는 시도다. 따라서 군정법령 제33호가 적산관리령이라는 전제를 무조건 수용하면서 야마시타 교수와 마찬가지로 미 적성국교역법에 따라 논의를 전개한다.

이는 혹여―불행히도― 이 글에 의해 야마시타 교수의 논점에 약간의 의문을 품게 된다면, 그 전제 자체를 재검토해서 필시 한국 측에서 제출할 터인 몰수론에 대항할 수 있는 이론을 재수립할 필요가 있음을 뜻한다.

(3)

우선 적산관리령(=군정법령 제33호)에 따른 소유변경령이 최종 소유권 이전을 뜻하지 않는다는 주장에는 승복할 수 없다. 그 이유는 다음과 같다.

① 첫째, 소유변경(vest)의 의미로

마스지마 로쿠이치로(增島六一郎)의 『영법사전(英法辭典)』은 'vested'를 "권리가 무조건적이면서도 절대적으로 어떤 사람에게 소유변경됐다는 뜻의 수식어"로, 또 발렌타인 법사전(Ballentine: Law Dictionary, 1933)에는 'vest'를 "to give an immediate fixed right of present or future enjoyment"로, 'vesting order'를 "An order or decree of o count of equity transferring to title to land"로 정의했다.

이에 따르면, 'vest'란 단어 자체는 단순히 관리권 또는 점유권의 부여 또는 이전만을 뜻한다고 볼 수 없고, 소유권, 점유권 등과 같은 전체의 물권을 포함하는 권원(title) 이전의 효력을 발생시킨다고 보는 편이 적절하다.

실제로 미 적성국교역법 제39조(1948년)는 "정부의 관청에 귀속되거나 양도된 일본 재산은 이전 소유자에게 반환되어야 한다(property of Japan vested in or transferred to any offices of the government shall be returned to former owners thereof)"라고 규정했다. 어구 자체만 볼 때 만약 관리권만 이전된다면 반환(return) 대신에 양도(release)를 쓰고 또 이전(former)이라는 수식어를 빼는 것이 적절하다.

영국 법에서도 신탁 그리고 유산관리의 경우에 'vest'라는 단어가 쓰이는데 [신탁 재산은 신탁 행위에 의해 수탁자에게 귀속되며, 또 피상속인의 유산법원의 명령에 따라 유산관리인(administrator)에게 소유권이 변경된다], 모두 원권리자에게 해당 권리의 보유를 인정하지 않았다(우리나라 법도 동일함. 예를 들어 신탁법 제1조 참조).

② 이어서 군정법령 제33호의 조문을 보면, 명백히 소유권 이전을 제시하는 대목을 찾을 수 있다.

모든 재산에 대한 권리는 조선군정청(미군정청)에 소유권이 변경되며, 이러한 모든 재산은 조선군정청이 소유한다[The title to all (property) is hereby vested in the Military Government of Korea …, and all such property is owned by the Military Government of Korea].

'be owned'라는 표현은 소유권의 소재를 제시하는 것으로, 관리권, 점유권 등을 제시하는 경우에는 'be maintained', 'be held' 등을 쓰는 것이 영법에서는 보편적이다. 하지만 이 법령뿐만 아니라 이후의 어떠한 문서에서도 '소유'된 재산이 원소유자에게 반환된다는 취지의 규정은 찾아볼 수 없다.

이상의 점에서 볼 때, 적산관리령(군정법령 제33호)의 소유권 변경 개념이 소유권의 최종 이전이 아닌 위탁 또는 실질적 관리권의 이전이라는 주장은 다소 무리가 있다.

(4)

다만, 위 반론은 논리가 지극히 단순하면서도 피상적이다. 야마시타 교수가 말한 최종 소유권 이전이라는 법적 소유권은 이전하되 자본의 소유권은 변함이 없다는 주장임에도 이를 간과했다는 비판에 직면할 수 있다. 하지만 이 주장도 승복하기 어렵다. 더 나아가 야마시타 교수의 두 번째 주장인 적산 관리인이 '보통법상의 수탁자'로서의 지위에 선다는 이론을 음미해 보아야 한다.

① 야마시타 교수가 언급한 '보통법상의 수탁자'라는 미 적성국교역법 제5조의 인용은 다소 단편적이며, 완전한 조문은 "The Alien Property Custodian shall be vested with all of the powers of a common-law trustee in respect of all property…"로, 이는 하등 관리인의 지위를 상정하지 않았다고 생각한다. 오히려 재산의 매각, 예금, 투자, 기타 보통법상의 수탁자가 행사할 수 있는 권한과 동일한 권한을 완전히 행사할 수 있다고 규정한 조문으로 보는 편이 타당하다. 그 권한은 교역법에 따라 부여된 대통령의 권한에 종속되며, 대통령을 대신해 행정 처분(임의에 따른 적산의 강제 접수, 청산)을 실행하는 것이며, 대통령과의 관계를 제외하고는 사법상이나 공법상이나 계약 개념이 끼어들 여지가 전혀 없다.

② 또한 1917년에 이 법이 입법될 당시, 사유재산 존중 원칙이 철저하게 지켜졌던 미국에서는 설사 이 법이 적산의 소유권 변경을 규정하는 것이라도 위 원칙과 헤이그육전규칙의 원칙을 깰 수 있다는 논쟁이 의회에서 벌어졌다. 이에 대해 정부 측은 적산 관리는 몰수(confiscation)가 아니라 도리어 적인에게서 수탁하는 신탁 관계와 유사하다는 취지로 답변했다.

이 의사록은 야마시타 교수의 이론에 많은 시사점을 주었다. 이 점은 제2차 세계대전 후 적성국교역법이 개정되면서 완전히 뒤집힌 게 아닐까. 이미 1942년경부터 적국인의 재산은 원소유자에게 반환하지 않고 몰수하자는 논의가 의회에서 전개됐다(외국인재산국 연보에 위 경위에 관한 기술이 실려 있는데, 현재 조사 중). 전후 제반 개정을 거치면서 특히 1948년 8월 8일의 개정은 위 교역법을 제39조[일부 앞서 게재, 일본인 및 독일인의 접수 재산은 전소유자에게 반환하지 않고 전시보상기금(War Claims Fund)]에 이관하여 합중국 시민인 전쟁피해자의 구제에 충당했다. 또한 이 조치에 대하여 and the United States shall not pay compensation for any such property or interest thereon(미국은 그러한 재산이나 이자에 대한 보상을 지불하지 않는다.)를 추가하여 의회에서의 논의를 법문화했다.

이는 제1차 세계대전 당시 먼저 연합국에서 확립됐으나[베르사유조약 제297조 (b)호 제2항 참조], 사실상 미국에서는 극히 관대하게 시행되던 적산 처리 방침을 엄격하게 개정했다.

또한 설사 신탁 관계와 유사한 경우에도 개정 이후의 이 법의 맥락에 따르면, 적국인은 위탁자도 수익자도 아니며, 위탁자는 미 합중국(대통령), 수익자도 미 합중국(따라서 군정법령 제33호의 경우 위탁자는 연합국총사령관, 수익자는 한국)으로 보는 편이 적절하다.

(5)

이미 적산 관리를 신탁 관계와 유사하다고 보는 것이 무리라면(설사 신탁 관계와 유사한 경우에도 적인을 위탁자로 보는 것이 무리라면), 미 적성국교역법 제39조의 취지에 비추어 적국이 보상이나 반환 청구권을 가진다고 보기는 어려우며, 도리어 몰수(공권력에 의해 무상으로 물건의 소유권을 박탈하는 행위)로 보는 편이 자연스럽다.

다만, 전항과 마찬가지로 전후 개정(1946년 3월 8일 및 같은 해 8월 8일)으로 미 적성국교역법에는 제2차 세계대전의 재산 피접수자에 대한 반환 규정이 마련됐다(제32조). 하지만 이는 재산을 접수당한 원소유자에게 사법상이나 공법상이나 당연한 청구권을 인정한 규정이라 볼 수 없다.

오히려 예외적으로 대통령에 대해 임의로 불공평(inequitably)하게 재산을 접수당한 자를 구제하거나, 특정인에게 합중국의 혜택을 줄 요량으로 접수 재산을 반환할 권한을 부여한 것에 불과하다(일본과 독일을 제외한 구 추축국 국민의 재산, 해외에 거주하는 미 시민 등의 재산이 반환됐다. The Property may return any property … vested in or transferred to the Alien Property Custodian, …, whenever the President … shall determine … 제32조 참조).

이 경우, 접수된 재산에 대한 청구권은 이미 잠재적으로도 존재하지 않으며, 대통령의 권리 설정의 형성 행위로 부여된 경우에 한해, 그 범위에서 발생했다고 풀이하는 편이 오히려 적절하지 않을까.

(6)

만약 이 추론에 큰 오류가 없다면, 군정법령 제33호를 적산관리령이라는 명제 위에 놓고 논의를 전개하는 것은 상당히 위험하다고 할 수 있다.

적산관리령 자체가 국제법 위반이라는 논의는 매우 강력하게 주장될 수 있지만, 이를 주장한들 실익이 없음은 평화조약[제14조 (2)]을 승인한 오늘날, 두말할 나위도 없다.

군정법령 제33호를 그 자체로 국제법상에서 검토하여 일종의 탈출구를 발견하는 것이 어쩌면 가능하지 않을까 생각한다.

4. 청구권 문제에 관한 일본 측 제안(기본 요강)

◎ 한일 양국 간에 약정되어야 할 재산 및 청구권의 처리에 관한 협정의 기본 요강(일본 측 제안)

(1952년 3월 6일)

(1)

① 일본국 및 대한민국은 각각의 국민(법인을 포함한다. 이하 같다)이 상대국의 영역에서 갖는 재산에 관한 권리(이익 및 그 과실을 포함한다. 이하 같다)와 상대국 및 그 국민에 대하여 정당하게 취득한 기타 권리를 상호 확인하며, 그 권리의 행사가 방해받는 때는 이를 회복하는 조치를 한다.

② 전항의 권리가 국가 또는 그 국민의 책임에 따라 침해받는 때에 그 국가 또는 국민은 각각 원상회복 또는 손해를 보상할 책임을 진다.

③ 제①항의 회복 조치 및 제②항의 원상회복 또는 손해 보상 방법 등은 당해 권리의 종류에 따라 따로 협의한다.

(2)

① 일본국 및 대한민국은 연합국 최고사령관 또는 재한 미군정부에 의하여 또는 그 지령에 따라 실행된 상대국 및 그 국민의 재산 처리 효력을 승인한다.

② 전항에서 승인한 효력의 범위는 따로 협의한다.

(3)

① 일본국은 일본국이 대한민국의 영역에서 공용(公用) 또는 공공용(公共用)으로 제공했던 국유재산을 대한민국이 정하는 바에 따라 양도한다.

② 일본국은 일본국이 대한민국의 영역에서 기업용으로 제공했던 국유재산을 조선사업공채법에 따라 발행된 공채 등 당해 영역의 이익을 위해 발행한 것의 미상환 잔고 등

에 상당하는 자금이 일본국에 인도된 경우에 한하여 대한민국에 양도한다.

③ 제①항의 공용 또는 공공용으로 제공했던 국유재산 및 제②항의 기업용으로 제공했던 국유재산의 범위와 전2항의 양도 방법은 따로 협의한다.

④ 일본국이 대한민국의 영역에서 갖는 재산으로 제①항과 제②에 언급한 것을 제외한 모든 재산과 일본국의 공공단체가 대한민국의 영역에서 갖는 모든 재산에 대해서는 전기(1)의 일본 국민의 재산 취급에 준하여 취급한다.

(4)

일본국 및 대한민국은 이 협정의 체결 시 전기 (1)부터 (3)을 모두 취급하며 더불어 전기 별도 협의 시에는 구체적인 이행이 상호 실효적이면서 형평성 있게 이뤄지도록 조치한다.

5. 청구권 문제에 관한 일본 측 제안의 설명 요지

(1)

이번 청구권 문제의 핵심은 일본이 평화조약에서 인정한 재한 미군정부와 그 지령에 따라 실행된 일본 재산의 처분 효력을 인정한다는 뜻 여하에 달려 있다.

청구권 문제에 대한 한국 주장의 근거는 재한 미군정부가 공포한 이른바 군정법령 제33호의 효과를 몰수와 다름없다고 해석하는 데 있다. 즉 한국은 1945년 12월 6일의 군정법령에 따라 미군정부가 일본 재산에 대한 절대적이고도 최종적 처분권을 가지며, 이는 사실상 몰수와 같다고 주장했다. 반면에 우리는 일본이 미군정부의 처분 효력을 인정[제4조 (b)항]하고는 있으나, 이는 점령군이 국제법상 적법하게 실행한 재산의 처분을 유효하다고 인정하고, 그 효력에 대해 다투지 않겠다는 뜻일 뿐, 국제법상 점령군이 인정하지 않은 처분은 합법으로 인정하지 않았다고 주장했다. 군정법령 제33호는 일본 재산이 군정부에 "귀속되어 소유된(vested in and owned by)"이라고 규정했으나, 이는 헤이그육전규칙 제46조의 "사유재산은 몰수할 수 없다"고 규정한 사유재산 몰수 금지 조항을 넘어서 유효하다는 뜻이 아니다. 미군정부는 적국 사유재산을 직접적이면서 포괄적으로 몰수할 수 없다. 점령군인 미군정부는 관리자의 입장에서 적국 사유재산을 처분할 수 있으나, 그 대가와 과실에 대해서는 당연히 정당한 소유자인 원권리자가 청구권을 가진다. 이 권리는 재산의 이전과 무관하게 존속한다. 이는 마치 각국의 적산관리법처럼 또는 민법의 신탁 개념처럼 원권리자로서의 권리가 여전히 존속한다고 생각해야 한다. 대륙법(大陸法)계의 법리론에서 보면 소유권 이전이라는 것은 원권리자에게 하등의 청구권을 부여하지 않는 최종 이전으로 생각된다. 그러나 관습법의 법리론은 소위 이중 소유권의 법리론으로, 귀속되어 소유된 때 법적 소유권은 상실하나, 정당한 소유권은 존속한다. 영미법에서는 이 신탁 개념과 기술이 갖가지 사례에 응용되고 있다.

헤이그육전규칙에 명기된 사유재산권 존중 원칙에 대해서는 제1차, 제2차 두 대전을 통틀어 점령국이 엄밀하게 준수하지는 않은 것 같다. 말하자면 전시점령에 관해 새로운 관례를 낳은 듯한 모양새를 띠고 있음에도 불구하고 피점령국의 사유재산을 점령국 또는 점령군이 직접적이고도 포괄적으로 몰수한 실례는 들어본 적이 없다. 마찬가지로 대일평화조약에서는 제14조, 제16조와 같이 연합국, 중립국, 추축국에 있는 일본의 자산 처분에 관해 규정했으나, 이는 일본이 연합국과 평화조약에 따라 처분을 합의한 때에 비로소 실현된다. 만약 일본이 이에 동의하지 않았다면, 미국은 국내법인 적산관리법에 따라 일본의 자산을 몰수했더라도 국제법상의 적국 사유재산 몰수 금지 원칙에 대항할 수 없을 것이다. 미국은 적국재산의 처리 문제에 있어 미국 국내법인 적산관리법이 아닌 평화조약의 규정에 따라서만 외국에 대항할 수 있다.

대일평화조약 제4조 (b)항은 미국의 점령하에 있던 한국 내 일본의 재산, 권리, 이익을 제14조와 같이 압류하고, 유치하고, 청산하고, 기타 일정한 방법으로 처분할 권리를 한국에 인정한 게 아니라, 재한 미군정부가 공포한 군 명령의 효력을 승인하고 있을 뿐이다. 여기서 말하는 효력이란 대일평화조약 제14조 (a)항의 2와 같은 효과가 아니라, 점령군 명령의 효력을 가리킬 뿐이며 몰수를 포함하지 않는다.

한국이 이 점을 올바르게 이해하지 않고 대일평화조약 제4조 (b)항은 제14조 (a)항의 2와 흡사하다고 주장하고, 더불어 그보다 더 강력한 효력을 가진다고 주장하는 것에는 절대로 찬성할 수 없다. 제4조 (a)항에서 당사국 간의 특별 협의의 대상으로 정한 것은 첫째, 제4조 (b)항의 처분 범주에 포함하지 않은 것이 혹시 있다면 그것이며, 둘째 제4조 (b)항의 군정부 명령이 아우르는 것이어도 그 재산 및 그 재산이 매각된 때는 그 대가 등의 반환, 기타 청구권이다. 그 최종 처리는 당사국 간, 당사자 간에 협정이 성립한 때 비로소 실행한다. 생각건대 사유재산 몰수 금지 원칙은 수많은 시련을 감내하고 국제관습의 한 원칙으로서 그 지위를 유지했다고 말할 수 있다. 그렇기에 1948년 12월 10일에 열린 제3회 유엔총회에서 채택된 세계인권선언은 제17조 제2항에 "누구나 자의적으로 자신의 재산을 빼앗기지 않는다"라고 규정하고 사유재산 존중 원칙을 확인했다. 대일평화조약도 사유재산 존중 원리를 당연한 전제로 내세웠다. 즉 대일평화조약은 전문에 "일본은 … 세계인권선언의 목표를 구현하기 위하여 애쓰며"라고 정했다. 그리고 사유재산권을 정면으로 부정하고 있는 규정은 어디에서도 찾아볼 수 없다.

다만, 대일평화조약 제14조 (a)의 2항과 제16조는 마치 이 원칙을 부정하고 있는 듯한 인상을 주기 쉽다. 또 실제로 이들 규정이 사유재산 존중 원칙을 경시했다는 비난도 피할 수 없다. 그럼에도 단지 그 이유만으로는 대일평화조약이 국제법상의 사유재산 존중 원칙을 부정했다고 생각하지 않는다.

요컨대 재산 및 청구권 문제에 관해 일본이 한국과 대일평화조약 제4조에 따른 특별 협의를 체결할 때는 재한 일본 재산에 대해 재조선미국육군사령부군정청 법령 제33호에 따라 설사 해당 일본 재산의 소유권이 미군정부로 이전됐다 해도, 그 소유권은 당연히 원권리자에게 반환해야 한다. 또 만약 미군정부가 해당 재산을 매각한 경우에는 원권리자에게 그 대가 등에 대한 청구권이 여전히 존재한다는 점을 인식해야 한다. 예를 들어 적산관리인은 적산의 소유권을 가지며 그 경우 주식 등의 명의는 관리인으로 변경될지 모르나, 그럼에도 원권리자의 주주권은 최종적으로 소멸하지 않는다. 그리고 최종적 해결이야말로 전후 조약의 대상이 된다. 대일평화조약 제4조 첫머리의 문언을 보더라도 이는 명백하다.

한국과 일본 간의 재산 및 청구권 처리는 상호적이며 결코 일방적이지 않다. 다만, 제4조 (b)항의 규정에 따라 재한 미군정부의 처리 효력을 일본이 인정한다고 되어 있는 탓에 일본 측 본래 주장이 일정 정도 한정되고 있는 것에 불과하다.

이어서 재한 일본 재산은 실질적으로 미군정부에서 한국 정부로 이전됐으나, 해당 재산에 관한 미군정부의 권한이 전부 한국에 이양된 것은 아니며, 한국 정부는 단순히 이들 재산을 관리하는 위치에 있을 뿐이다. 교전국으로서 그리고 점령군으로서 미군이 보유했던 재산권을 미국이 교전국도 점령군도 아닌 제삼자에게 이양했다면 이는 명백히 국제법의 원칙을 무시한 처사가 아닐 수 없다.

결국 일본은 대일평화조약 제4조 (b)항에 따라 재한 미군정부가 실행한 재산 처분의 효력을 승인하고 있을 뿐으로 일본이 본디 가지고 있던 재한 재산에 대한 권리와 청구권을 포기한 게 아니다. 이들 권리와 청구권이야말로 일본이 평화조약 제4조에서 예상하고 있는 특별 협의의 대상이며, 특별 협의에서 이를 포기하는 것은 별개의 문제다. 그러나 적어도 일본이 재한 재산을 포기하지 않는 한 이들 재산에 대한 권리 또는 청구권은 당연히 존속한다.

(2)

일본의 대안은 사유재산권에 대해 앞에서 서술한 근본이념 위에 구성됐다. 다시 말해 (1)항에서는 재한 일본 재산, 권리, 이익을 확인하며, 동시에 우리 측도 한국 측의 재일 재산, 권리, 이익을 확인한다는 것이다. 즉 군정법령의 효력은 인정하되, 그것은 어디까지나 정당한 소유자가 갖는 원소유권까지 포기한 것은 아니라는 취지에 입각한 것임은 두말할 나위도 없다. 또한 한국전쟁과 그 밖의 이유로 현지에 있는 일본 재산이 훼손, 멸실됐을 것으로 예상하는데 그 책임도 규정하는 것이다. 이들의 원상회복, 손해 배상, 권리 행사를 실현하는 조치의 이행을 요구하고, 그 구체적인 사항은 따로 협의한다.

(2)항은 대일평화조약 제4조 (b)항의 취지와 함께 일본에 관해서는 연합군 최고 사령관의 지령에 따라 이행한 제반 조치(예를 들어 재외회사령, 폐쇄기관령, 자작농창설특별조치법의 조치 등)의 효과를 승인하는 것이다.

(3)항은 한국의 독립에 수반해 승계될 국유재산에 관한 규정이다. 국유재산에서 공용으로 제공된 것은 따로 약정을 체결하고 그에 따라 한국에 양도한다는 취지다. 국유재산에서 기업용으로 쓰인 것은 조선사업공채법, 미곡생산재원확보에 관한 법률 등에 따라 발행된 공채의 미상환 잔고 등에 상당하는 자금을 일본에 인도하는 경우에 한해 양도하겠다는 취지이며, 그 밖의 재산은 사유재산과 동일한 원칙에 따라 처리한다는 취지다.

(4)항은 이상의 제(1)항, 제(2)항, 제(3)항을 하나로 취급해야 한다는 점을 확인하고 더불어 (1)항과 (3)항의 구체적인 이행이 실효적이면서 형평성 있게 이루어지도록 확보한다는 취지다.

6. 기본 요강에 대한 대장성 의견

◎ 한일 양국 간에 약정되어야 할 재산 및 청구권 처리에 따른 협정의 기본 요강(일본 측 제안)에 대한 약간의 해석

1952년 4월 15일 대장성

(1)

일본이 제안한 기본 요강을 확인하는 행위에 대해 경제적으로 일본의 식민적 지배의 부활을 인정하는 것과 다름없다는 한국의 주장은 기본 요강의 이행에 관한 일본의 견해에 대한 이해 부족에서 나온 것이라고 생각하므로, 약간의 해석을 덧붙이고자 한다.

(2)

(가) 한일 양국 간에 영구한 우호 관계를 확립하려면 우선 출범 시 합리적인 기본 관계에서 출발해야만 한다.

(나) 사유재산권의 존중은 매우 중요하다. 또 국제법의 원칙으로도 확립된 이념으로, 조약, 협정 등의 일방적 해석 혹은 기성사실 등을 이유로 이를 무시하는 것은 허용하지 않는다.

(다) 기본 요강 1의 (1)은 원칙의 확인을 요구한 것으로, 당연한 도리라 말할 수 있으며 절대로 양보할 수 없는 일본 국민의 요청이다.

(3)

위 원칙이 확인된 경우에도 일본 정부는 사실 문제로 사유재산권의 확인 또는 회복과 관련해 다음과 같은 제약 또는 양보의 여지가 있다고 생각한다.

(가) 사실상의 제약으로는

(나) 남한에 소재하는 재산에 대해 구체적 이행 세목을 협의할 경우 상호 형평성 있게 이행함을 조건으로 다음 정도는 양보할 용의가 있다.

① 부동산 특히 가옥, 공장 등은 한국에 귀책 사유가 없는 한국전쟁, 기타 이유로 인해 상당 부분이 손괴됐을 것이다. 이 경우에는 원상회복 또는 손해 배상을 요구할 생각이 없다.

② 한국에서 재한 미군정부 또는 그 지령에 따라 실행된 조치는 종전에 수반한 특수 사정을 감안해 또 한국의 경제 질서를 유지하기 위해 효과 자체를 뒤엎는 행위는 가능하면 피할 생각이다.

③ 부동산 중 토지, 특히 농지는 한국 정부에서 농지개혁 등 농민을 보호할 요량으로 취한 제반 시책을 흔쾌히 인정할 생각이다. 따라서 이 경우, 일본 측 지주 등의 권리 확인 또는 회복은 현실적으로 해당 농지의 수용 대가를 필요로 하는 데 그친다.

또 수용 대가는 합리적이면 충분하다고 생각하며, 무조건 재취득 가액을 요구할 생각은 없다.

④ 광업권, 어업권 등도 ③에 준해 독립 국가로서의 입장에서 국제 관습에 따라 이루어진 한국 국민의 이익 보호의 입법을 인정할 용의가 있다.

⑤ 재외회사의 주식은 이들 주식이 기간산업을 영위하는 회사의 주식인 경우 등 개별 사례에 따라 민족 자본의 육성이라는 시점에서 한국 국민에 해당 회사의 과반수 주식을 양도하는 것이라면 교섭에 응할 용의가 있다. 또한 이때 해당 회사의 재일 재산 처리는 요강 2의 (1)과 요강 4의 취지를 철저하게 관철해야 한다.

⑥ 예금, 기타 금전, 채권은 인플레이션의 결과 채무자의 부담이 극히 경미해졌다고 생각한다.

또 한국전쟁, 기타 이유로 인해 채무자를 확인할 수 없는 사례도 많으나, 이는 모두 사적 청구에 속한다.

(4)

청구권 결제는 현실적으로 능력 등을 고려해 시기 방법 등을 호의적으로 협의할 용의가 있다.

(5)

이로써 기본 요강 1의 (1)의 확인은 한국에서 일본의 경제적 지배의 부활을 확인하는 것과 다를 바 없다는 한국 측의 우려는 해소되리라 확신한다.

7. 구보타 발언의 개요

(1) 1953년(昭和 28) 10월 6일부터 열린 제3차 한일회담에서 한국은 일본에 대해 배상 청구권이 있다는 극단적인 주장을 펼쳤다. 이에 대해 구보타 대표는 비공식 사견이라는 전제를 단 뒤, 이러한 논의가 향후 진행에 건설적이지 않다고 양해를 구하면서 한국 측에는 배상 청구권이 없으며 한국 측이 36년간의 손해를 언급한다면 우리 측은 일본이 한국 경제력을 키운 사실을 지적할 수밖에 없으며, 일본의 조선 통치는 꼭 부정적인 면만 있지 않고 긍정적인 면도 있었다고 설명했다.

(2) 그 후 20일에 개최된 본회의에서 한국 측은 구보타 대표의 마지막 발언을 왜곡하고 이를 파괴적이라 단정 짓고 우리 측의 해명을 거세게 요구했다. 한국 측이 의사록에 명기된 것이라며 구보타 대표의 발언이라 칭한 것은 다음의 다섯 항목이다.

① 조선의 독립이 대일평화조약 성립 전에 실현된 것은 국제법 위반이다.

② 재조선 일본인을 연합국이 인양한 것은 국제법 위반이다.

③ 재조선 미군정부의 일본 재산 처분 및 이에 관한 미 국무부의 견해는 국제법 위반이다.

④ 카이로선언의 "조선 인민의 노예 상태 운운"이라는 문구는 연합국의 전시 중 흥분 상태에 유래한 것이다.

⑤ 일본의 조선에 대한 36년간 지배는 조선에 유익한 것이었다.

(3) 우리는 이에 대해 한국의 오해임을 구체적으로 설명하는 동시에 앞뒤 문맥을 따지지 않고 발언의 일부만 따와 문제 삼는 것은 오해를 살 우려가 있으며, 이러한 비건설적인 논쟁을 되풀이하지 말고 실질적인 문제로 회의를 진행하자고 타일렀다. 그럼에도 한국은 납득하지 못하고 우리 측 발언 전부를 철회하라고 요구했다. 철회를 거부하자마자 한국은 우리가 발언 철회에 응하지 않는 한 더는 상대할 이유가 없다며 자리를 떴기 때문에 회의는 결국 결렬됐다.

(4) 그 후 한국은 한일회담 재개를 위한 조건으로 구보타 발언의 철회를 요구했고, 우리는 이 발언이 한일회담 재개의 걸림돌이 되고 있다면 이를 철회할 뜻이 있다는 방침을 결정하기에 이른다.

8. 소위 한국의 막대한 청구권에 대하여

한일회담 시작 전에 전해진 한국의 막대한 청구권은 다음과 같은 것이었다.

(1) 1948년 9월 관리국 조사에 따른 「조선의 대일 배상 요구액」
(1948년 8월 27일 조선정보)

(가) 조선의 대일 배상 요구액은 1945년 8월 9일 현재 가액으로 약 480억 엔에 달할 것으로 시산되고 있다(종전 당시 환율을 15엔=1달러로 잡으면, 지금의 일본엔으로 환산해 무려 1조 470억 엔에 달한다). 이 배상액 수치는 남조선과도정부(신정부 수립 전)의 심사위원회와 각 부처장, 미국인 고문이 긴밀히 연락하면서 조사한 것으로, 완성된 이후 이 조서(調書)는 얼마 전 신정부로 이관됐다.

(나) 480억 엔의 내역은 다음과 같다.

노동부	1,256백만 엔
◎ 일본인과 조선인 간의 차금 잔고	
인사행정처	506백만 엔
◎ 조선총독부 조선인 관리의 은급	55,378명분
운수부	5,843백만 엔
◎ 경리, 자재, 공제조합비 및 기타	
문교부	1,661백만 엔
◎ 동산 및 부동산	
토목부	47백만 엔
◎ 그중 기채 미상환액 16백만 엔	
사법부	18백만 엔

◎ 각 형무소 보유 자재 관계

상무부 2,220백만 엔

◎ 대일 수출 금광, 철광, 석탄, 구리광 기타

체신부 2,348백만 엔

◎ 예탁금, 자본금 미결제액

농무부 2,650백만 엔

◎ 수산, 토지개량, 축산, 면화, 송근유(松根油) 공출 기타

보건후생부 5,479백만 엔

◎ 피동원 노무자 미불금

재무부 25,614백만 엔

◎ 그중 대일본인 대출금, 국채, 은행 접수 관계, 일본 정부소액지폐, 일본계 지폐 등 1945년 8월 15일 이후의 대일본인 미상환 대부 53백만 엔

총액 47,811백만 엔

(2) 1950년 1월 25일 워싱턴 AP통신 「한국금융기관이 작성에 관여한 한일 양국의 상호 요구 일람표」

◎ 한국의 대일 요구

A. 일본 대장성 당좌에 이월된 실제 자금

① 1937~1944년 한국 예산에서 일본 군비로 이월된 현금 지출액 1,600백만 엔

② 1908~1944년 한국의 우편저금에서 발생한 정기 수입 중 일본 대장성에 이월된 분 1,466백만 엔

③ 생명보험료 중 일본 대장성 이월분 70백만 엔

④ 간이생명보험료 중 일본 대장성 이월분 13백만 엔

B. 통상 관계에 기인한 일본의 채무

① 1945년 8월 1일 현재 일본은행의 조선은행에 대한 채무	8,500백만 엔
② 금은괴	1,500백만 엔
③ 조선은행 외 한국 내 각 은행에 대한 채무	3,000백만 엔
④ 우편취급금	400백만 엔
⑤ 우편저금	800백만 엔

C. 한국 내 한국인의 대일 투자

① 한국인 소유 일본국채 및 사채	800백만 엔
② 한국은행의 일본은행권 통화	1,000백만 엔

D. 조선은행 소유 기타 채권

① 일본국채	5,800백만 엔
② 일본사채	500백만 엔
③ 증권	4,400백만 엔

E. 기타

① 한국인의 일본 점령하 만주, 중국 및 남양제도에 대한 투자	10,000백만 엔
② 재일 한국인의 대일 투자	10,000백만 엔

F. 검토해야 할 사항

① 한일합병 당시 압수된 구 한국정부 소유 해외 자산

② 반일운동 혐의로 압수된 한국인의 사재

③ 일본이 압수한 보물 및 골동품

합계(한국의 대일 요구액)	49,848백만 엔

◎ 이에 반해 일본의 대한요구액이라 칭하고 있는 금액은	8,890백만 엔

(3) C.P.C(Civil Property Custodian)에서 확보한 자료에 따른 「한국 정부 및 한국인이 조선 미군정부에 제출한 기타 청구권」

A. 일본 정부에 대한 한국 정부의 요구

① 조선에서의 일본인 조선인 관공리 및 기타 사용인에 대한 급료 선급금, 상여금 수당, 기타 급여의 부당 지급에 관한 조선 정부의 배상 요구

불법 지급은 대체로 일본 정부의 명령 혹은 일본 정부의 지시에 따라 행동하는 조선 사용자가 수행했다.

② 조선에서 이루어진 일본 정부 고용인의 정부 자금 및 정부 관리하에 있는 회사자금의 사소(私消) 및 부당 지급에 관한 한국 정부의 배상 요구

③ 일본에 보류된 전 조선총독의 정치적 하부 조직 또는 대행기관의 자금에 관한 조선 정부의 배상 요구

④ 조선에 주둔한 일본군이 불법으로 자행한 행위에 따른 일본 정부에 대한 배상 요구

⑤ 일본군에 참가해 종군 중 전사 또는 부상한 조선인 병사의 가족에 대한 배상 요구

B. 일본 정부에 대한 한국인의 배상 요구

① 일본 정부 또는 하부 관청 또는 그 관계자에 대한 계약 파기에 말미암은 배상 요구

② 조선 및 기타 지역에서 일본인 또는 일본 정부가 사용하여 발생한 연금, 퇴직금, 폐결핵 환자 수당 기타 지급금에 대한 조선인(전 관공리 및 일본인 고용주가 조선에서 고용한 조선인 피사용자)의 배상 요구

③ 일본 정부 또는 그 하부 관청의 사용인이 자행한 불법 행위에 따른 일본 정부에 대한 조선인의 배상 요구

④ 일본의 우편저금에서 발생하는 조선인의 배상 요구

⑤ 일본의 조선병합 중 조선에서 자행된 경찰 당국의 부당한 행위에 대한 조선인의 요구

⑥ 불공평한 형법 또는 사상단속규칙이라는 폭거로 인해 유죄 선고를 받아 몰수된 재산에 근거한 조선인의 배상 요구

⑦ 일본 정부와 일본 정부의 법규에 따라 행동하는 일본인이나 조선 내 일본 관헌이 승인해 조선인의 재산을 취하거나 징발하여 발생한 조선인의 배상 요구

협박이나 편파적인 방법으로 일본인에게 매도한 조선인의 재산에 관한 조선인의 배상 요구

⑧ 일본 정부가 조선에서 토지수용법을 시행해 몰수한 것에 대한 조선인의 배상 요구

⑨ 징용된 조선 노무자의 배상 요구

C. 일본인에 대한 한국인의 배상 요구

① 이전 조선에 거주했던 일본인의 불법 행위에 기인한 배상 요구

② 지대소작료에 관한 조선인의 배상 요구

③ 일본인 및 일본 상사에 대한 계약 파기에 기인한 배상 요구

④ 일본 또는 조선 이외의 일본 점령지에서 체결된 계약 또는 불법 행위에서 발생한 계약 또는 불법 행위에 기인한 배상 요구

⑤ 조선 및 기타 지역에서 일본인이 사용하여 발생한 퇴직금, 기타 지급금에 대한 조선인 피사용자의 배상 요구

⑥ 부동산 및 동산의 소유권 및 등기에 관해 일본 법률의 제한 탓에 표면적으로 일본인 명의가 되어 있는 재산의 등기에 기인하는 조선인의 배상 요구

⑦ 일본인과 결혼한 조선인의 요구

⑧ 특허권, 판권에 관한 조선인의 배상 요구

D. 기타

① 일본의 보험회사에 대한 보험증권상의 약관에 따른 조선인의 배상 요구

② 공사채, 주식 기타 증권의 소유에 관한 조선인 및 조선 정부의 요구

③ 일본 내에서의 은행 계정에 관한 조선인의 배상 요구

④ 일본 회사와의 계정 및 공동 계산에 관한 조선 회사의 배상 요구

⑤ 약탈 또는 파괴된 미술품 및 문예품의 반환 또는 변제에 관한 조선인의 요구.

⑥ 호조(互助) 공영(共榮) 및 그와 유사한 조직의 회원 자격에서 발생하는 조선인의 요구

⑦ 전쟁 피해에 대한 조선인의 배상 요구

⑧ 일본에서의 토지 소유에 따른 조선인의 요구

⑨ 일본에서 조선으로의 귀국 시 재산 제한에 말미암은 조선인의 요구

⑩ 조선에서 일본으로 송환된 일본인에 대한 소송 관련 조선인의 요구

⑪ 재판에 기인하는 일본인에 대한 조선인의 요구

(4) 1949년 1월 1일 신세계신문 「이승만 대통령 언명」

한국은 일제가 과거 40년간의 통치 중 조선에서 약취한 모든 것의 반환을 요구한다. 적어도 이 요구 중 하나는 350년 전까지 소급하여 쓰시마의 반환을 요구한다. 쓰시마는 일본 도요토미 히데요시의 조선 침략 당시 빼앗겼다.

(5) 배상 요구의 근거(조선은행월보 1947년 7월호)

① 조선 경제를 재건하려면 외국 자재의 주입이 필요하다. 수입 자금의 조달 방법은 대일 배상 혹은 대미 차관 외에는 없다. 대일 배상 요구는 조선 재건을 위해 필수 불가결하다.

② 대일 배상의 정당성은 제2차 세계대전의 궁극적인 목표가 국제법의 옹호였다는 취지에서 도출된다. 조선은 1894년의 청일전쟁 때부터 일본의 국제법 유린으로 인해 막대한 손해를 입었다. 따라서 당연히 배상 요구의 청구권이 있다.

③ 이 청구권의 근거는 다음과 같다.

가. 포츠담선언 "일본이 폭력 또는 탐욕으로 도취(盜取) 또는 약취한 재산 모두를 원상회복할 것"

나. 항복 후의 대일기본정책 제4부 4항(배상 및 반환)

다. 1945년 12월 6일 (나)와 같은 취지의 폴리(Edwin W. Pauley) 배상 사절 성명

라. 1947년 8월 29일 캔버라(Canberra)에서 개최된 영국 제국의 대일강화예비회담의 결의 사항 "일본이 점령한 지역에서 약탈한 재산 모두를 그 정당한 소유자에게 반환하도록 강제할 것"

침략, 수탈, 강압 또는 협박으로 인해 피해를 입은 조선 및 조선인의 대일 채권이나 원상회복 청구 및 일반 손해 배상 청구권은 위와 같이 확고한 국제적 보증을 받고 있다.

④ 조선의 배상 청구에서 특이한 사항은 전승국의 패전국에 대한 전비 배상 개념이 아닌 기성 채권이나 수탈물의 반환으로 형성되어 있다는 점이다.

이러한 특이성 때문에 대이탈리아강화조약의 배상 조항이나 대일 배상 청구와 관련해 여겨지고 있는 생산물 반복 배상 및 금전 배상의 불채용 원칙 제약이 적용될 수 없다.

9. 재한 재산 상황에 관한 일본 측 조회

◎ 조회 사항(일본 측)

1953년 5월 28일

제1 미 점령군 주둔 후 일본 및 일본인의 재산 상황

1. 일본인이 소유하거나 지배한 기업 또는 사업은 어떻게 관리됐는가.

A. 한국에 본점 또는 주된 사무소를 둔 것

(1) 관리 방법-관리인을 임명해 관리했나, 아니면 법인의 경우에는 일본인 소유 주식, 출자, 지분 등을 매각해 새로운 권리관계에 근거해 임원을 새로 뽑아 운영하는 방법을 도입했는가.

(2) 그들 법인격은 그대로 이어졌는가, 아니면 일단 청산한 뒤에 새로운 법인으로 개조했는가. 이 경우 그 자산 및 부채는 어떻게 처리됐나.

(3) 임원이나 종업원에 대한 미지급 급여 또는 미지급 퇴직금 등은 어떻게 처리했는가.

B. 기업 또는 사업으로 그 본점이 일본에 있는 것은 어떻게 관리됐는가.

C. 기업 또는 사업의 재산으로 미 점령지역 밖에 소재한 것은 어떻게 정리됐는가.

2. 일본인(일본인이 주된 지분을 보유한 법인을 포함한다)이 소유했던 아래 재산은 어떻게 관리됐는가 (다만, 1.에서 설명한 것은 제외한다).

① 토지, 건물 기타 공작물

② 선박

③ 주식, 출자, 지분, 사채 등

④ 일본은행권, 조선은행권, 대만은행권 등의 통화

⑤ 예금 또는 대부금 등의 채권

⑥ 광업권, 어업권 등의 권리

⑦ 특허권, 저작권, 상표권, 실용신안권 등의 무체재산권

⑧ 차입금 등의 채무

3. 조선총독부(그 하부 기구를 포함한다)의 대부금, 출자금 등의 채권은 어떻게 됐는가.

4. 국유재산 중 철도, 항만, 통신설비 등의 기업용 재산은 어떻게 관리되고 있는가.

제2 위 제1에서 언급한 각 항의 재산 등은 미 점령군에서 한국 정부로 어떻게 인계됐는가.

제3 한국은 그 후 이들 재산 등에 대해 어떠한 조치를 했는가.

제4 이들 재산은 1950년 6월 이후의 한국전쟁으로 인해 어떠한 영향을 받았는가.

제5 이들 재산은 현재 어떻게 됐는가.

제6 이상 각 항에 대한 관계 법령 및 관계 계수.

3. 미국 해석에 대하여

1) 미국 해석의 발표 경위

(1) 한일회담에서는 한일 양국 사이에 군정법령 제33호의 해석 차이로 인해 일본 측의 대한청구권 유무를 둘러싼 논쟁이 발생했고, 이는 수차례에 걸친 회담 중단을 초래하는 큰 요인이 됐다(2. '일본 측 청구권 문제의 경위'를 참조할 것).

(2) 그 사이 1952년 4월, 미 국무부는 주미한국대사에게 서한을 보내 한국 측에 유리한 해석을 제시했다. 하지만 1957년에 억류자의 상호 석방 및 한일회담 재개 조건으로서 미 정부의 견해를 기초로 일본 측이 대한청구권 주장을 철회하기로 정하고, 1952년 4월의 서한과는 별도로 새로운 노트의 발표를 요구하기에 이른다.

그에 1957년 12월 31일에 「평화조약 제4조의 해석에 관한 미국 정부의 견해를 전한 주일 미 대사의 구상서」(미국 해석)가 일본에 전달됐다.

(3) 일본은 같은 날 이 미국 해석을 기초로 '재한 재산에 대한 청구권 주장의 철회'를 골자로 한 구상서를 한국에 전달하고, 양국 간 절충을 타결했다(한국도 미국 해석과 의견이 같다고 표명했다).

(주) 억류자 상호 석방 및 전면 회담 재개에 관한 교섭 타결 결과, 1957년 12월 31일에 한일 양국 정부 간에 서명 또는 교환된 문서는 다음과 같다(뒤에 게재하는 참고자료를 참조할 것).

① 일본국에 수용 중인 한인 및 한국에 수용 중인 일본인 어부에 대한 일본국 정부와 대한민국 간 양해각서

② 부속양해

③ 일본국과 대한민국 간의 전면 회담 재개에 관한 각서

④ 합의의사록

⑤ 외무성이 한국 대표부에 구보타 발언을 철회하고 '미국 해석'을 기초로 재한 일본 재산에 대한 청구권 주장을 철회한다고 보낸 구상서
⑥ 한국 대표부가 ⑤의 수령을 확인했다고 외무성에 보낸 구상서

(4) 미국 해석의 공표

당초 이 해석은 공표하지 않았으나, 이후 꽤 시일도 지났고 정세도 변했다는 이유로 1961년 3월 9일에 공개했다.

2) 미국 해석의 구성과 효과

미국 해석의 내용은 다음과 같다.

① 재한 미군정부의 지령(군정법령 제33호) 및 평화조약 제4조 (b)항에 따라 재한 재산에 대한 일본의 청구권은 소멸한다.

② 하지만 이 사실은 특별 협의를 고려할 때 "관련이 있다(relevant)". 즉 재한 일본 재산을 한국 정부가 인수함에 따라 어느 수준까지 한국 측의 대일청구권이 소멸하거나 소멸했다고 인정할 것인가의 결정을 특별 협의는 포함한다.

(법률적으로 해석하면, '미국 해석' 중 이 부분은 법률적 상계론을 부정하는 대목이라고 생각할 수밖에 없으나, 실제 교섭에서는 미군정부에 귀속되어 한국 측의 청구권이 만족됐다고 강조하고, 실질적으로 상계 목적에 이용하는 방침을 채용하게 될 것이다. 구체적으로는 한국 측이 제시한 대일청구 8개 항목 중 한국 측에 청구권이 있다고 인정되는 것도 이 사실로 인해 일정 수준 소멸한다. 따라서 회담에서는 그 수준의 결정도 당연히 협의 대상이 될 것이다.)

3) 미국 해석의 내용 분석
(1961년 3월 외무성 아시아국 「질의응답집」에서 발췌)

(1) '재한국 합중국 군정부의 관련 지령 및 조치'에 대하여

(가) 여기서 직접 관련이 있는 것은 재한 일본 재산을 최종 처분했다고 풀이되는 군정법령 제33호(1945년 12월 6일 공포)로, 해당 일본 재산에 대한 권리, 권한 및 이익은 이 군정법령에 따라 원소유자에게서 박탈됐다(divested).

(나) 이 재산 처분과 관련이 있는 것으로는 군정법령 제33호에 앞서 시행된 대외금융거래금지조치(태평양미국육군총사령부 포고 제3호, 1945년 9월 7일)와 재한일본재산동결조치(재조선미국육군사령부군정청 법령 제2호, 1945년 9월 25일)가 있다.

(다) 또 대한민국의 성립에 수반해 미 합중국 정부와 대한민국 정부 간에 체결된 「재정 및 재산에 관한 최초협정(1948년 9월 11일)」에 따라 미군정부가 대한민국 정부에 시행한 이들 귀속 재산의 실질적인 인도 조치도 여기서 말하는 '조치'에 포함한다고 풀이된다.

(주) 정법령 제33호에 따라 해당 재산의 소유권을 취득한 후 미군정부는 그 일부를 매각하거나 기타 처분 조치도 하고 있는 듯하며, 이에 따른 수득금(收得金)은 한미협정에 따라 대한민국에 인도됐다.

(2) "모든 권리, 권원 및 이익이 박탈된다(have been divested)"의 뜻

군정법령 제33호에 따른 소유권 변경(vesting)은 그 자체로 당연히 소유권 이전 효과를 가지며 이에 더해 압류나 기타 방법을 이용한 실질적인 점유 조치 없이 해당 재산의 권리, 권원 및 이익을 원소유자에게서 빼앗는다는 것을 뜻한다고 해석한다. 또 이 처분은 최종 처분으로, 우리나라가 평화조약 제4조 (b)항에 따라 이 효력을 인정한 결과, 이들 재산에 대해 어떠한 청구권도 없음은 명백하다고 여겨지고 있다.

(3) 소위 관련 조항, 즉 "협정을 고려할 때 '관련이 있다' "의 뜻에 대해 ("상계"를 뜻하는지 여부)

본래 한일청구권교섭에서 일본 측 청구권의 대부분을 점하는 재한 일본 자산이 모두 군정법령 제33호와 한미협정의 결과 이미 한국 측으로 인도된 만큼, 그 사실은 청구권을 구체적으로 고려할 때에 관련이 있음을 생각해야 한다.

법률적으로 해석할 때 미국 해석 중 이 부분은 법률적 상계론을 부정하는 대목이라고 생각할 수밖에 없으나, 실제 교섭에서는 미군정부에 귀속됨에 따라 한국 측의 청구권이 만족됐다고 강조하고, 실질적으로 상계 목적에 이용하는 방침을 채용하게 될 것이다.

(주) 이 점과 관련해 한국 측은 정면으로 반대 의견을 표명하고 8개 항목의 대일청구권을 제시하기 전에 배상적 성격을 지닌 막대한 대일청구(소위 말하는 배상은 아니나, 카이로선언, 포츠담선언 등의 정신에서 파생된 청구권으로, 노예 상태에서 해방되어 독립한 한국이 일본에 청구하는 것)를 요구했는데, 일본이 평화조약 제4조 (b)항에 따라 대한청구권을 포기하면서 한국은 막대한 대일청구권을 관련 조항에 따라 고려한 뒤 8개 항목의 대일 요구로 좁혀 제시했다. 그래서 이미 고려가 끝난 8개 항목을 추가로 "줄이는" 것은 불가능하다고 주장했다(2의 참고자료 8 '소위 말하는 한국의 막대한 청구권'을 참조할 것).

(4) "일본국의 보상 청구권은 해당 사정하에서 소속변경명령, 이전협정 및 평화조약 제4조 (b)항의 문언, 이유 및 의도와 양립하지 않는다"의 의미

이 표현은 여기서 언급된 각 문서의 관계 규정의 표현, 그 배후에 있는 기본 논리 및 이러한 규정을 설정한 당사자의 의도를 종합적으로 고찰할 때, 보상 청구권도 존재하지 않는다고 해석하는 편이 정당하다는 뜻이다.

구체적으로는 다음의 점과 특히 관련이 있는 듯하다.

(가) 문언

군정법령 제33호에 따라 재한 일본 재산은 "재한 미군정부에 소유권 변경(vested in)되어 소유(owned by)된" 후 한미협정에 따라 "대한민국 정부로 이전(transfer)"됐고 더불어 우리나라는 평화조약 제4조 (b)항에 따라 이 일련의 "처리 효력을 인정"했다.

(나) 이유 및 의도

(a) 군정법령 제33호의 공포 이유는 카이로, 포츠담 두 선언에 따라 조선을 일본에서 자유 독립시킨다는 연합국의 기본 정책 중 하나로, "일본과의 끈을 완전히 끊는 것"이었고, 신독립국가의 초석을 다지기 위해 한국 성립 시 이들 재산을 "한국 정부 당국에 위 재산을 완전히 지배(control)시킬" 의도로 한국 정부에 인도했다. 그리고

(b) 평화조약 제4조 (b)항이 제정된 것은 특히 조선에서 시행되는 이들 일련의 처리에 관해 일본의 명시적 승인을 확보하기 위해서였다고 생각된다.

(5) 조선이 독립하려면 조선에 있는 일본 재산을 전부 몰수해야만 한다는 것은 납득 가능한 설명인가.

〈국제법상의 선례를 검토〉

(가) 일반국제법에서는 원칙적으로 국가 분리에 따라 신국가 성립 시, 신국가의 관리 내에 있는 구 영유국민의 사유재산은 존중된다. 그러나 관계 조약에 특별한 규정을 두는 때는 해당 조약의 구체적 규정에 따라 처리된다. 재한 일본 재산 처리의 경우, 평화조약 제4조 (b)항에서 이 처리 효력을 인정하고 있는 만큼, 조약에 특별 협의를 둔 경우에 해당한다.

(나) 이 점과 관련된 선례로는

(a) 국가에서 구 영유국의 경제력을 배제하기 위한 '세력 박탈 청산'이 시행된 예[베르사유조약 제297조 (b) 제2항의 비독일화 청산], 연합국에 할양된 지역에 있는 구 영유국 국민 재산이 유치, 청산된 예[베르사유조약 제297조 (b)의 처리] 등이

과거에도 있었다.

(다만, 청산 잔고를 반환했다.)

(b) 또 제2차 세계대전 이후 이루어진 처리에서는 사유재산 존중 원칙이 엄격하게 지켜지지 않았다. 가령 분리 국가가 된 오스트리아에 있는 독일 재산은 점령 연합국(미국, 영국, 프랑스)에 의해 오스트리아로 이전됐다[오스트리아국가조약 제2특별 협의(11)].

(주) 이탈리아평화조약에서는 할양지에 있는 이탈리아 사유재산은 청산 대상에서 제외됐다(제14 부속서 제9조).

<비고> 관련 문제점

(1) 합의의사록 중 "재산 청구권의 상호 포기를 뜻하지 않는다"의 뜻

미국 해석을 제시한 구상서는 이들 자산의 처리가 양국 간의 청구권 처리를 위한 협정을 고려할 때 "관련이 있다"라고 밝혔다. "관련이 있다"는 표현은 양국이 가진 청구권 금액과 관계없이 이를 상호 포기해 0으로 만든다는 것을 뜻하지 않음을 이 합의의사록에서 확인하고 있는 셈이다.

따라서 청구권 처리 협정을 고려하면 재한 일본 재산을 처분했다는 사실을 반영해야 하며, 이로써 한국의 대일청구권은 상당 부분 만족되나, 한국 측 청구권이 소멸하는 것은 아니다.

(2) 일본 측 구상서 중 "1952년 3월 6일에 일본국과 대한민국 간 회담에서 일본 측 대표가 제기한 재한 재산에 대한 청구권 주장"의 뜻

1952년 3월 6일에 열린 제1차 한일회담 제5회 청구권위원회에서 일본 측 대표가 제기한 재한 일본 재산에 대한 청구권 주장의 요지는 다음과 같다.

◎ 일본은 평화조약 제4조 (b)항에서 국제법상 적법하다고 인정되는 재산 처분만을 인정했다. 국제법 특히 헤이그육전규칙 등에서 점령군에게 인정된 권한의 범위 내에 있는 재산의 처분만을 인정한 것이다. 다시 말해 점령군인 미군은 단순히 적산 관리자에 불과하며, 사유재산까지 직접적이고도 포괄적으로 몰수할 수 없는 것이다. 따라서 일본이 군정법령 제33호를 인정하고 있는 것은 미군의 적산 관리 처분 행위를 인정한 것일 뿐, 이들 재산이 매매 이전된 경우에 그 재산의 대가 또는 과실에 대해서는 원소유자인 일본인이 여전히 청구권을 갖는다. 따라서 우리 측의 재한 재산에 대한 청구권 또한 한일 간의 특별 협의의 대상이 될 수 있다.

(3) "일본 측은 청구권 '주장'을 철회했으며, 청구권 자체는 포기하지 않은 게 아니냐"는 질문에 대해

일본 측은 1957년 12월 31일의 구상서에서 1952년 3월 6일에 열린 회담에서 일본 측 대표가 제기한 재한 일본 재산에 대한 청구권 주장[위 (2)를 참조]을 1957년 12월 31일 자 미국의 평화조약 제4조에 관한 해석을 기초로 철회하겠다고 한국 측에 통고했다.

다시 말해 미국은 일본국과의 평화조약 제4조와 재한 합중국 군정부의 관련 지령 및 조치로 대한민국의 관할 내에 있는 재산에 대한 일본 및 일본 국민의 모든 권리, 권원 및 이익이 사라졌으므로, 일본은 이들 자산 또는 그 이익에 대한 유효한 청구권을 주장할 수 없다는 견해를 밝혔다. 일본 측이 미국의 해석을 기초로 청구권 주장을 철회한 것은 청구권 자체도 평화조약 제4조 (b)항과 재한 미군정부의 관련 지령 및 조치로 이미 소멸했다는 입장을 표명한 것이다.

4) 무상 공여 방식에 따른 청구권 문제 해결과의 관계

청구권 문제가 새로운 아이디어로 해결된 현재, '미국 해석'은 다음과 같이 설명된다.

(1) 평화조약 제4조의 해석에 관한 이른바 '미국 해석'에 대해 일본 측은 일본의 구 재한 재산에 대한 청구권은 존재하지 않으나, '미국 해석'에 뚜렷하게 명기되어 있듯이 재한 일본 재산이 처분됐다는 사실은 한국의 대일청구권을 처리할 때 고려되어야 하며, 구체적으로는 한국 측이 제시한 대일청구 8개 항목 중 한국 측에 청구권이 있다고 인정되는 것도 이 사실로 인해 일정 수준 소멸한다고 보이므로 회담에서는 그 수준의 결정도 당연히 협의 대상이 되리라고 생각하고 있었다.

이에 대해 한국 측은 대일평화조약 초안 발표 전에 한국 정부가 준비한 대일청구권 금액은 막대했으나, 평화조약 제4조 (b)항에 따라 일본이 재한 일본 재산에 대해 청구권을 주장하지 않겠다는 규정을 인정했기 때문에 이른바 배상에 해당하는 부분은 축소해 제시했고 이것이 바로 8개 항목이다. 따라서 '미국 해석'으로 인해 8개 항목의 청구권이 바뀔 일은 없다고 주장했다.

한국 측이 주장하는 이른바 8개 항목의 청구 내용도 법적 근거의 유무, 사실관계의 입증을 둘러싸고 한일 양국 간에 이견이 있는 데다 '미국 해석'에 대해서는 기본적으로 대립각을 세우고 있어 어느 쪽이든 '미국 해석'에 근거해 소멸할 한국 청구권의 한도를 구체적으로 결정하는 작업은 극히 난항을 거듭했다.

(2) 하지만 끝까지 이러한 한일 간의 대립을 방치하고 회담의 타결을 지연시키는 것은 대국적 견지에서 적절하지 않았다. 그래서 일본 정부가 각종 아이디어를 짜낸 끝에 일본이 한국에 무상·유상의 경제협력을 제공하고, 그에 뒤따르는 결과로 청구권 문제를 최종 해결했다고 한일 양국이 확인하는 방식으로 한국 측의 동의를 구했다.

(3) 이 방식을 채용하는 경우, 경제협력에 뒤따르는 결과로 모든 청구권 문제가 최종적으로 해결되므로, '미국 해석'을 적용한 결과 한국 측의 청구권이 어느 수준까지 소멸하는지의 한도에 관해 한일 간에 합의할 필요성도 사라진다.

5) 미국 해석에 관한 대국회 설명

(1) 미국 해석과 우리나라의 대한청구권 포기와의 관계

우리나라의 재한 재산에 대한 청구권은 '미국 해석'에 따라 포기한 게 아니며, 샌프란시스코 평화조약 제4조 (b)항에 따라 소멸한 것이다. 다시 말해 이 항에는 미군정부가 시행한 일본 재산에 대한 처리의 효력을 인정한다는 규정이 있다. 재조선 미군 사령관이 공포한 군정법령 제33호에 따르면 재한 일본 자산은 소속이 변경(vesting)되어 훗날 미군에서 한국으로 이양됐다. 이 일련의 처리의 효력을 인정한 결과, 우리나라는 이들 재산에 관해 권리를 주장할 수 있는 처지가 아니다. '미국 해석'은 이 점을 밝힌 것이다.

(2) '미국 해석'이 나오기 전까지 일본 측이 재한 재산에 대한 청구권을 주장한 이유

회담 초기에 일본이 재한 재산에 대한 청구권이 있다고 주장한 까닭은 한국이 막대한 청구권을 요구해 올 것을 고려해, 말하자면 교섭상의 기술(tactics)로 주장한 것이다. 그 후 교섭 진전에 수반해 정부는 평화조약의 해석으로서 이러한 해석은 부적절하며 '미국 해석'에 제시된 해석이 솔직한 해석이라고 판단하고, 1957년 12월 말에 재한 재산에 대한 청구권 주장을 철회했다.

정부는 처음부터 평화조약 제4조의 해석은 '미국 해석'이 제시한 해석이어야 한다고 생각했던 셈이다.

참고자료

1. 한일청구권 문제에 대해 미 국무장관이 주미한국대사에게 보낸 서한

1952년 4월 29일

존경하는 대사님,

1952년 3월 25일에 보내주신 서한은 잘 받아보았습니다. 이번 서한을 통해 대일강화조약 제4조의 효과와 한국 내 일본인 및 일본의 재산에 관한 미군정 지령에 대한 미국의 공식적 해석을 요청하셨습니다.

대일강화조약 제4조 (b)항 및 한국의 미군정이 내린 관련 지령 및 조치에 따라 대한민국 관할권 내에 위치한 재산에 대한 일본과 일본인들의 모든 권리, 소유권 및 이권이 박탈되었다는 것이 미국의 의견입니다.

따라서 미국의 의견은 일본이 이러한 재산이나 그에 따른 이익에 대하여 유효한 청구권을 주장할 수 없으나, 조약 제4조 (a)항의 내용을 고려할 때 제4조 (b)항에 따라 일본이 유효한 것으로 인정한 자산의 처분은 타당하다는 것입니다.

대사님께 최대의 경의를 표합니다.

국무장관 배상

양유찬 대한민국 대사

워싱턴 D.C.

694.95/3-2552

April 29, 1952

Excellency:

I have the honor to acknowledge the receipt of your note of March 25, 1952, in which you request an official United Stated interpretation of the effect of Article 4 of the Treaty with Japan, and the relevant directives of the United States Military Government with respect to the property of Japan and Japanese nationals in Korea.

The United States is of the opinion that by virtue of Article 4 (b) of the Treaty of Peace with Japan and the relevant directives and acts of the United States Military Government in Korea all right, title and interest of Japan and of Japanese nationals in property within the jurisdiction of the Republic of Korea have been divested.

Accordingly, in the opinion of the United States, valid claim to such assets or to an interest therein cannot be asserted by Japan. The disposition of such assets, which Japan has recognized as valid in Article 4 (b) of the Treaty, is relevant, however, in the opinion of the United States, in the consideration of the arrangements contemplated by Article 4 (a) of the Treaty.

Accept, Excellency, the renewed assurance of my highest consideration.

For the Secretary of State

His Excellency

Dr. You Chan Yang

Ambassador of Korea,

Washington, D.C.

694.95/3-2552

2. 미국 해석

◎ 평화조약 제4조 해석에 관해 미국 정부의 견해를 전한 주일미국대사의 구상서

아메리카 합중국 대사는 일본국 외무대신 각하에게 경의를 표하는 동시에 일본국과 대한민국 간의 청구권 해결에 관한 일본국과의 평화조약 제4조 해석에 대해 아메리카 합중국 정부의 다음과 같은 견해 표명을 통달하는 영광을 가진다.

국무부는 1952년 4월 20일 자로 한국 대사에게 보낸 서한에서 일본국과의 평화조약 제4조를 다음과 같이 해석했다.

합중국은 일본국과의 평화조약 제4조 (b)항과 재한국 합중국 군정부의 관련 지령 및 조치에 따라 대한민국의 관할권 내 재산에 대한 일본국 및 일본 국민의 모든 권리, 권원 및 이익이 사라졌다는 견해다. 따라서 합중국의 견해에 따르면 일본국은 이들 자산 또는 이들 자산에 관한 이익에 대해 유효한 청구권을 주장할 수 없다. 다만, 일본국이 평화조약 제4조 (b)항에서 효력을 인정한 이들 자산의 처리는 합중국의 견해에 따르면 평화조약 제4조 (a)항에서 정한 협정을 고려할 때 관련이 있다.

합중국 정부는 이 견해를 계속 유지했는데, 그 까닭에 대해서는 이 견해 및 평화조약의 해당 조항의 배후에 있는 이유를 설명하는 편이 유익할 듯하다.

합중국은 조선에 독립 국가를 설립하려면 일본국과의 끈을 깨끗하면서도 완전히 끊을 필요가 있다고 보았다. 따라서 합중국 군정부의 관할권 내 조선 안에 있는 일본 재산의 소속을 변경하고 그 후 대한민국으로 이전했다. 소속변경명령 및 이전협정이 의도한 것은 한국 당국에 이 재산을 완전히 지배시키는 데 있었다. 권원의 소속변경과 보상 문제를 구별하는 것은 법적인 관점에서 가능하다고 인정되나, 합중국 정부는 일본국의 보상 청구권이 해당 사정하에서 소속변경명령, 이전협정 및 평화조약 제4조 (b)항의 문언, 이유 및 의도와 양립하지 않는다고 생각한다.

평화조약의 기초자는 일본국 및 일본 국민에 대한 한국의 청구권이 문제가 된 때에 이 청구권이 한국 내에 있는 일본 재산의 소속 변경으로 이미 일정 수준 만족한 것이 분명한데도 불구하고, 평화조약 안에서 해결하기에는 충분한 사실도, 그리고 적용되는 법리론

의 충분한 분석도 없다고 생각했다. 따라서 다른 일본국의 구 영토 사례와 마찬가지로 평화조약의 기초자는 이들 문제를 완전히 관계국 간의 협정에 맡겼다. 평화조약의 기초자는 제4조 (a)항에서 말하는 특별 협의에서 당사국은 한국 내 일본 재산의 소속이 이미 변경된 사실을 고려할 것이라고 보았다. 그래서 이러한 처리가 특별 협의를 고려하는 때에 '관련이 있다'라고 표명했다. 그러므로 한국과 일본국 간의 특별 협의는 한국 내 일본 자산을 한국 정부가 인수함에 따라 한국의 대일청구권이 어느 수준까지 소멸 또는 만족되는지를 인정할 것인가에 대한 결정을 포함한다.

합중국이 1952년 4월 29일에 한국 대사에게 보낸 국무부의 서한에서 해석을 제시한 것은 평화조약의 규정에 대한 합중국의 책임에서 볼 때 적절했다고 생각한다. 하지만 평화조약에서 정하고 있는 특별 협의 체결 시에 당사국들이 한국 내 일본 재산의 처리를 실로 얼마나 고려해야 하는지에 대해 합중국이 의견을 표명하는 것은 적절치 않다고 생각한다. 특별 협의는 관계 양 정부 간의 문제이며, 이러한 결정은 당사국 자신 또는 당사국이 그 결정을 위임한 기관만이 당사국이 제시하는 사실과 적용되는 법리론을 충분히 검토한 뒤에 내릴 수 있다.

아메리카 합중국 대사관

1957년 12월 31일 도쿄에서

3. 1957년 12월 31일에 발표된 한일공동성명

1957년 12월 31일의 회담에서 일본국 후지야마(藤山) 외무대신과 주일본 대한민국대표부 대표 김유택 대사는 일본국 정부가 제2차 세계대전 종료 전부터 일본국에 계속해서 거주하고 있는 한인으로 일본국의 입국자수용소에 수용 중인 자를 석방하고, 대한민국 정부가 한국의 외국인수용소에 수용 중인 일본인 어부를 송환하며 더불어 제2차 세계대전 이후의 한인 불법 입국자의 송환을 받아들이기로 합의했다.

동시에 일본국 정부는 대한민국 정부에 대하여 일본국 정부가 1953년 10월 15일에 구보타 간이치로 일본 전 수석대표가 행한 발언을 철회하고 더불어 1957년 12월 31일 자 합중국 정부의 견해 표명을 기초로 1952년 3월 6일에 일본국과 대한민국 간의 회담에서 일본 측 대표가 제기한 재한 재산에 대한 청구권 주장을 철회할 것을 통고했다.

그 결과 1958년 3월 1일 일본국과 대한민국 간의 전면 회담을 도쿄에서 재개하기로 합의했다.

4. 억류 어민 및 수용 한국인의 상호 석방에 관한 양해각서

◎ 한국에 수용 중인 일본인 어부와 일본국에 수용 중인 한인에 대한 조치와 관련한 일본국 정부와 대한민국 정부 간의 양해각서

일본국 정부와 대한민국 정부는 다음의 조치를 취하기로 합의했다.

일본국 정부는 제2차 세계대전 종료 전부터 일본국에 계속해서 거주하고 있는 한인으로 일본국의 입국자수용소에 수용 중인 자를 석방한다.

대한민국 정부는 형을 마친 대한민국의 외국인수용소에 수용 중인 일본인 어부를 일본국에 송환하며 더불어 제2차 세계대전 이후의 한인 불법 입국자의 송환을 받아들인다.

이 양해각서는 서명일에 효력을 발생한다.

1957년 12월 31일에 도쿄에서 본서 2통을 작성했다.

일본국 정부를 위하여

대한민국 정부를 위하여

5. 상동 부속양해

◎ 부속양해

일본국과 대한민국 간의 전면 회담이 1958년 3월 1일에 재개되고 더불어 피퇴거 강제자를 인수하기 위한 조치를 포함한 일본국의 한인 거주자 처우 문제가 그 회담에서 조속히 토의되어 해결되기를 기대하면서 일본국 정부는 만족할 만한 협정이 체결될 때까지 제2차 세계대전 종료 전부터 일본국에 계속해서 거주하고 있는 한인을 입국자수용소에 억류하기 위해 수용하는 것을 자제한다. 입국자수용소에 수용 중인 한인 거주자를 석방할 때는 초기 생계 보조의 필요도 고려한다.

1957년 12월 31일

6. 전면 회담 재개에 관한 각서

◎ 일본국과 대한민국 간의 전면 회담 재개에 관한 각서

일본국 정부와 대한민국 정부는 다음의 때와 장소에서 일본국과 대한민국 간의 전면 회담을 재개하기로 합의했다.

때　　1958년 3월 1일

장소　도쿄

1957년 12월 31일에 도쿄에서 본서 2통을 작성했다.

일본국 정부를 위하여

대한민국 정부를 위하여

7. 합의의사록

(1) 일본국 외무대신

한국에 수용 중인 일본인 어부와 일본국에 수용 중인 한인에 대한 조치와 관련하여 양해각서 제1단에 대해 일본국 정부는 각서의 효력 발생일로부터 1개월 반 이내에 규정된 조치를 완료한다.

대한민국대표부 대표

전기 각서 제2단에 관하여 대한민국 정부는 각서의 효력 발생일로부터 1개월 반 이내에 규정된 조치를 완료한다.

(2) 대한민국대표부 대표

본 대표는 재개될 대한민국과 일본국 간의 전면 회담에서 일본국의 한인 거주자 처우 문제를 토의할 때에 불법 입국자의 강제 퇴거 문제도 토의 주제가 됨을 양해한다.

일본국 외무대신

본 대신도 그와 같이 양해한다.

(3) 대한민국대표부 대표

본 대표는 재개될 대한민국과 일본국 간의 전면 회담 의제가 제1회, 제2회, 제3회 한일 회담 때 토의된 5항목임을 양해한다.

본 대표는 또 전면 회담에서 토의될 이 5항목에는 다음의 문제가 포함됨을 양해한다.

① 기본관계에 대하여

a. 1910년 및 그전에 체결된 조약 및 협정이 효력을 갖지 않는다는 사실의 확인에 관한 사항

b. 주권의 존중 및 불간섭

② 한인 거주자의 지위 및 처우에 대하여

a. 일본국에서의 한인 거주자의 지위

b. 한인 거주자가 취득한 재산권

c. 귀국하는 한인의 반출 재산

③ 어업 및 '평화라인'에 대하여

a. '평화라인'에 관한 사항

b. 어업 분쟁 방지 및 어업 자원의 보존을 위한 조치를 정하는 어업협정 체결에 관한 사항

일본국 외무대신

본 대신도 그와 같이 양해한다.

(4) 대한민국대표부 대표

대한민국의 청구권에 관하여 한국 측은 이전 회담에서 한국 측이 제출한 안을 토의 및 해결하기 위하여 재개될 전면 회담에 제출하겠다.

일본국 외무대신

그 경우 일본 측은 대한민국의 청구권을 해결하기 위하여 성의 있게 토의하는 데에 이견이 없다.

(5) 일본국 외무대신

본 대신은 1957년 12월 31일 자 「한일청구권 해결에 관한 일본국과의 평화조약 제4조의 해석에 대한 아메리카 합중국의 견해 표명」에 대해서는 대한민국 정부도 이 표명과 같은 의견임을 양해한다. 그리고 본 대신은 이 아메리카 합중국의 표명이 재산 청구권의 상호 포기를 뜻하지 않음을 양해한다.

대한민국 대표부 대표

본 대표의 양해도 그와 같다.

1957년 12월 31일

일본국 외무대신(서명)

대한민국 대표부 대표(서명)

8. 일본 측 청구권 주장의 철회에 관한 구상서

구상서(일본 측) (제201/A1호)

외무성은 재일본 대한민국대표부에 성의를 표하는 동시에 동 대표부에 다음과 같이 통고하는 영광을 가집니다.

일본국 정부는 1953년 10월 15일에 구보타 간이치로 일본 측 수석대표가 행하고 한국 측 대표가 항의한 발언을 철회한다. 그리고 일본국 정부는 1957년 12월 31일 자 「한일청구권 해결에 관한 일본국과의 평화조약 제4조의 해석에 대한 아메리카 합중국의 견해 표명」을 기초로 1952년 3월 6일에 일본국과 대한민국 간 회담에서 일본 측 대표가 제기한 재한 재산에 대한 청구권 주장을 이에 철회한다.

1957년 12월 31일

구상서(한국 측)

재일본 대한민국대표부 대표는 외무성에 경의를 표하는 동시에 1957년 12월 31일 자 외무성의 구상서 제201/A1호를 수령했음을 확인하는 영광을 가집니다.

1957년 12월 31일

9. 문화재 인도에 관한 구두 전달 사항

◎ 구두 전달 사항

가능한 한 신속하게 일본 정부는 현재 그 소유와 관련된 한국미술품으로 즉시 인도 가능한 것을 대한민국에 전달하며, 기타 한국미술품의 차후 인도는 전면 회담에서 토의 및 처리한다.

10. '미국 해석'의 비공개에 관한 양해

1957년 12월 31일 자 한일청구권 해결에 관한 일본국과의 평화조약 제4조의 해석에 대한 아메리카 합중국의 견해 표명에 대해서는 다음과 같이 양해한다.

즉 해당 문서는 당분간(for the time being) 공개하지 않으며 만약 어느 한 정부가 장래에 표명을 공개할 필요가 있다고 생각할 때 협의(consultation)하는 것으로 한다.

4. 재한 재산 보상 문제

1) 재한 재산 보상에 관한 정부 견해

지금까지 국회에서 재한 재산 보상 문제에 관한 질문이 제기된 때 정부는 다음과 같은 취지로 답변했다.

재한 일본 재산은 재한 미군정부의 귀속명령에 따라 미군정부가 자신의 소속에 귀속시킨 뒤 한미협정에 따라 이를 한국으로 이양했다. 우리나라는 평화조약 제4조 (b)항의 규정에 따라 재한 미군정부의 재한 일본 재산에 대한 처분에 이의를 제기할 수 없다. 따라서 이로 인해 발생한 재산 상실 손해는 어디까지나 미국 정부의 조치에 기인하며, 일본 정부의 처분이 아니므로 정부에는 손실 보상의 책임이 없다고 생각했다.

정부는 재외 재산의 보상은 이상과 같이 생각했으나, 현실에서는 많은 재외동포가 생활의 본거지였던 외지에서 거의 무일푼으로 귀국한 불쌍한 사정을 감안해 귀국자 급부금의 지급과 기타 원호 조치를 강구했다.

<비고>

(1) 재한 재산 원소유자와의 관계

재외 재산 보상에 관한 정부의 기존 견해는 "연합국에 있는 일본인 재산의 경우, 평화조약 제14조 (a)의 규정에 따라 연합국의 직접 처분을 인정하고 재외 재산에 대한 우리나라의 외교보호권 행사를 보류했다. 이로써 발생한 재산 상실 손해는 해당 연합국의 주권에 근거한 것일 뿐 우리나라 정부의 처분에 말미암은 것이 아니다. 따라서 정부는 손실을 보전할 책임을 지지 않는다"는 것이다.

따라서 재한 재산도 재외 재산에 관한 일반 원칙에 입각해 평화조약 제4조 (b)항에 따라 재한 미군정부의 재한 일본 재산 처리의 효력을 인정한 결과, 우리나라의 청구권은 소멸했으나, 이 점은 개인 청구권과의 관련성에서 볼 때 해당 개인에게 외교보호권을 행사하지 않는 것을 뜻하며, 법률적으로는 이들 재산의 원소유자인 개인이 상대국의 재판소에 직접 제소할 권리가 소멸하지 않았다는 주장으로 이어진다.

(2) 이 견해에 대한 의문점

이러한 정부의 견해, 즉 "평화조약의 규정은 각 연합국이 자국의 국내 조치인 국내 법제에 따라 자국에 존재하는 일본 국민의 재산을 청산하고, 몰수하는 것을 인정한 조문으로, 일본 정부가 이들 재산을 직접 수용하여 연합국에 인도한 것이 아니다. 일본은 외국 정부의 이러한 조치에 이견을 제기하지 않겠다는 것, 즉 재외국민보호권을 포기한 것에 불과하다. 이처럼 외국에서 이루어지는 외국 정부의 행위에 대해 일본국 헌법 제29조 제3항은 본래 적용될 수 없으며, 따라서 일본국은 그 규정에 따른 보상 의무가 없다"라는 견해에 대해서는 "이 설명에 따른다 해도 이 경우, 일본 정부의 재외국민보호권 포기는 일본 국민의 재외 재산을 수용한 것과 같은 결과를 낳는 만큼 그 국민의 입장에서 보자면 국가가 재산을 빼앗아간 것과 진배없다. 일본이 재산을 수용하지 않았으니 보상 문제도 발생하지 않는다는 설명은 설득력이 떨어진다"는 비판이 제기된다.

이 점에 관해 미야자와(宮沢) 교수(법률학전집 『헌법Ⅱ』 397쪽)는 다음과 같이 설명했다. "문제는 전적으로 샌프란시스코조약의 규정 해석과 관련이 있는데, 이 조약의 규정에 관한 한 국가의 보상이 필요하다고 결론 지을 만한 근거가 부족하다. 특히 조약 제정자가 의식적으로 배상이 필요하다는 내용의 규정을 삽입하지 않은 사실은 도리어 국가 보상이 꼭 필요한 것은 아니라는 점이 그 취지라고 추측할 만한 근거가 된다. 만약 조약 규정의 취지가 보상이 필요하지 않다는 점에 있다면, 헌법의 규정을 근거로 보상 필요성을 주장하는 것은 무리다. 조약보다 헌법이 우선하는지 여부의 근본론은 잠시 제쳐두더라도 적어도 전쟁 상태를 종결시키는 평화조약의 규정이 헌법 규정으로 구속된다는 것은 타당하지 않다. 평화조약이 당사국의 헌법 체제보다 우선적인 효력을 가진다는 것이 각국 선례에서 널리 인정되고 있다고 보는 편이 좋지 않을까."

(3) 하나의 발상(시안)

국가에 보상 책임이 없다는 설명은 결국 패전 결과를 청산하고 독립을 회복하기 위한 평화조약의 체결이라는 사실에서 기초를 구한다. 이러한 평화조약의 성격으로 볼 때 국내 헌법 체계의 테두리 안에서는 비록 헌법 규정의 정신과 일치하지 않아도 패전 결과 어쩔 수 없다는 분위기를 풍기는 논의가 될 수밖에 없다고 생각한다.

다시 말해 "남한에 있던 일본의 공유재산과 사유재산은 종전 후 이곳을 점령한 재한 미군정부의 군정법령 제33호에 따라 동 군정부에 귀속되어 그 후 한미협정에 따라 한국에 양도됐다. 이러한 조치는 '조선에 독립 국가를 설립하려면 일본과의 끈을 깨끗하면서도 완전히 끊을 필요가 있다고 보였기 때문에 시행됐다'(미국 해석)고 설명했다. 하지만 우리나라의 입장에서 이러한 조치는 기존 국제법의 통념, 특히 헤이그육전규칙의 사유재산 존중 원칙과 일치하지 않는 것으로 유감스럽지 않을 수 없다. 하지만 포츠담선언의 수락으로 연합국이 점령정책상 취하는 모든 조치에 이의를 제기할 수 없으며, 또 국제통념상 이례적인 위와 같은 조치를 대일평화조약 제4조 (b)항에 따라 인정할 수밖에 없다는 일련의 사태는 실로 우리나라의 패전이라는 불행한 사태에서 파생된 그야말로 부득이한 사안이다. 따라서 개인의 재산권이 실질적으로 침해받는 결과가 초래됐다 해도 이는 패전이라는 특별한 사태에 말미암아 체결된 평화조약의 규정에 따라 발생한 것이다. 헌법 제29조 제3항의 규정을 이유로 국가가 당연히 보상해야 한다는 법률상의 의무를 발생시키지 않는다고 해석해야 한다. 생각건대 헤이그육전규칙의 조항이 타당한 기존의 전쟁과 달리, 국가의 총력을 쏟아부어 싸운 제2차 세계대전하에서는 재외 재산뿐만 아니라 국민이 입은 전쟁 손해는 헤아릴 수 없이 크며, 평화조약으로 인한 재한 재산을 포함한 재외 재산의 상실 또한 패전이라는 사태를 통해 우리나라 국민이 전쟁으로 인해 입은 손해의 한 양태와 다름없다고 할 것이다. 따라서 이러한 재외 재산 상실 문제는 다른 전사·전상(戰傷), 전재(戰災) 등과 같은 전쟁 손해와의 균형을 고려하면서 국민 경제 전체의 시각에서 타당하고도 형평성 있는 구제 조치를 연구하는 입법 정책의 문제로 귀착되어야 한다. 현실적으로 이러한 입법이 존재하지 않는 이상 국민은 구체적으로 보상을 추궁할 만한 법률적 근거가 없다고 해석해야 한다"고 설명하면 어떨까.

(4)

최근의 국회 답변에서는 외교보호권 이론을 명확히 겉으로 드러내지 않고 "평화조약에서는 패전국의 입장상 부득이하게 인정할 수밖에 없었다"라는 취지의 문구를 삽입했다[1. 문제의 개요 2)를 참조할 것].

또한 구 재한 재산 소유자와의 관계는 다음과 같이 답변할 생각이다. "이 결과, 우리나라는 국제법상 미국 또는 한국에 이들 재산을 청구할 수 있는 처지가 아니다. 그러나 이들 재산의 구 소유자인 법인 또는 개인이 이들 재산을 직접 주장하는 것이 한국의 국내법상 인정된다면 적어도 이론적으로는 생각해 볼 수 있을 것이다."

2) 귀국자에 대한 원호 조치

구 재한 재산의 개인 소유자는 대부분 종전 후 한국에서 귀국한 자로 보인다. 앞의 1) 재한 재산 보상에 관한 정부 견해에 언급된 귀국자 일반에 대한 원호 조치는 대략 다음과 같다(정부 답변의 "귀국자 급부금의 지급과 기타 원호 조치" 중 "기타"는 이하 A. B.에 해당한다).

A. 상륙지에서의 응급조치

응급조치로는 상륙지에서 소지금의 교환, 응급원호금 등의 지급, 의류 일용품의 지급 및 기타 각종 편의를 무상으로 제공했으며, 이들 총액은 1961년도까지 약 31억 4천만 엔에 달했다.

(1) 소지금의 교환

1945년 10월~1949년 5월까지 일반 방인(邦人)과 군속은 1인당 1,000엔, 군인은 장교, 준사관, 견습사관의 경우 1인당 500엔, 하사관, 병졸의 경우는 200엔 상당액을 한도로 수입 및 교환을 인정했다.

(2) 응급원호금 등의 지급

귀국자의 귀향 및 귀향 직후의 경비로 지급

①	1945년 10월~1945년 12월	1인당 30엔 지급
②	1946년1월~1947년7월	1인당 100엔을 1세대 총 500엔까지 지급
③	1947년8월~1948년 10월	1세대 소지금이 다음의 기준에 달하지 않는 때는 그 차액을 지급(1948년 4월~1948년 10월은 괄호 안 금액)
	1명인 경우	250엔(450엔)
	2명인 경우	400엔(700엔)
	3명인 경우	600엔(900엔)
	4명인 경우	800엔(1,200엔)
	5명인 경우	1,000엔(1,500엔)
④	1948년 11월~1948년 12월	소지금과 합산해 1인당 1,000엔을 지급
⑤	1949년1월~1949년 10월	귀향여비와 합산해 1인당 1,000엔을 지급
⑥	1949년 11월 이후	상륙지에서 정착지까지의 거리에 따라 1인당 1,000~3,000엔의 귀향여비를 지급

(3) 의류품 및 일용품의 지급

의류품은 군복 등의 구 군용품이 대부분이나, 그 밖에 작업복, 부인복, 아동복 및 속옷 등을 필요에 따라 지급했고, 일용품으로는 담배, 화장지, 비누 및 성냥 등을 지급했다.

(4) 기타 제반 편의의 제공

자택으로의 전보, 진료 및 응급 시료(施療), 여객 및 화물 수송 그리고 급식 등의 무료 서비스를 제공했다.

B. 귀향 후의 정착 원호

정착 원호로는 주택 대책, 갱생자금 등의 대출 및 응급 가재도구, 월동 침구 등과 같은 현물을 제공했으며, 그 총액은 1961년도까지 약 158억 8천만 엔에 달했다.

또한 그 밖에 노동성은 공공직업안정기관을 중심으로 귀국자의 취업 알선을 위해 꾸준히 적극적인 활동을 이어갔으며, 농림성도 귀국자가 전 만주개척단 또는 농사 경험이 있는 자가 다수인 점을 고려해 미이용지의 개척을 위한 이주를 적극적이고도 우선적으로 추진했다.

(1) 주택 대책

① 1945~1947년도까지 구 군용시설(병사, 공원기숙사 등) 등을 집단수용시설로 개조해 주택난을 겪고 있는 귀국자를 수용했다.(약 65천 호)

② 1948년도 이후에는 개조와 병행해 귀국자 주택을 건설하여 1953년까지 약 45천 호를 신설했다.

③ 1954년 이후에는 귀국자용 주택의 신설 일체를 건설성에 이관하고 후생성은 노후 건물의 보수만을 담당했다. 건설성으로 이관된 후의 신설 호수(공영주택 중 귀국자용)는 약 15천 호에 달했다.

(2) 갱생자금 대출

귀국자로 독립해서 사업을 영위할 의사가 있고 구체적인 사업 계획을 가진 자를 대상으로 1946년 8월 29일부터 '기업자금' 대출을 시행했다. 이 업무는 당초 서민금고가 담당했으나, 1949년 7월 이후 이 금고가 국민금융금고로 개칭하자 이에 수반해 '갱생자금'으로 명칭을 바꾸고 귀국자의 재기를 위한 자금으로 중요한 역할을 했다.

갱생자금의 1세대당 대출 한도는 1946년 8월의 3,000엔(특별한 경우 5,000엔) 이내, 연이율 6푼에서 점차 증액하여 1953년 이후는 신규 대출 30,000엔(특별한 경우 50,000엔), 연이율 6푼 이내 및 재대출 30,000엔(특별한 경우 50,000엔), 연이율 1할 2푼 이내까지 확대했다.

(3) 귀국자 담보 대출

1957년 이후 「귀국자 급부금 등 지급법」에 따라 교부된 기명 국채를 담보로 국채 수령자 중 기업자금이 필요한 자를 대상으로 국민금융금고가 대출을 실행한 제도다. 대출 조건은 대출 한도액이 국채 액면가의 90% 이내, 연이율은 6푼으로 5년 월부였다 (1957~1961년도까지 약 64억 3천만 엔의 대출을 실행했다).

(4) 부금특별융자

1947년도 사사분기부터 1949년도까지의 기간에 귀국자를 중심으로 한 회사, 조합 등을 대상으로 부흥금융금고가 1건당 50만 엔 이내, 총액 4억 1천만 엔 안에서 사업 자금을 대출한 제도다.

(5) 응급 가재 등의 현물 제공

귀국자 중 즉시 가정을 꾸리는 자로 필요한 가재도구류를 구입할 수 없는 자를 대상으로 냄비, 솥, 찻잔 및 의류품 등의 가재도구를 무상으로 지급했다. 지급 한도액은 1세대당 1947년도 500엔, 1948~1949년도 1,000엔, 1950년도 이후 1,500엔이었다.

C. 귀국자 급부금의 지급

(1) 경위

재외 재산 문제 처리에 대해 재외재산문제심의회(1953년 11월 발족)에서 심의한 결과, 재외 재산에 대한 국가의 보상 책임을 둘러싸고 법률상 보상 책임이 있다는 견해와 법률상 보상 책임이 없다는 견해가 대립하면서 어느 쪽으로도 결론을 내리지 못했다. 하지만 귀국자에 대한 정책 조치를 검토하고 귀국자가 생활 기반을 모조리 상실했다는 관점에서 아직 생활 기반을 재건하지 못한 귀국자를 대상으로 특별한 정책적 조치를 강구하는 것이 적절하다고 결론내렸다. 그 후 1956년 12월에 답신을 제출한 결과, 정부가 답신의 취지를 존중해 귀국자에게 급부금 등을 지급하기로 하고 「귀국자 급부금 등 지급법」(1957년 5월 법 109호)을 제정했다.

(2) 귀국자 급부금 등 지급법의 개요

(가) 귀국자 범위: 원칙적으로 1945년 8월 15일까지 계속해서 6개월 이상 외지에 생

활의 본거지를 두고 있던 자로 같은 날 이후 본방으로 귀국한 자

(나) 급부금의 종류 및 금액

① 귀국자 급부금

(단위: 엔)

종전 시	50세 이상	28,000
종전 시	30세 이상 50세 미만	20,000
종전 시	18세 이상 30세 미만	15,000
종전 시	18세 미만	7,000
전범자	종전 후 계속해서 외지에 잔류할 수밖에 없던 자로 강화조약 발효 후 본방으로 귀국한 자	28,000

비고: 일본 국적을 보유하지 않은 자라도 법 시행일(1957. 5. 17) 현재 본방에 거주하는 자에게는 지급.

② 유족 급부금

a. 귀국자 중 1957년 3월 31일 이전에 사망한 자로 사망 시 25세 이상이었던 자의 유족

지급액은 귀국자 급부금과 동액

종전 시	18세 이상	28,000엔
종전 시	18세 미만	15,000엔

b. 미인양 중 사망한 자(재외 거주 기간 6개월 이상, 생활의 본거지 요건은 불필요)의 유족

③ 교부 방법

10년 이내에 상환해야 하는 기명 국채(연 6푼)를 교부한다.

(다) 지급 제한

① 귀국자 급부금

1956년분 소득세액(배우자에게 소득세액이 있는 때는 합계액)이 88,200엔을 초과

하는 자 및 배우자에게는 지급하지 않는다.(소득세액 88,200엔은 1인 가구 수입으로 50만 엔에 해당)

다만, 1956년분 소득세액이 88,200엔 이상이어도 1954~1956년까지의 3년간 평균이 88,200엔에 미달하는 때는 지급한다.

② 유족 급부금

a. ①과 마찬가지로 유족에게 소득 제한이 있음

b. 해당 사망과 관련해 전상병자, 전몰자, 유족 등 원호법에 따른 유족연금 또는 조위금, 기타 유족 급부금에 상당하는 급부를 받을 권리를 취득한 자에게는 지급하지 않는다.

c. 1957년 3월 31일 이전에 이혼으로 인해 사망자와의 친족 관계가 종료한 자에게는 지급하지 않는다.

(라) 청구 기한

1963년 5월 16일(시행일에서 6년간)

(마) 귀국자 국고 채권의 교부 상황

교부 예정 건수 및 금액	1963년 2월 말 현재
3,378천 건	3,092,680건
49,972백만 엔	45,036,127천 엔

참고자료

1. 재외 재산 보상 문제에 관한 법무총재의 견해

[제12회 국회, 1951년 11월 10일 참의원, 평화조약 및 안보조약특별위원회, 오하시(大橋) 국무대신]

"법률의 입장에서 말씀드리면, 연합국에 있는 재산에 대해 평화조약 제14조 (a)의 규정에 따라 우리나라는 연합국이 직접 이를 처분하는 것을 용인하고, 이에 대해 우리나라의 재외 재산에 대한 보호권 행사를 보류했습니다. 하지만 이 손해가 발생하는 직접적인 원인은 어디까지나 해당 연합국의 주권에 기인하는 것으로, 이는 우리나라 정부의 조치로 인해 처분되는 게 아닌 소재국의 주권에 의해 처분되는 것입니다. 이때는 우리나라의 주권 행사에 대한 법률인 일본국 헌법을 적용하는 문제가 발생할 여지가 없습니다. 따라서 일본국 헌법이라는 범위만 놓고 말씀드리면 이에 대해 정부는 보상할 의무가 없는 셈입니다. 다만, 이는 법률론이며, … 사유재산의 존중은 전 세계적인 하나의 자연법적 이념이므로 가능한 한 그 취지에 부합할 수 있도록 이 손실에 대한 원칙적 조치를 생각해야 할 것이며, … 전쟁 피해를 견주어 보고 재정 면도 충분히 고려해 결정해야 한다는 점을 말씀드리고 싶습니다."

2. 재외재산문제심의회의 답신(발췌)
(1956년 12월 10일)

재외재산문제심의회는 내각총리대신의 자문에 응하여 1954년 7월부터 재외 재산 문제 처리 방침에 관하여 심의를 거듭했으나, 결론을 내지 못했다. 그리고 올해 4월의 조직 개편 후에는 재외 재산 문제 처리를 목적으로 귀국자에 관한 조치 방침을 중점적으로 심의, 검토해 왔다. 그간 각종 활발한 논의를 전개했는데, 여기에 심의 결과를 정리하고 심의회가 이 문제에 대해 내린 결론을 다음과 같이 답신한다.

(1) 재외 재산 문제의 처리는 종전 이래 수년간에 걸친 현안이나, 그 영향이 미치는 범위는 광대하며 또 내용도 복잡하고 다방면에 걸쳐 있다. 따라서 이 문제를 처리할 때는 모든 각도에서 철저하게 논의해서 여론의 충분한 이해를 얻을 필요가 있다. 그러한 까닭에 이 문제를 처리하는 데 일정한 조치를 강구할 때 그 근거를 어떻게 고찰할 것인가에 대해 다음의 관점에서 신중하게 검토했다.

① 법률적 의무에 따른 조치-재외 재산에 대한 보상 조치라는 발상

② 법률적 의무에 따르지 않는 조치-정책적 조치라는 발상

이와 관련해 국가재정 전반의 관점에서도 추가 검토했다.

(2) 법률적 의무에 따른 조치로서 재외 재산에 대한 보상 조치를 시행해야 하는가의 문제는 재외 재산에 대한 국가의 보상 책임 유무를 중심으로 다음에서 언급하는 것처럼 법률상의 견지에서 각종 사항을 검토했다.

재외 재산 문제의 대상으로 여겨지는 재외 재산 중 일부분은 샌프란시스코 평화조약 등의 적용 지역(구미 각국, 남방 지역 전체 등)에 속해 있다. 이는 국가에 법률상의 보상 책임이 있는지 여부를 조약과 헌법이라는 두 측면에서 검토했다.

국가가 조약상 보상 책임을 져야 하는 지위에 있는지 여부를 살펴보면, 샌프란시스코 평화조약은 이탈리아평화조약 등과 비교해 보면 이른바 보상 조항을 포함하지 않았다.

따라서 조약의 명문만 보면 국가에 보상 책임이 있다고 할 수는 없다.

국가가 헌법상 보상 책임을 져야 하는 지위에 있는지 여부는 주로 샌프란스시스코평화조약 제14조 (a)항 2의 규정과 관련한 헌법 규정의 법적 해석 문제와 결부된다. 본 심의회에서는 이 점에 논의의 초점을 맞추고 검토했으나, 다음에서 언급하는 것처럼 각종 견해가 엇갈리면서 일치된 결론을 얻을 수 없었다.

샌프란시스코 평화조약에 따라 일본 정부가 각 연합국에 있는 일본 국민의 재산을 처분할 권리를 각 연합국에 인정한 것에 대한 국가의 보상 책임 유무가 문제가 되나, 샌프란시스코 평화조약 제14조 (a)항 2의 규정은 적어도 재외 재산을 배상에 충당한다는 취지를 담고 있다. 이는 재외 재산의 부담으로 배상한 셈이 되므로 헌법상 국가에 보상 책임이 있다는 의견이 있었다. 이에 대해 샌프란시스코 평화조약의 해당 규정은 각 연합국이 재외 재산을 처분할 권리를 가진다고 인정한 것으로, 우리나라는 각 연합국이 재외 재산 처분권을 행사해도 이의를 제기하지 않겠다는 취지를 담고 있다. 이는 헌법 제29조 제3항의 공공을 위해 사용하는 것에는 해당하지 않으므로 국가에 보상 책임이 없다는 반론이 있었다.

또 헌법 제29조 제1항에 규정된 사유재산권 존중 정신에서 볼 때 샌프란시스코 평화조약의 해당 규정에 따라 재외 재산을 처분할 권리를 각 연합국에 인정한 만큼 국가에 보상 책임이 있다는 의견이 있었다.

이에 대해 헌법 제29조 제1항은 사유재산권 불가침 원칙을 선언한 규정인데 이 규정에서는 곧바로 국가의 보상 책임이 발생하지 않는다는 의견이 있었다.

그리고 사유재산권은 자연법상의 신성불가침의 권리일 뿐만 아니라 헌법에서는 제29조 제1항 외에 제11조 및 제97조에 따라 영원히 침해될 수 없는 기본적인 인권문제다. 사유재산권은 성문법상 확립된 것이므로 국가는 이 재산권을 보호할 의무가 있다. 더욱이 영토에 있는 적국인의 사유재산은 몰수할 수 없다는 것이 국제법상 확립된 원칙이다.

그런데 국가는 샌프란시스코 평화조약 제14조 (a)항 2의 규정을 승인했고, 국민이 각 연합국에 있는 사유재산을 회복할 수 없었던 만큼 이는 국가가 국민의 재산권을 보호할 의무를 다하지 않은 것이다. 그렇다고 해도 현행법의 전체 체계상 국가에 법률상 손해 배상의 책임이 발생한다고 논결하기는 어려우므로, 샌프란시스코 평화조약 체결 당시의 경위까지 고려해 충분히 검토해야 한다는 의견이 제기됐다. 당시의 경위야말로 우리나라의 입장에서는 어쩔 수 없는 상황이었으므로 국가의 책임은 면제된다는 반론이 있었다.

이처럼 샌프란시스코 평화조약의 적용 지역에 있는 재외 재산에 대한 국가의 보상 책임 유무에 관해 법률상 보상 책임이 있다는 의견과 법률상 보상 책임이 없다는 양론으로 갈리면서 어느 쪽으로도 결론을 내리지 못했다.

재외 재산의 대부분은 평화조약 및 기타 최종 협정이 아직 해결되지 않은 지역(중국 대륙, 조선지역 등)에 위치하고 실질적으로는 소유자의 손에서 벗어나 있지만, 그 법률적 귀속은 아직 미정인 상태다. 따라서 이 부분의 재외 재산은 향후 이를 확보하기 위해 노력을 기울여야 하지만 아무런 계약도 없는 현 상황에서 법률상의 보상 책임 유무를 따질 단계는 아니라는 견해에 이견은 없었다.

이러한 상황이었던 탓에 법률적 의무에 따른 조치로 재외 재산에 대한 보상 조치를 강구한다는 결론에는 이르지 못했다.

(이하 생략)

5. 재한 재산액에 대하여

재한 재산의 총액은 정확한 수치를 확보할 수 없는 상황이나, 아래에서는 각종 조사 자료와 이 문제에 대한 정부의 처리 상황을 언급하고자 한다.

1) 재외재산보고서 등에 따른 재조선 재산액(국내 수치)

(1) 일본의 재외 재산액

재외 재산액은 확실한 자료가 없는 탓에 정확한 계수의 산출이 극히 어렵다. 만약 「재외재산 등 보고서」 등에 집계된 것을 나열하면 다음과 같다.

<table>
<tr><th colspan="2" rowspan="2">구분</th><th rowspan="2">지역</th><th rowspan="2">귀국자수</th><th colspan="4">재외 재산(단위 백만 엔)</th></tr>
<tr><th>개인재산</th><th>기업재산</th><th>국유재산</th><th>계</th></tr>
<tr><td rowspan="4">샌프란시스코 평화조약 지역</td><td rowspan="2">제4조 관계</td><td>조선(a)
(백분율 A/B)</td><td>661,592</td><td>19,205
(14.4)</td><td>52,107
(16.0)</td><td>19,265
(54.9)</td><td>90,577
(18.3)</td></tr>
<tr><td>남양군도</td><td>18,811</td><td>928</td><td>501</td><td>267</td><td>1,696</td></tr>
<tr><td rowspan="2">제14조·
제16조 관계</td><td>남방</td><td>66,227</td><td>5,132</td><td>15,728</td><td>0</td><td>20,860</td></tr>
<tr><td>구미</td><td>14,565</td><td>908</td><td>2,945</td><td>0</td><td>3,853</td></tr>
<tr><td colspan="2" rowspan="2">양국 간 평화조약 지역</td><td>버마 및 인도</td><td>55</td><td>226</td><td>1,470</td><td>0</td><td>1,696</td></tr>
<tr><td>대만</td><td>312,315</td><td>5,915</td><td>25,925</td><td>8,890</td><td>40,730</td></tr>
<tr><td colspan="2" rowspan="3">평화조약 미체결 지역</td><td>가라후토·지시마(千島)
(소련을 포함함)</td><td>274,999</td><td>2,121</td><td>5,600</td><td>3,786</td><td>11,507</td></tr>
<tr><td>만주</td><td>1,171,208</td><td>41,087</td><td>132,753</td><td>2,761</td><td>176,601</td></tr>
<tr><td>중국 본토</td><td>467,050</td><td>57,932</td><td>88,131</td><td>116</td><td>146,179</td></tr>
</table>

기타 지역	오키나와· 오가사와라 기타	134,034	108	-	-	108
합계(b)		3,120,856	133,562	325,160	35,085	493,807

(주)
1. 남방은 필리핀, 인도, 태국, 말라야, 인도네시아, 호주, 뉴질랜드 등을 포함한다.
2. 귀국자 수는 종전 후의 민간인 귀국자(군인, 군속은 제외) 수로 후생성 인양원호국의 조사에 따른다.

<비고>

1. 개인재산액은 종전 직후 연합국 최고사령부의 요구로 1945년 대장성령 95호에 따라 귀국자 등의 신고로 수집한 「재외 재산 등 보고서」의 보고 수치를 일본은행에서 그대로 집계한 것이다.
2. 기업재산은 법인, 개인 외의 기업체에서 1.과 동일한 보고로 수집한 「재외 재산 등 보고서」 및 기타 자료를 토대로 재외재산조사회가 조사, 집계한 자료에 따른다.
3. 국유재산액은 대장성 국유재산부(옛 명칭)의 1942년 3월 말 현재 수치를 기초로 따로 각 성의 재외재산보고서를 참작해 평가한 것(다만, 집기, 원재료 및 공공재산, 재외 공관 등은 제외했다).

   또한 1942년 3월 말 현재 국유재산현재고보고서에 따르면 취득 가격은 3,857백만 엔이다.
4. 「재외 재산 등 보고서」로 보고된 재외 재산액은 다음과 같은 성격의 것이다.
   ㉮ 적극재산만을 기재하고 채무 등 소극재산의 기재는 거의 없으며, 소극재산을 공제하고 순자산을 산출하는 시도는 하지 않았다.
   ㉯ 기재 재산액은 모두 보고자 본인의 일방적인 보고 수치를 그대로 실었고 증거 서류는 제출하지 않았다.
   ㉰ 가격은 대체로 종전 당시의 평가액이나, 재산 평가 시점, 평가 방법, 평가액 등은 보고서마다 제각각으로 평가액의 정당성을 전혀 입증하지 않았다.
   ㉱ 현지 통화로 표시된 보고액은 종전 당시 일본엔에 대한 추정 환율로 환산했다(1달

러=일본은행권 15엔, 일본 군표 20엔, 필리핀 페소 150페소, 연은권 1,200엔, 저비권 48,000엔, 영국 파운드 0.25파운드, 스위스 프랑 4.7프랑).

(2) 재조선 재산 명세액

(단위: 천 엔)

① 개인재산	
	계 19,204,740
② 법인재산	
	추정 총액 52,107,000

③ 국유재산		
토목		4,989,050
입목·입죽		30,775
건물		1,184,290
시설		243,311
선박		15,089
광업권		15
철도재산		12,802,500
계		19,265,030

(3) 우리 측 대한청구액에 관한 대장성 시산

이 수치는 1953년 10월, 제3차 한일회담 결렬 당시 발표된 외무성 정보문화국 담화 속 "일본 국민의 사유재산은 종전 당시 가격으로 약 120억 엔에서 140억 엔"이라는 수치의 기초가 된 「예외적 처리 조항에 근거한 한일 양국 부담 조서」 속 계수이다[뒤에 게재하는 참고자료 4 (2) 참조].[15]

15 1페이지 반정도 먹칠되어 있음.

2) 연합국 최고사령부 민간재산관리국(Office of Civil Property Custodian)의 조사 수치

◎ 종전 직후 연합국 최고사령부가 대장성, 일본은행 등에서 자료를 제출받아 집계한 것으로, 1945년 8월 15일 현재 수치. 다만, 1달러=15엔으로 환산했다.

(단위: 천 달러, 괄호 안은 1달러=15엔으로 환산한 엔 표시 가격, 단위는 백만 엔)

		북한	남한	합계	비고
국유재산		549,025 (8,235)	449,202 (6,738)	998,227 (14,973)	철도 킬로 수 및 국유임야 면적은 북한 쪽이 많으나, 다른 한편 총독부 명의의 공공건물은 인구가 집중된 남한에 많다는 점 등을 감안해 북한분 55%, 남한분 45%로 추정했다.
법인재산	대기업	2,165,925	1,175,443	3,341,368	1,500사의 대기업 총자산의 분석 평가 결과를 토대로 재산의 소재 상황에서 북한분 64.822%, 남한분 35.178%로 추정했다.
	중소기업	44,750	157,950	202,700	3,800사의 중소기업 재산은 대기업의 투자 상황 분석에서 볼 때 대기업의 약 6%로 추정되나, 중소기업의 분석 상황을 토대로 북한분 22%, 남한분 78%(상공업의 중심이 있으며, 인구가 밀집)로 추정했다.
	계	2,210,675 (33,160)	1,333,393 (20,000)	3,544,068 (53,160)	
개인재산		211,260 (3,169)	492,940 (7,394)	704,200 (11,503)	개인의 신고를 기초로 인구, 주거, 사업소, 사유농지 등의 분석 상황을 토대로 북한분 30%, 남한분 70%로 추정했다.
합계		2,970,960 (44,564)	2,275,535 (34,133)	5,246,495 (78,697)	북한분 56.6% 남한분 43.4%

<비고> 일본 재외 재산 개산

◎ 오카노 간키(岡野鑑記) 저 『일본배상론』(71쪽)에 일본 재외 재산 개산(概算)으로 다음과 같은 수치가 게재되어 있다.

"관변 소식통의 집계: 미국과 일본의 관변 소식통에서 나온 것으로 보이는 수치는 다음과 같은 금액을 들 수 있다. 아마도 이것이 가장 실수(實數)에 가깝다고 추정한다. 이 표를 보면, 국유·공유·사유재산을 합산해 218억 8천만 달러로 계산했다. 이를 현재 환율인 1달러= 360엔으로 환산하면 7조 8,768억 엔이라는 거액이 된다."

(1945년 8월 1일 현재, 단위: %, 억 달러)

지역별	비율	합계	법인재산	개인재산	국유재산
조선	23%	52.6	35.4	7.0	
대만	7	18.9	10.6	2.5	
만주	42	86.3	72.5	11.6	
화북	13	28.8	23.7	4.3	
화중	9	18.5	14.9	2.9	
기타	6	13.8	9.3	2.6	
합계	100	218.8	166.4	30.9	21.5

3) 재한 미군정부가 작성한 남한 접수 일본 재산액

◎ 본 수치는 [16]

16 7쪽 가량이 먹칠되어 있다.

4) 국회 답변과의 관계

(1) "재한 일본 재산의 총액을 설명해 달라"는 취지의 질문에 대해 정부는 다음과 같이 답변했다.

재한 일본 재산액 산정기초는 재한 미군정부의 법령 33호에 따른 접수 목록이 가장 정확하다고 생각하며, 한국도 한미협정에 따라 구 재한 일본 재산을 양수한 때 받은 양도 목록이 있을 것이므로, 우리나라는 지금까지 미국과 한국에 자료 제시를 요구했다. 하지만 한국은 이 요구에 응하지 않았으며, 미국은 일부 자료를 제시했으나 여전히 부족한 상황으로 계속해서 요구하고 있는 단계다.

그 밖에 재외 재산의 조사는 종전 후 일본에서도 실시했는데, 이는 귀국자 등 사인의 신고를 기초로 한 탓에 신빙성이 꽤 의심되며 더욱이 한국 소재 재산만 구분한 것도 아니다.

이 같은 상황으로, 재한 일본 자산액을 정확하게 산정할 수 없으나 일본에서 실시한 조사의 단순한 집계에 대해서도 현재 한일회담이 진행 중인 만큼 수치에 관한 설명은 삼가겠다.

(주)

1. 외무성은 답변 자료[1962년 10월, 에사키 마스미(江崎真澄) 의원(자민)에 대한 외무성의 답변]에서 다음과 같이 설명했다.
   재한 일본 재산액 산정 기초가 되는 것은 1945년 12월 6일 자 재조선미국육군사령부군정청 법령 제33호에 따른 재한 일본 재산 접수 목록이 가장 적절하다고 판단했다. 이전부터 미 정부에 이 자료의 제공을 요청했으나, 아무튼 오래된 기록이어서 완비된 것을 확보할 수 없는 상황이다. 그 밖의 자료는 종전 후 대장성이 귀국자에게서 제출받은 재외 재산 보고서가 있는데, 이는 개인의 신고 금액 자체를 대충 추정하고 있는 데다 조선 전체에 대한 분이어서 한국 관련 분만을 추정하는 방법도 문제가 있는 등, 추정 요소가 지나치게 많다. 요컨대 재한 일본 재산의 총액은 정부가 계속해서 예의 검토 중이나, 아직 정확한 수치를 산출하지 못하고 있는 실정이다.
2. 외무성에서는 회담 타결 때에 모든 것을 밝히겠다는 의향을 나타내고 있으나, 부정확한 것을 공개한다면 쓸데없이 분규를 초래할 우려가 있으며, 더욱이 귀국자의 보상 요구에도 부정적인 영향을 줄 수 있다고 생각하므로, 우리 성은 앞으로도 가능한 한 수치를 발표하지 않는 태도를 유지할 생각이다.

3. 한국에 대한 재한 재산 자료의 요구는 한일회담 초기에 일본 측 청구권의 존재를 전제로 한 질문을 비롯해 제5차와 제6차 회담의 청구권소위원회 때도(미국 해석의 "관련이 있다, 고려해야 한다"의 취지를 실현하기 위한 전제로) 수차례 요구했다. 이에 대해 한국은 지금까지 어떠한 자료도 제출하지 않았는데, 제6차 회담 때는 재산 목록 같은 제대로 된 자료를 미군에서 받은 적이 없으며, 재한 일본 재산의 양수는 지방 군정부와 한국 간에 조금씩 실시됐다는 취지의 발언을 했다.

4. 1쪽가량이 먹칠되어 있음.

(2) 1953년의 외무성 발표 수치와 관련해 "재한 일본 사유재산이 약 120억 엔에서 140억 엔(한국 측 청구가 약 90억 엔에서 120억 엔)이라고 발표한 적이 있는데, 이 점에 대한 설명을 요구한다"라는 취지의 질문에 다음과 같이 답변했다.

정보문화국장 담화 속 수치는 당시 회담이 결렬된 때에 일본의 입장을 알기 쉽게 설명하기 위해 당시 시점에서 사무 담당자가 각종 추정 위에 시험 삼아 계산한 것을 열거한 것에 지나지 않는다.

(주) 외무성은 답변 자료에서 다음과 같이 답하겠다고 했다.

1953년 10월 22일, 외무성은 그 전날인 10월 21일에 결렬된 한일회담의 문제점을 국민에게 알리고자 정보문화국장 담화 형식으로 발표했는데, 질문한 재한 사유재산 및 한국의 대일청구 금액은 그 발표에 포함된 것을 가리킨다고 생각한다.

당시 한일회담이 결렬된 것은 제반 현안, 특히 청구권 문제를 둘러싸고 양국의 법률적 주장이 근본적으로 대립했기 때문이다. 그 후 최근에 진행된 청구권 각 항목에 대한 내용, 수치 대조 작업은 아직 전혀 손도 대지 못한 상황이었다. 따라서 외무성은 당시 입수한 제반 자료를 토대로 그야말로 시험적으로 계산한 것에 불과한 수치를 산출해 당시의 청구권 문제에 관한 한일 양국의 생각을 감히 수치로 제시하면 이렇게 될 것이라는 점을 이 발표에서 언급한 것에 지나지 않으며, 한일회담 교섭 석상에서 양국이 실제 제시한 것이 아니다. … 다소간 현재 대화가 진행 중이므로 현 단계에서 구체적인 설명은 삼가겠다.

<비고>

외무성 정보문화국장 담화(1953년 10월)

청구권 문제와 관련해서는 다소 설명이 필요하다. 일본은 전쟁 전 한국에 있던 일본의 공유재산에 대해 평화조약에 따라 한국이 이를 취득하는 것을 인정한다. 그러나 일본 국민이 보유한 사유재산은 종전 당시 가격으로 약 120~140억 엔에 달하며 이에 대해서는 청구권(claim)을 가진다고 주장한다[이것이 한국의 전체 재산 가치 중 85%에 해당한다는 것은 당치 않는 과장된 이야기다. 또한 양(梁) 대사는 이번 한국전쟁에서 파괴된 재산까지 반환하라고 일본이 주장했다고 종종 신문 기자에게 흘리고 있는데, 일본은 그러한 무모한 요구를 한 적이 없다]. 이에 대해 한국은 일본에 있는 재산 약 90~120억 엔에 청구권을 가진다고 말한다. 양국의 주장 사이에서 정치적으로 해결하는 방법으로 양국의 청구권을 상계하자는 제안이 있다. 이는 현실적으로는 20~40억 엔을 한국을 위해 포기하는 셈이다. 이 안은 작년에 열린 한일 수석대표 간의 비공식 회담에서 양 한국 대표가 제안한 것이다. 일본은 한일 간의 우호 관계 수립을 위해 이 안을 진지하게 연구할 의향이 있다고 밝혔다. 그런데 놀랍게도 일본이 이 안을 고려할 것을 알자마자 한국의 양 대표는 이러한 제안을 한 적이 없다고 주장했고, 더 나아가 일본인에게는 재한 사유재산에 대해 어떠한 청구권도 인정할 수 없으며, 반대로 한국의 재일 재산에 대해서만 한국의 청구권이 있을 뿐이라고 강변했다. 이는 실제 일본이 한국에 약 100억 엔을 지급해야 하는 결과로 이어진다.

6. 재한 일본 재산 처리 상황과 관계 법령

1) 재한 일본 재산 처리 상황

재한 일본 재산이 재한 미군정부와 한국 정부에 의해 어떻게 처리됐는지 정확히 전하는 자료가 없어 확실하지 않지만, 다음에 열거하는 관계 법령 및 조치(외무성이 귀국자에게서 입수한 자료에 따름)로 어느 정도 그 개요를 파악할 수 있다.

◎ 재조선 일본인 재산에 관한 법령 및 조치

연월일	사항
1945년	
9.25	군정청법령 2호(일본인 재산 이전 금지에 관한 법령)
9.28	법령 4호(일본 육해군 재산에 관한 법령)
10.1	법령 8호(조선정부 관방외사과 및 동 재산관리과 설치)
10.1	일본군의 소속 재산 매매 취득을 금지한다고 군정 당국이 발표
10.6	일본인 재산을 동결하고 매매, 권리 이양을 금지한다고 군정 당국이 발표
10.23	일본인 재산 이동 취급에 관한 4개조 중 제1조를 발표(일본 정부, 총독부 소유재산은 군정 당국의 재산으로 함.)
10.23	일본인 사유재산 매매 대책에 대해 군정청이 발표
10.24	일본인 재산 이동 취급에 관한 제특별 협의를 군정청이 발표 [식량, 의류, 연료 등 사장물(死藏物)의 방출]
10.27	일본인 재산 이동 취급에 관한 제3조를 발표(매매 계약의 방식, 주택, 재고 상품, 농지에 관한 사항)
10.30	일본인 재산 이동 취급에 관한 제4조를 발표(토지, 건물, 기업재산, 공장, 광산 등 대규모 재산)
11.11	조선은행, 조선식산은행, 조선신탁주식회사를 접수
11.12	동양척식주식회사를 신한공사(新韓公社)로 개명
11.14	관리령 제1호(법령 제2호의 해석, 기간의 연장, 이전등기 일반 금지에 관한 건)

12.6	법령 33호(조선 내 소재 일본인 재산 소유권을 군정청에서 취득하는 법령)
12.14	관리령 제2호(군정청 취득 일본인 재산의 보고 및 재산의 경영, 점유 및 사용에 관한 건)
12.19	관재령 제3호(접수 농지에 관한 건)
1946년	
1.3	일본인 재산 관리 대행기관을 설치한다고 군정장관이 언명
1.9	귀속회사 지배인 선임 방법을 결정하고 지배인을 모집한다고 경기도 광공(鑛工)부장이 발표
1.13	재산의 수출입 금지령을 시행한다고 군정장관이 발표
2.21	법령 52호(신한공사 창립에 관한 법령)
3.3	관리령 4호(접수 임야에 관한 건)
3.27	귀속 재산 처분 대행기관을 설치하고 최고 결재는 재산관리과에서 담당한다고 발표
3.29	전 일본인 가정을 불법으로 점유한 자가 90% 이상에 달하니 적정 조치 방법을 세워 달라고 경성주택조합이 요청함.
4.23	전 일본인 소유 군수공장은 평화산업으로 전환해 경제 부흥에 기여하는 시책을 강구한다고 군정장관이 언명함.
4.25	전 일본인 가옥 사용 계약 방법과 모식을 변경한다고 경기도 지구의 관리자인 조흥은행이 발표함.
6.16	전 일본인 가옥의 점유를 호주 이외는 엄금한다고 군정장관이 언명함.
6.26	전재(戰災) 농민 2만여 호를 신한공사가 관리하는 일본인 소유 농지에 수용한다고 발표
7.3	재산관리국 주택과를 신설
7.21	관리령 제6호(어선 및 기타 선박에 관한 건)
7.26	일본인 재산 관리인을 엄선하라고 상공회의소가 당국에 건의함.
7.30	관재령 제5호(이미 획득한 회사의 보고에 관한 건)
10.29	관리령 제6호에 따라 현재 어선의 등록 건수는 36,012건이라고 수산국장이 발표
10.30	신한공사를 산업별로 해체하는 명령이 발표되고 공업과 광공 두 부로 군정청에 이관됨
11.17	군정청 관재처에서 일본인과의 매매 계약에 의해 동결된 예금의 반환을 받고 싶은 자는 서류를 제출하라고 요청함.
12.7	전 일본인 소유 선박을 관리하는 자는 보고해야 하며, 지연한 때는 관리권을 취소한다고 발표
12.17	신한공사 소유 공업시설 및 광산시설 등을 상무부로 이관함.

12.31	관재령 제8호(각종 사업체 운영에 관한 건)
1947년	
2.8	관재령 제8호를 철폐해야 한다고 조선상공회의소, 조선산업건설협회 등 10여 단체가 건의함.
2.12	관재령 제8호의 철폐를 적산관리인회가 건의함.
3.1	관재령 제8호의 수정을 촉진하기 위해 한미공동위원회를 조직하고 협의 중이라고 공보부가 발표
3.5	광업권 이동이 정부 수립 후 무계획적으로 이루어진 탓에 파멸을 초래했다고 조선광업회가 건의함.
3.19	관재령 제8호의 수정안을 결정하고 적산운영감독권을 조선인 부국장에게 이양함.
3.22	관재령 제8호는 광업계에 폐해가 있다고 광업기술협회가 성명서를 발표
3.24	군정법령 제33호에 따라 군정청에 귀속된 소사업기관 처분에 관한 건
3.31	관재령 제8호 개정 발표
4.3	서울 시내 적산관리 사무는 4월 이후 서울시로 이관한다고 발표
4.4	적산 가옥 매각안을 입안 회부했으나 1세대 1동 이상의 요구를 허락하지 않는다고 군정장관이 발표
4.9	적산기업체불하 초안을 군정장관이 입법의원에 회부
4.27	관재령 제8호의 수정으로 적산 운영을 미국인 고문관 아래에서 조선인이 담당하도록 결정함.
5.4	금융조합연합회의 조사에 따르면, 남한 각 관리공장이 생산한 생활필수품 총액은 3월 말 약 6억만원이라고 발표
5.7	재일본 전 조선수산개발회사 소유 선박 16척이 총사령부의 알선으로 반환됨
5.10	적산관리 운영을 위해 공동고문회를 설치
5.15	일본인이 기왕(旣往) 소유하던 도회지 주택 불하에 관한 건
6.30	적산 정리 사무를 신속화할 목적으로 서울시와 경기도의 관재국이 합동함.
7.3	관재 수속 요항을 발표
7.11	중앙관재처에서 조선인 기업에 투자한 일본인 주식의 매도를 시작한다고 발표
7.16	적산 소규모 사업체와 주택 불하에 관한 세칙을 공보부가 발표
7.17	재산관리인연합회에서 적산 처분 시의 불하 가액 기준을 시가로 할 것을 당국에 건의
7.19	적산 불하 대책에 관해 고문위원회를 설치한다고 공보부가 발표

7.24	적산 임대료를 10년 전의 50배로 인상한다고 중앙관재처장이 발표
7.25	적산 공장 불하 철회 의사는 없다고 민정장관(안주홍)[17]이 언명
7.31	각 도에 적산 불하 사정기관을 설치한다고 발표
8.1	적산공장은 총 약 400곳이며, 100만원 이상인 곳이 100개 있다고 경기도 관재처가 발표
8.22	적산관리처에서 적산가옥 임대료를 9월 1일부터 현재의 5배로 인상한다고 발표
9.2	관재처에서 금, 텅스텐, 희금속 광산을 제외한 적산 광산을 내년부터 불하한다고 발표
10.16	중앙관재처에서 적산 소규모 기업체 불하 498건을 심의 중이라고 발표
12.5	법령 제156호(귀속재산관리인에게 주주총회소집권을 부여)
12.6	관재령 제10호(군정청 재산관리관의 관리 하에 있는 조선 내에 설립된 각종 법인의 운영에 관한 건)
1948년	
3.7	중앙관재처가 적산 불하 방침과 수속에 관한 제1차 발표를 하고, 소기업체 불하에 관한 요강을 발표
4.12	귀속법인에 관한 회사 재조직 수속 간이화 조치에 관한 법률 공포
4.14	일본제국시대에 착취된 한국의 재산은 완전히 이양됐으므로 적산의 호칭을 해소한다고 발표. 이후 귀속재산이라 부른다.
5.4	귀속재산 중앙관재처 관변 법인 재산의 운용과 유지와 관련한 융자에 관한 건을 발표
5.6	귀속재산 임대료를 일반 주택은 20할, 점포는 25할, 기업체는 15할 인상한다고 발표
6.24	적산 금광 개발에 대한 운영 방침 등의 규정을 발표
8.15	대한민국 독립 선포
8.16	행정사무 이양 개시
8.24	취득 적산에 대한 국법을 재검토하겠다고 대통령이 언명
9.11	한미간 재정 및 재산에 관한 협정(한미협정) 성립 제5조 종전 후 미국이 관리해 온 일본 재산(이미 불하된 것을 포함.한다)과 일본인 소유 토지에서 얻은 현금, 그 토지의 매매 계약 일체를 대한민국에 이양함.
9.14	기획처장이 본 협정 제5조에 따라 미국이 관리하던 구 일본 재산 6,329억원이 한국으로 이양됐다고 발표

17 일본어 원문에는 안재호(安在浩)로 되어 있다.

1949년	
12.9	귀속재산처리법(법률 74호) 공포 제1조 본 법은 귀속재산을 유효적절히 처리하여 산업부흥과 국민경제의 안정을 기함을 목적으로 한다. 제2조 귀속재산이라 함은 1948년 9월 11일부 한미경제협정 제5조의 규정에 따라 대한민국 정부에 이양된 일체의 재산을 지칭한다. 제3조 국유 또는 공유재산, 국영 또는 공영기업체로 지정되는 것을 제외하고 나머지는 대한민국의 국민 또는 법인에 불하한다.
1950년	
3.30	귀속재산처리법 시행법(대통령령 298호) 공포

<비고>

1. 상술한 제반 조치에 따라 일본의 국유재산과 사유재산 중 일부는 한국의 국유재산, 공유재산이 됐고 나머지는 민유(民有)로서 순차적으로 불하됐다(군용재산은 1945년 9월 28일 자 법령 제4호에 따라 미국의 소유에 귀속됐다).

   한국 측은 귀속재산이 국부의 80%를 점하며 이 막대한 귀속재산의 유상 매각은 해방 후 누적 증가한 적자 재정의 보전원으로서 가장 확실한 재원으로 지목된다고 했다.

2. 한국이 발표한 귀속재산

   다음의 수치는 귀국자 자료를 토대로 했으나, 시점은 명기하지 않았다[내용이 한일회담 개시(1952년) 이전인 것만은 확실하다].

   ◎ 중앙 직할 귀속 사업체

상공부 소속	148
교통부 소속	47
농림부 소속	208
계	403

◎ 지방 관할 귀속 사업체

서울시 귀속 사업체	907
경기도 귀속 사업체	257
강원도 귀속 사업체	261
충청북도 귀속 사업체	59
충청남도 귀속 사업체	206
전라북도 귀속 사업체	220
전라남도 귀속 사업체	201
경상북도 귀속 사업체	333
경상남도 귀속 사업체	686
제주도 귀속 사업체	78
계	3,148
합계	3,551

3. 또한 『일본의 민족운동』[후지시마 우다이(藤島宇内) 저]이라는 책에는 다음과 같이 쓰여 있다. 좌익계 인사가 저술한 것으로 보이는 내용의 책이지만, 일정 정도 재한 재산 처리의 실태를 전했다고 생각해도 좋을 듯하다.

1945년 9월 25일, 미 군정청은 한국 내에 있던 일본 재산 일체를 동결했다. '적산관리위원회'를 설치하고 그 매매 취득을 금하는 법령을 공포했으며 12월 12일부터 그 처리에 착수했다. 해방 이후의 무질서와 경제 상태의 혼란, 미 군정청의 무책임으로 소극적인 관리 행정의 틈새를 파고들어 사기꾼과 악질적인 조선인 통역이 결탁하면서 귀속재산의 쟁탈전이 벌어졌고 사회악의 근거지가 됐다. 고층 건축, 고급 주택은 미군 관리의 주택이 됐고, 513건의 생산 기업체가 미 군인, 통역, 간상(奸商)의 결탁으로 계약됐다. 재무부 통계에 따르면, 당시 2,200건의 재산이 처분됐음에도 계약액은 고작 2,600환이었다.

1948년 8월 15일, 이승만 정권이 수립하자 「한미협정」에 따라 귀속재산은 미군에서 이 정권으로 이전됐지만, 무슨 일인지 처리 법규의 공포가 늦어졌고 더욱이 미숙한 행정 기술까지 더해지면서 다시금 쟁탈전이 시작됐다. 그렇게 옥신각신하는 사이에 한국전쟁이 발발했고 귀속재산의 52%는 전쟁으로 사라졌다.

현재 아직 처리되지 않고 남은 것은 1958년 말 기업체 105건, 건물 2,265건, 택지 임야 23,475건, 기타 465건이다. 이것들은 '귀속주처리사무협회'를 설치해 주주 협의 위에 매각하려 했으나 팔리지 않았다. 주된 중요 기업체를 열거하면 한국미창, 한국광업진흥, 대한중석, 대한중공업, 미성광업, 조선기계제작, 한국운수, '서울신문'(이는 전 조선총독부 기관지인 '경성일보'를 이승만 정권 기관지로 만든 것), 조선전업, 경전, 남전, 조선공사, 해운공사 등이며, 이들 국유 국영 기업체는 거대한 부채를 떠안고 위기에 빠져 있다고 알려졌다. 조선일보(1959년 3월 20일자)에 따르면, 올 2월 말 현재 귀속재산 총수 329,000건 중 이미 처리를 완료한 것은 275,000건으로 전체의 80%, 그 계약액은 총 465억 환이나, 그중 수납된 금액은 절반도 채 되지 않는 206억 환에 불과하다.

2) 재한 일본 재산 처리 관계 법령

다음에서는 재한 일본 재산 처리 관계 법령 중 입수한 관계 법령을 공포한 순서대로 열거한다. 다른 곳에 게재한 것과 다소 중복되나, 일괄해서 여기에 열거한다(뜻이 통하지 않는 것이 몇몇 있었으나, 원문이 없는 탓에 이를 수정할 수가 없었다. 이 점 양해 바란다).

(1) 태평양미국육군총사령부 포고 제1호

조선주민에게 고함.

태평양미국육군최고지휘관의 이름으로 다음과 같이 포고함.

본관 휘하의 전첩군(戰捷軍)은 일본 천황 정부 및 대본영(大本營)의 명에 따라, 더불어 이를 대신하여 서명한 항복문서의 조항에 따라 금일 북위 38도 이남의 조선지역을 점령함.

오랜 세월에 걸쳐 조선인이 노예화된 사실과 조선을 머지않아 해방 독립시켜야 한다는 결정을 고려하여, 조선인은 점령의 목적이 항복문서 조항의 이행과 조선인의 인권 및 종교상의 권리를 보호함에 있음을 깊이 인식한 것으로 확신함. 이 목적을 수행하기 위하여 제위(諸位)의 적극적 원조와 협력을 요구함.

본관은 본관에게 부여된 태평양미국육군최고지휘관의 권한으로 조선의 북위 38도 이남 지역과 동지의 주민에 대하여 군정을 설립함. 따라서 점령에 관한 조건을 다음과 같이 포고함.

제1조

조선의 북위 38도 이남 지역과 동 주민에 대한 모든 행정권은 당분간 본관의 권한하에서 시행함.

제2조

정부 공공단체 및 기타 명예 직원, 고용인 전부와 공익사업, 공중위생을 포함한 모든 공공사업에 종사하는 직원과 고용원은 유급 또는 무급을 불문하고, 또 기타 제반 중요 직업에 종사하는 자는 별도의 명령이 있지 않는 한, 종래의 직무에 종사하며, 모든 기록과 재산의 보관에 임할 것.

제3조

주민은 본관 및 본관의 권한하에서 발포한 명령에 즉시 복종할 것. 점령군에 대한 반항

행동 또는 질서 보안을 교란하는 행위를 하는 자는 엄벌에 처함.

제4조

주민의 소유권은 이를 존중함. 주민은 본관의 별도의 명령이 있지 않는 한, 일상의 업무에 종사할 것.

제5조

군정기간 중 모든 목적에 사용하는 공용어는 영어로 함. 영어와 조선어 또는 일본어 간에 해석 또는 정의에서 불명 또는 부동(不同)이 발생한 때는 영어를 기본으로 함.

제6조

이후 공포하는 포고, 법령, 규약, 고시, 지시 또는 조례 등은 본관 또는 본관의 권한하에서 발포하여 주민이 이행해야 할 사항을 명기함.

위를 포고함.

1945년 9월 7일
요코하마에서

태평양미국육군최고지휘관
미국육군대장 더글러스 맥아더(Douglas MacArthur)

(2) 태평양미국육군총사령부 포고 제2호

조선주민에게 고함.

본관은 본관 지휘하에 있는 점령군의 보전을 도모하고 점령지역의 공중치안, 질서의 안전을 기하기 위해 태평양미국육군최고지휘관의 이름으로 다음과 같이 포고함.

항복문서의 조항 또는 태평양미국육군최고지휘관의 권한으로 발표한 포고, 명령, 지시를 위반한 자, 미국 또는 동맹국의 질서나 그 국민 또는 재산의 생명, 안전 혹은 보안을 해하는 일체의 행위를 하는 자, 공중치안과 질서를 교란하거나 정의의 구현을 방해하기 위해 고안된 일체의 행위를 하는 자, 또는 고의로 연합군에 일체의 적대행위를 하는 자는 점령군 군율회의에서 유죄판결을 받을 경우 군율회의의 결정에 따라 사형 또는 타 형벌에 처함.

1945년 9월 7일

요코하마

태평양미국육군최고지휘관

미국육군대장 더글러스 맥아더

PROCLAMATION NO.2 G.H.Q. U.S. ARMY FORCES, PACIFIC OFFICE OF THE COMMANDING GENERAL YOKOHAMA, JAPAN, 7 SEPTEMBER 1945

TO THE PEOPLE OF KOREA:

In order to make provision for the security of the armed forces under my command and for the maintenance of public peace, order and safety in the occupied area, as Commander-in-chief, United States Army Forces, Pacific, I do hereby proclaim as follows:

ANY PERSON WHO:

Violates the provisions of the Instrument of Surrender, or any proclamation, order or directive given under the authority of the Commander-in-Chief, United States Army Forces, Pacific, or does any act to the prejudice of good order or the life, safety, or security of the persons or property of the United States or its Allies, or does any act calculated to disturb public peace and order, or prevent the administration of justice, or willfully does any act hostile to the Allied Forces, shall, upon conviction by a Military Occupation Court, suffer death or such other punishment as the Court may determine

Given under my hand at YOKOHAMA
THIS SEVENTH DAY OF SEPTEMBER 1945

DOUGLAS MACARTHUR
General of the Army of the United
States Commander-in-chief, United
States Army Forces, Pacific

(3) 태평양미국육군총사령부 포고 제3호

조선주민에게 고함.

태평양미국육군최고지휘관의 이름으로 다음과 같이 포고함.

제1조 법화

1. 점령군이 발행한 'A' 印의 보조군표 원 지폐는 조선의 북위 38도 이남 지역에서 공사의 변제에 사용하는 법화로 정함.
2. 점령군이 발행한 'A' 印의 보조군표 원 지폐 및 조선의 북위 38도 이남 지역에서 현재 통용 중인 법화인 원 지폐는 일본은행과 대만은행의 태환권을 제외하고 액면대로 타 통화와 교환 가능함.
3. 이외의 통화는 조선의 북위 38도 이남 지역에서는 법화로 인정하지 않음.

제2조 일본군 군표 엔 지폐

4. 해외에서 일본 제국정부 및 일본 육해군이 발행한 군표 및 해외에서 일본 점령군이 사용한 통화는 모두 무효, 무가치하고, 이와 같은 통화의 유통은 어떠한 거래에서도 이를 금함.

제3조 통화의 수출입금지

5. 지폐, 화폐 및 채권의 수출입을 포함한 대외금융거래는 본관의 허가가 없는 한 전부 금함.
6. 금융거래는 조선의 북위 38도 이남 지역에서만 시행하는 것을 제외하고 전부 대외금융거래로 간주함.

제4조 다른 통화에 관한 법규

조선의 북위 38도 이남 지역에서 현재 통용 중인 법화인 보조군표 및 원 통화 이

외의 통화는 본관의 허가 없이는 이것을 금함.

제5조 처벌

이상의 군정 조항을 범한 자로서 점령군군율회의에서 유죄가 인정된 자는 이 회의의 정한 바에 따라 이를 처벌함.

1945년 9월 7일

요코하마에서

태평양미국육군최고지휘관

미국육군대장 더글러스 맥아더

(4) 재조선미국육군사령부군정청 법령 제2호

제1조

1945년 8월 9일 이후 일본, 독일, 이탈리아, 불가리아, 루마니아, 헝가리, 태국 등 각국의 정부 기타 대리기관 또는 그 국민, 회사, 단체, 조합, 기타 기관 혹은 그 정부 등이 조직 또는 조정하는 기관에 직접, 간접 혹은 전부 또는 일부를 소유하거나 관리하는 금, 은, 백금, 통화, 증권, 예금, 채권, 유가증권, 기타 재산을 매매, 취득, 이동, 지불, 인출, 처분, 수입, 수출 기타 취급 및 권리, 권력, 특권의 행사는 이 법령에 규정한 것 외에는 이를 금지함.

제2조

제1조에 언급한 제반 정부에 직속된 재산을 소유, 관리 또는 지배하는 보관자, 관리자, 관리, 은행, 신탁회사, 개인 또는 관계 있는 국(局), 과(課) 혹은 그 대리기관 또는 전기 정부의 관리지도, 감독을 받는 회사, 단체, 조합, 기타 기관 중에 상술한 제반 정부, 조선 정부 또는 그 대리기관, 회사, 조합 및 보조기관으로 직접, 간접, 기정적, 임시적으로 재정상 이해관계를 가진 기관 및 대일본정치회, 대정익찬회(大政翼贊會) 및 그 가입 단체, 대리기관 또는 계승기관, 대일본부인회연맹, 기타 일본의 극단국수주의적, 폭력적 비밀결사 및 그 가입단체에 대하여 다음 각 항의 준수를 요함.

1.

(가) 군정청의 지시에 응하여 전기 재산을 보지(保持)하고 그 지시가 유효한 기간에는 그 재산을 이전하거나 다른 방법으로 처분하는 것을 금함.

(나) 전기 재산을 보존, 유지, 수호하고 그 가치 및 효용을 파손하는 행위를 방지할 것.

(다) 정확한 기록과 회계장부를 유지할 것.

2. 군정청의 지시가 있는 때는 그 지시에 따라

(가) 1945년 8월 9일 이후 전기 재산에 관하여 필요한 자료를 제공하는 보고서류 및 전기 재산에 관한 영수증, 지출증서 등을 정비할 것.

(나) 전기 재산의 보관과 관리 및 장부, 기록, 회계서류 등을 인도할 것.

(다) 재산과 모든 수입 및 수익금을 증명할 것.

제3조

재산에 관한 거래로 제2조의 소정 범위에 포함하지 않은 것은 다음 제반 사항의 조건하에 허가함.

1. 조선 국민, 연합국 국민 또는 그 정부의 대리기관, 회사, 단체, 조합 및 그 정부의 기관 혹은 그 정부가 조직 또는 조정하는 기관의 이익이 되거나 또는 이익을 위하여 거래하는 것.
2. 조선 정부가 정식으로 설립한 대행기관이 훗날 결정할 적당한 보수를 지불하는 것.
3. 이러한 거래가 성립되기 전에 매주(賣主)는 반드시 그 거래 내부와 그 재산의 소재지 및 그 재산을 소유한 회사, 단체, 조합, 기타 조직체의 내용을 명기하여 조선 정부에 서류로 보고할 것.
4. 제3항의 보고를 제출한 후 60일 이내에 조선 정부 또는 기타 대행기관에서 금지명령이 없는 한 그 거래는 성립한 것으로 함.
5. 이러한 매매는 그 거래 성립과 동시에 그 수입금을 즉시 조선은행 및 그의 최근 대리기관에 조선 정부의 회계로 이를 인도할 것. 조선은행에서 인수하는 동 재산은 전소유자에게 적당히 회계하기 위하여 조선 정부가 이를 보관함.
6. 이러한 보관자금의 인출은 그 재산관계인의 적당한 생활비에 한해 이를 허가함.

제4조

본 법령에서 설명한 종류의 거래로 1945년 8월 9일 이후에 성립된 것은 금일부로 전부 무효로 함. 다만, 조선 정부에 대하여 유효신청 및 거래에 관한 명세서, 지불한 보수금 및 인물, 재산, 기타 관계 사실을 제출하면 당해 거래는 유효함.

제5조

본령은 발표 즉시 시행함.

제6조

본령을 위반한 자로 군정재판에서 유죄판결을 받은 자는 그 재판소의 소정형벌에 처함.

1945년 9월 25일

재조선미국육군사령관의 지령에 의하여

조선군정장관

미국육군소장 A. V. 아놀드

(5) 재조선미국육군사령부군정청 법령 제21호

제1조 법률의 존속

모든 법률 및 조선 구 정부가 발포(發布)하고 법률적 효력을 가지는 규칙, 명령, 고시, 기타 문서로 1945년 8월 9일 실행 중인 것은 그간 이미 폐지된 것을 제외하고 조선군정청이 특수명령으로 폐지할 때까지 모든 효력을 존속함. 지방의 제반 법규와 관례는 당해 관청에서 폐지할 때까지 그 효력을 계속함. 법률의 규정으로 조선총독부, 도청, 부, 면, 읍의 조직 및 국장, 과장, 부윤, 군수, 경찰서장, 면장, 읍장, 기타 하급직원에 관한 것은 군정장관의 명령으로 개정 또는 폐지된 것을 제외하고 당해 관청에서 폐지할 때까지 이를 존속함. 상사의 지령에 따라 종래 조선총독부가 행사한 제반 직권은 군정장관이 행사할 수 있음.

제2조 포고·법령·지령의 시행

북위 38도 이남 조선의 모든 재판소는 조선의 법령, 미국태평양육군총사령관의 포고 규정 및 조선군정장관의 명령과 법령을 주의 시행할 것. 이 목적을 위해 북위 38도 이남 조선의 모든 재판소에 육군점령재판소를 구성함. 본령의 조문에 따라 이러한 재판소에 미국, 연합국 군인, 관리에 대하여 재판관할권을 부여하거나 또는 재조선미국육군이 설립한 군사위원회, 헌법재판소, 기타 육군재판소에 부여한 재판관할권은 박탈할 수 없음.

제3조 본령의 실시 기일

본령은 1945년 11월 2일 야반에 효력을 발생함.

1945년 11월 2일

재조선미국육군사령관의 지령에 의하여

조선군정장관

미국육군소장 A. V. 아놀드

(6) 재조선미국육군사령부군정청 법령 제33호

조선 내 소재 일본인 재산권 취득에 관한 건

제1조 법령 제31호는 관보에 공포하지 않으며, 이에 전연 발령하지 않은 것과 같이 무효로 함.

제2조 1945년 8월 9일 이후 일본 정부, 그 기관 또는 그 국민, 회사, 단체, 조합, 그 정부의 기타 기관 또는 그 정부가 조직 또는 단속하는 단체가 직접, 간접으로 전부 또는 일부를 소유 또는 관리하는 금, 은, 백금, 통화, 증권, 은행계정, 채권, 유가증권과 본 군정청 관할 내에 존재하는 기타 모든 종류의 재산 및 그 수입에 대한 소유권은 1945년 9월 25일부로 조선군정청이 취득하고 조선군정청이 그 재산 전부를 소유함. 누구를 불문하고 군정청 허가 없이 그 재산에 침입 또는 점유하고 그 재산의 이전 또는 그 재산의 가치, 효용을 훼손함을 불법으로 함.

제3조 본령 제2조에 따라 조선군정청이 취득한 재산을 소유, 관리 또는 지배하는 보관자, 관리자, 관리, 은행, 신탁회사, 기타 개인, 단체 또는 조합은 다음의 각 항을 준수할 것.

(가)

(1) 군정청의 지령하에 그 재산을 보지하고 그 지령이 있을 때까지는 그 재산의 이동 또는 다른 방법으로의 처분을 금지할 것.

(2) 그 재산을 보존, 유지, 수호하고 그 재산의 가치, 효용을 훼손하는 행위를 방지할 것.

(3) 정확한 기록과 회계장부를 유지할 것.

(나) 군정장관의 지시가 있을 때는 그 지시에 따라

(1) 전기 재산에 관하여 요구된 자료 및 1945년 8월 9일 이후 그 재산에 관련한

수입 전부 및 지출을 기술한 보고서를 제출할 것.

(2) 그 재산의 보관, 관리권 및 모든 장부, 기록, 회계서류를 인도할 것.

(3) 재산과 모든 수입 또는 수익금을 결산할 것.

제4조 본령의 조규, 본령에 따라 발령한 허가 또는 규정을 위반한 자는 군정재판소의 판결에 따라 처벌함.

제5조 본령은 관보에 공포함과 동시에 효력을 발생함.

1945년 12월 6일

재조선미국육군사령관의 지령에 의하여

조선군정장관

A. V. 아놀드

(7) 군정청 취득 일본인 재산의 보고 및 재산의 경영, 점유 및 사용에 관한 건(제2호) [관재령(발췌)]

제1조 재산의 보고

1945년 8월 9일 이후 일본 정부, 그 기관 또는 그 국민, 회사, 단체조합, 그 정부의 기타 기관 혹은 그 정부가 조직 또는 단속하는 단체가 직접, 간접으로 전부 또는 일부를 소유 또는 관리하는 모든 재산 및 그 수입에 대한 소유권은 1945년 12월 6일 발령 군정법령 제33호에 따라 1945년 9월 25일부로 조선군정청이 취득한다.

그 재산을 소유 또는 관리하는 자는 그 재산에 관한 보고서를 제출할 것.

보고서는 3통을 작성할 것.

보고서를 제출하는 자는 3통이 전부 정확한 것을 증명하고 본인이 거주하는 지방장관, 금후는 재산관리관에게 1945년 12월 31일까지 제출할 것. 보고서는 해당 재산관리관이 수령한 때 혹은 정확히 성명을 기입하여 우송하되 제출 기일인 오전 0시 이전의 우편 일자 소인이 찍혀 있는 때는 제출한 것으로 취급한다.

보고서에는 다음 사항을 기재할 것.

(가) 보고서 제출자의 성명, 주소, 국적

(나) 보고 재산과 보고서 제출자와의 관계.

1. 일본인이 전 소유자인 경우에는 재산소유권의 취득 일시를 기입할 것.
2. 일본인이 전 소유자가 아닌 경우에는 어떠한 권한으로 그 재산을 소유 또는 관리하는가를 밝히고, 그 일시, 위임장이 있으면 그 사본을 첨부할 것.

(다) 재산의 전 소유자의 성명 및 주소

조합이 그에 대하여 책임을 가지는 유산

(라) 보고 재산이 부동산인 경우에는 다음 사항을 기입할 것.

1. 부동산 각각의 위치
2. 부동산 각각의 면적
3. 부동산 각각에 부착하는 건물 및 부속물의 기술

4. 부동산 각각의 용도

5. 임차자가 있을 때는 부동산의 개별 임차인 성명

6. 1945년 8월 9일 현재의 부동산 각각의 가격

7. 부동산 각각을 등기한 등기소의 위치, 등기일시 및 등기인 성명

(마) 보고 재산이 유체동산인 경우에는 다음 사항을 기입할 것.

1. 재산을 종별로 분별한 표

2. 각 종별 재산의 기술, 위치, 가격 및 평가의 기초

(바) 보고 재산이 무체동산 혹은 무체동산의 표시물인 경우 아래 사항을 기입할 것.

1. 각 재산의 상세한 기술

2. 각 재산의 위치

3. 각 재산의 가격

(사) 1945년 8월 9일 이후의 재산에 관한 수입금 및 지출금

제2조 재산의 경영, 점유 및 사용

모든 공업, 금융, 상업, 농업, 주택상 및 기타 재산 또는 기업은 조선군정청 관리인의 (가) 재산 관리 혹은 (나) 기타 조선군정청의 국과(局果) 또는 기관의 관리를 통하여 인가한 현행 또는 미래의 협정 또는 수속하에 경영, 점유 또는 사용할 것.

제3조

본령은 관보에 공포함과 동시에 효력을 발생함.

1945년 12월 14일

군정장관 지령에 의하여

재산관리관 존 B. 랩슬리(John. B. Lapsley)

(8) 접수 농지에 관한 건(제3호)

제1조

재조선미국육군부대 또는 조선군정청의 대행기관이 접수한 농지는 이를 계속해서 그 부대 또는 대행기관의 통제 관리하에 둔다. 이러한 부대 또는 대행기관은 그 재산의 정당한 회계, 보존 및 이용에 관하여 재산관리관에게 책임을 부담시킨다.

제2조

이전에 일본 국민(자연인 또는 법인)이나 일본 정부 혹은 그 대행기관이 소유했던 농지로, 육군부대 또는 조선군정청의 대행기관에 접수하지 않고 1945년 12월 6일부 군정법령 제33호에 따라 그 소유권 수여의 결과, 1945년 9월 25일부로 조선군정청의 소유가 된 모든 농지는 그 재산의 보존, 이용 및 회계에 관하여 신한공사를 재산관리관의 책임 기관으로 지명하여 이를 관리하게 한다.

제3조

본령은 관보에 공포되는 즉시 효력을 발생한다.

1945년 12월 19일

군정장관 지령에 의하여

재산관리관 존 B. 랩슬리

(9) 재조선미국육군사령부군정청 법령 제57호

제1조 예입명령

북위 38도 이남, 남부 조선 내 자연인 및 법인에게 다음 사항을 명령한다.

(가) 1946년 3월 2일부터 3월 7일까지 제2조에 열기한 금융기관에 자연인 및 법인이 소유하거나 점유한 1원권 이상 종류의 일본은행권 또는 대만은행권의 예입.

(나) 1946년 3월 7일 이후, 이러한 화폐의 수출, 수입, 영수, 지불 또는 고의로 소유, 점유 또는 기타 이전 등 이러한 거래의 취급이나 종사의 금지.

제2조 지정금융기관

아래 각 금융기관에 예입자의 명의로 본령에 따라 일본엔 당좌로 일본은행권 및 대만은행권의 수리를 명령 인가한다.

조선은행	조선식산은행	조흥은행
조선상업은행	조선신탁회사주식회사	조선저축은행
금융조합연합회		

각 금융기관은 아래 사항을 준수할 것.

(가) 본령에 따라 예입한 은행권을 기타 화폐와 구별하여 보관을 계속할 것.

(나) 예입 기간 후 즉시 각 예입 화폐액을 조선 서울군정청 재무국에 보고할 것.

제3조

본령에 따른 일본은행권 및 대만은행권의 예입 당좌는 인출을 불허하고, 무이자로 거치하며 현재 또는 장래의 대부 또는 부채의 담보에 따라 양도, 유통 사용할 수 없다.

제4조 벌칙

본령의 조규를 위반한 자는 군정재판소의 결정에 따라 처벌한다.

제5조 시행기일

본령은 1946년 2월 21일 야반에 효력이 발생한다.

1946년 2월 21일

조선군정장관

아처 L. 러치(Archer L. Lerch)

(10) 은행지령(제5호)

1. 금융기관은 일본은행권을 조선은행권과 교환하면 안 되며, 일본은행권을 후일 인출할 목적으로 예금에 입금하는 것도 안 된다.
   다만, 본국이 특별히 인가한 때는 가능하다.
2. 일본은행권은 그 소유자의 청구로 보관되며, 동시에 보관에 대하여 보관영수증을 발행한다.
   보관 인수 후에는 인출 또는 이 자금에 대한 대출 혹은 선대(先貸)를 하면 안 된다.

1946년 2월 25일

재무국장 찰스 고든(Charles Gordon)

(11)은행지령(제6호)

일본 국민의 예금 소유권은 1945년 12월 6일부 군정법령 제33호 제2호에 따라 1945년 9월 25일부로 조선군정청에 귀속됐다.

일본인이 과거 소유한 예금의 인출을 다음과 같이 제위에 지령한다.

1. 즉시 귀국하는 정식허가장을 소유한 일본 국민은 각 세대원(귀국 정식 허가를 받은)에게 일본은행권으로 일금 1,000엔을 인출할 수 있다.
2. 조선에 체류하는 호주인 일본 국민(성인 1인)은 생활비로 매주 조선은행권으로 일금 500원을 인출할 수 있다.

1946년 2월 27일

재무국장 찰스 고든

(12) 은행지령(제8호)

1. 1946년 2월 21일부 고시 제57호에 따라 1엔권 이상의 일본은행권의 예입 수령을 명한다.
이 예입은 일본은행권 예입 계정하에서 취급하고, 귀행의 다른 자금과 분리하며 자금부채표에 기입하지 않을 것.
예입된 일본은행권은 후일 지시가 있을 때까지 각 은행에 보관할 것.

2. 일본은행권 1엔권 이하의 보조지폐는 이전과 같이 통용할 것.

3. 예입보관증을 예입자 개인, 대리인, 회사, 상사 단체 및 정치단체의 명의로 발행할 것.
예입자가 개인이 아닌 때는 단체 대표자가 서명날인할 것.

4. 예입보관증을 당국에서 배부하되, 그 보관증은 세 편(片)으로 작성하며, 각 편에는 반드시 잉크로 기입할 것.
각 편에는 예입자 및 귀행 당사자가 각각 서명날인할 것.
첫 번째 편은 예입자에게 주고, 두 번째 및 세 번째는 귀행 혹은 귀행 지점 또는 대행기관에서 보관할 것.

5. 현재 은행에 보관 중인 일본은행권은 이번 발포된 일본은행권 예입 계정으로 대체하며 이미 발행된 보관증은 이번 배부될 예입보관증과 교환할 것.

6. 일본은행권 예입은 3월 2일부터 7일까지로 한다.
이 기간 경과 후에는 일본은행권 1엔 이상은 예입해서는 안 된다.

7. 대만은행권도 위와 같은 조건으로 취급한다. 다만,

(1) 예입보관증은 대만은행권이라는 명목하에 발행할 것.

(2) 이 예입은 대만은행권 예입 계정하에서 취급할 것.

(3) 대만은행권은 1엔권 이하여도 예입할 수 있다.

1946년 2월 23일

재무국장 찰스 고든

(13)은행지령(제10호)

1. 각 금융기관은 1946년 4월 2일부터 같은 달 16일까지 보관 예입된 일본은행권 및 대만은행권을 전부 즉시 각각 그 본점으로 이송하는 동시에 그 보관영수증 제3호를 첨부할 것.

   보관 예입한 일본은행권 총액은 보관영수증 제3호 총계와 일치해야 한다.

2. 각 금융기관은 보관영수증 제2호를 보관할 것.

3. 위 은행권 이송 후, 각 지점은 일본은행권의 보관을 금지한다.

   각 은행 또는 지점이 보조화폐 이외의 일본은행권을 인수하는 때는 엄중히 처벌한다.

1946년 3월 21일

재무국장 찰스 고든

(14) 은행지령(제12호)

1. 군정법령 제33호에 따라 귀속된 일본인 개인, 단체, 상회, 조합 또는 협회의 계정에 대하여 지급하는 이자는 금일부터 전부 지급하면 안 된다.
   다만, 재무부 명령에 따라 동결 해제된 계정에 대한 이자는 지급할 수 있다.

2. 1945년 8월 9일 이후 귀속된 계정에서 발생한 이자의 기장은 폐지한다.
   다만, 본 재무부 명령에 따라 동결 해제된 계정에 대한 이자 기장은 폐지할 수 없다.

1946년 8월 6일

재무국장 찰스 고든

(15) 태평양미국육군총사령부 포고 제4호

〈조선의 법화에 관한 포고〉

제1조 법화

1. 보조군표인 'A' 印의 원 통화는 1946년 7월 10일 이후 북위 38도 이남의 조선 지역에서 공사 변제에 사용하는 법화가 되지 않는다.
2. 1946년 7월 10일 이후, 보조군표인 'A' 印의 원 통화의 소지를 금한다. 보조군표인 'A' 印의 원 통화는 법령이 규정하는 바에 따라 회수한다.

   1945년 9월 7일부 포고 제3호의 규정에서 본 보고와 불합치하는 점은 이에 폐지한다.

제2조 형벌

본 포고의 규정을 위반하는 자는 육군점령재판소의 판결에 따라 소정형벌에 처한다.

1946년 7월 1일

태평양미국육군최고지휘관

더글러스 맥아더

(16) 신한공사의 설립(법령 제52호의 개정) (법령 제80호)

제1조

신한주식공사를 조선군정청의 한 법인 기관으로서 이에 창립한다.

신한주식공사는 조선 국민의 경제 진흥을 유일의 목적으로 한다.

신한주식공사는 군정장관이 후임자를 임명할 때까지 직무를 집행할 10명의 이사가 이를 관리한다.

이사회는 군정장관의 승인을 받아 이사회에서 제정한 정관 및 내규에 따라 동(同) 공사를 운영한다.

신한주식공사의 본점은 조선 경성에 설치하고 지점은 군정장관의 승인을 받아 이사회의 결정에 따라 설치한다.

군정이 종료될 때 신한주식공사는 조선 정부의 책임에 귀속된다.

제2조

이사는 공사이사회 회장 및 군정장관이 선임한 각 도에서 1명 또는 1명 이상의 선출자로 구성되는 고문회를 설치하며, 이사장이 고문회 회장을 겸한다.

고문회는 회장이 소집한다.

고문회는 이사회에 건의하고 이사회는 주요한 운영 방침에 관하여 고문회에 자문한다.

제3조

신한주식공사의 자본금은 1억 원으로 한다.

주권은 매주 50원으로 한다.

공사 주권은 전부 군정청이 단독 인수하고 동양척식주식회사 재산의 실제적 이전에 따라 군정청이 전액을 불입한다.

공사의 책임은 자본 주권 금액에 한한다.

본 공사는 군정청 또는 장차 수립될 조선 정부만이 이를 해산할 수 있다.

제4조

1945년 8월 9일 이후 동양척식주식회사가 소유한 전 재산은 신한주식공사에 귀속된다.

제5조

신한주식공사는 아래의 권한을 가진다.

1. 본 공사의 주권을 액면 가격보다 낮은 가격으로 취득 및 소유하는 권한
2. 군정장관이 서명날인한 일반고시의 발령으로 이사회의 결의에 따른 자본의 증가 또는 감소
3. 조선 현행 상법 또는 이후 시행될 상법에 따른 주식회사의 전 권능
4. 상법 규정에 따라 사채를 발행할 때 사채 총액은 불입 자본 금액의 10배를 초과하지 않는 한도에서 발행할 수 있으며, 그 사채 발행 및 부수 제반 조건은 군정장관의 인가를 요한다.
5. 이사회에서 결정된 임원 및 직원의 임명 및 보수
6. 금속 및 비금속 등, 천연자원의 개발 및 제련, 제반 원료 및 화학용품의 채취 및 정제, 상공업을 목적으로 하는 물품의 제조, 기계 동력 및 운수용 제반 기구, 선박 및 항공기 부분품 및 비품, 전기 기구 및 장치, 직물 및 식료품 제조를 포함한 각종 생산 사업의 경영
7. 도소매, 창고업 및 저장업 등 각종 상업의 경영
8. 차지(借地), 농사 시험소 또는 연구소의 소유 및 운용을 포함한 각종 농업 또는 묘포용지 또는 조림지를 포함한 각종 임업의 경영
9. 임대차 계약, 용선 계약에 따라 어선, 선거(船渠) 또는 어류와 기타 해산물의 운반, 저장, 보관하는 어구 및 설비의 소유 또는 운용을 포함한 어업, 기타 해산물 획득을 목적으로 하는 사업
10. 군정장관의 지령에 따라 신한주식공사의 권한 내 사업에 관한 상행위 단속 및 감독. 다만, 앞서 언급한 사업에는 기술 원조의 제공을 포함한다.
11. 재산의 소유 또는 처분.

12. 기타 본 공사의 목적 달성에 부수 및 필요한 권한.

제6조

본 공사의 이사, 임원 및 직원은 공사의 적절 필요한 업무 범위에서 상법 규정에 따라 복무하며 직권을 행사한다.

제7조

공사의 공시 사항은 일반 신문에 게재 발표한다.

제8조

본령은 공포일부터 유효하다.

1946년 5월 7일

조선군정장관

미국육군소장 아처 L. 러치

(17) 외국과의 교역 통제에 관한 건(법령 제93호)

제1조 무면허 거래의 금지

면허 또는 기타 방법으로 조선군정청이 특별공인한 것을 제외하고 다음 거래를 금한다.

(가) 조선 외의 개인 또는 정치단체가 직접 또는 간접으로 이해관계를 가지는 거래

(나) 조선 내에 있는 개인 또는 정치단체에 의하여 소유, 보지 또는 관리되는 다음 형태의 재산을 포함하는 거래

1. 조선에 있는 재산(또는 그에 대한 증거)
2. 금, 은, 백금 또는 기타 귀금속 및 이러한 금속을 함유하는 화폐 또는 지금
3. 조선 내의 비법화(非法貨)
4. 소재지를 불문하고 조선 내의 비법화로 표현 또는 지불했거나, 조선 외의 개인이나 정치단체가 발행 또는 창설했거나, 조선 외의 개인이나 정치단체에 대하여 채권을 창설했다고 주장하는 증서, 유통증권 및 기타 소유권 또는 채무 증서
5. 소재지를 불문하고 조선 외의 개인이나 정치단체에 대한, 또는 조선 내의 비법화로 표현된 청구 또는 그에 관한 증거
6. 소재지를 불문하고 조선 외 개인이나 정치단체가 어떠한 성질의 이해관계를 불문하고 직접 또는 간접으로 이해관계를 가지는 재산

(다) 전술한 금지 사항을 기피, 회피할 목적으로 행하거나 이와 동일한 결과를 초래하는 거래

제2조 재산 및 채권 신고

본 법령 시행 후 60일 이내에

(가) 일본에 있는 재산, 일본에 있는 개인재산, 일본 정부에 대한 청구 또는 그 증거를 제외하고, 본령 제1조 (나)항에 기재된 재산을 직접 또는 간접적으로, 그 전액 혹은 일부분을 소유, 소지하거나 관리한다.

(나) 일본 내의 개인 또는 일본 정부에 대한 것을 제외한 조선 외의 개인 또는 정치단

체에 대하여 이행기의 도래, 미도래를 불문하고 이행할 채무를 부담하고 있는 자는 가까운 조선은행의 지점이나 지정 대행소에 이러한 자산, 채무에 관한 신고서를 동 지점이나 대행소에서 제공하는 양식에 따라 제출할 것.

제3조 기록의 보관 및 검사

재무부장은 누구에게나 본령 제1조에 기재된 재산과 거래에 관한 완전한 서류의 보관 및 경우에 따라서는 보고서나 기타 형식으로 그와 관련한 완전한 통지를 요구할 수 있다.

이 통지서는 이상에서 언급한 자가 보관하는 장부의 기입 사항, 계약 서류, 서한, 기타 서류를 포함할 수 있으며, 재무부장은 이들 서류의 제출을 요구할 수 있다.

제1조에 기재한 거래에 종사하는 자는 이러한 거래가 면허에 의하여 유효하거나 기타 방법에 의하여 유효하거나를 불문하고, 그에 대한 완전한 기록을 보관하며 이러한 기록은 거래 기일 후 최소 2년간 보관하여 검사에 기여하도록 할 것.

제4조 면허신청 및 면허 당국

본령으로 금지된 거래의 종사에 관한 면허 또는 허가에 대한 신청은 면허 당국인 재무부장에게 제출할 것. 다만, 1946년 7월 12일부 외국무역규칙 제1호에 따라 외국무역을 허가하는 면허장이나 허가장을 상무국이 발행한 때는 본령에 따른 별개의 면허장은 불필요하다. 그러나 상무국이 발행한 면허장이나 허가장은 외국무역에 종사하기 전에 그 겉면에 재무부의 시인증을 받아야 한다.

제5조 금지된 거래 및 양도의 무효

본 법령에 따라 금지된 양도, 거래 및 본 법령의 기피 또는 회피를 목적으로 하거나 그러한 효과를 가져오는 약속은 처음부터 무효다.

제6조 저촉되는 규정의 일치화

본령과 불일치하거나 본령 규칙과 모순되는 모든 법률 및 법규 또는 그 부분은 폐지한다.

제7조 정의

이 법령 내에서 사용되는 때,

(가) 용어 "인(人)"은 자연인 또는 법인을 포함한다.

(나) 용어 "거래"는 획득, 수입, 차입, 회수, 별도 보관, 보수의 유무를 논하지 않는 수취, 송금, 매도, 감면, 양도, 이동, 수출, 저당, 담보 또는 기타 처리 및 지불, 상환, 대출, 보증 또는 기타 본 법령에 기재된 재산에 관한 취급을 포함한다.

(다) 용어 "재산"은 건물 및 토지, 기타 모든 동산, 부동산 및 기한의 도래, 미도래를 불문하고 이러한 재산에 대한 합법, 정당 또는 경제적 권리, 이해관계, 또는 청구 및 통화, 은행잔고, 수표, 지급명령서, 환어음 및 기타 지급증서 및 주권, 무기명 주권, 소유권증서, 청구서, 차용증서, 사채권 및 기타 부채의 증거를 포함한다.

(라) 재산이 아무개의 성명으로 또는 그의 계산이나 이익을 위하여 소지되거나, 혹은 그 지정인이나 대리인의 부담으로 되어 있거나, 혹은 그가 이러한 재산을 획득, 수취 또는 취득할 권리 또는 채무를 가질 때에 그 재산은 그로써 "소유, 소지 또는 관리"된다고 인정한다.

(마) 본령에서 "조선"이란 38도 이남의 조선을 의미함을 인정한다.

(바) "정치단체"는 정부 및 그 부서, 보조 기관 또는 그 대행기관을 포함한다.

제8조 형벌

본령의 규정을 위반하는 자는 육군점령재판소의 판결에 따라 소정형벌에 처한다.

제9조 시행기일

본령은 공포일부터 효력을 발생한다.

1946년 7월 4일

조선군정장관

미국육군소장 아처 L. 러치

(18) 어선 및 선박(제6호)

제1조 목적

본령의 목적은 1945년 12월 6일부 군정법령 제33호에 따라 군정청에 귀속된 선박에 대한 이용, 보관 및 채무에 관하여 조선 정부의 각 기관 및 대행기관의 책무를 명백히 하는 데 있다.

제2조

본령의 목적을 완수하기 위하여 군정청에 속하는 선박의 소유 및 관리에 관한 현존 사실을 확실히 하는 것이 우선 필요하다. 이러한 사실을 확실히 하려면 보고서가 필요하다.

보고서는 본령 제6조의 시행기일 후 15일 내에 작성할 것.

(가) 보고를 요하는 해당자

1945년 12월 6일부 군정법령 제33호에 따라 조선군정청에 귀속된 선박을 소유 또는 관리하는 모든 자연인 또는 법인 및 모든 행정부서 대리기관은 일자를 첨부하여 서명한 보고서 3통을 제출할 것.

(나) 보고 내용

보고서는 다음 내용을 포함할 것.

1. 보고자의 성명, 주소 및 보고 선박과의 관계, 소유 또는 관리를 하게 된 권리와 사유의 설명 및 그 일자.
2. 보고 선박의 종류, 선형, 선호, 신호문자 및 선박의 신장, 선박의 신장이 120미터를 초과할 때는 화물 적재 능력, 등기 항만명, 등기일, 현재 소재지 및 사용 목적.
3. 보고 선박의 추정 가격 및 1945년 8월 9일 이후 이와 관련한 수지 내용, 지출의 목적 및 수입의 처분을 명시할 것.
4. 보고자 또는 대리인이 보고 선박의 소유 또는 관리를 계속할 의사의 유무.

(다) 보고서의 제출

어선에 관한 보고서는 조선정부 농무부(주의: 수산국)에 직접 또는 등기우편으로 송부할 것.

기타 선박에 관한 보고서는 조선정부 운수부(주의: 해운국)에 직접 또는 등기우편으로 송부할 것.

해운국 및 수산국은 차례로 이 보고서를 각 도별로 2통씩 분류하여 관재처에 제출할 것.

제3조 선박의 처치

관재처(또는 도(道) 관재과)는 이 보고서를 접수한 뒤, 보고된 각 선박의 처치에 관하여 군정장관의 지시 및 기타 현존 법률 요건에 따라 이를 결정하거나 특별명령을 발령한다.

처치 명령은 보고자의 해당 선박의 소유 혹은 관리 계속 또는 지정한 시일 및 장소에서 특정자에 대한 인도에 관하여 규정한다. 이 명령에 관해서는 다음 일반 원칙을 준수할 것.

(가) 모든 어선은 조선수산협회에 양도, 인도하거나 또는 이용보관의무에 관한 명령에 따라 운영할 것.

(나) 기타 모든 선박은 운수부 해운국에 양도, 인도하거나 또는 이용보관의무에 관한 명령에 따라 운영할 것.

(다) 관재처[또는 도(道) 관재과]는 각 처치명령서 사본을 조선수산협회 또는 운수부 해운국에 송부할 것.

제4조 벌칙

여기서 요구하는 보고를 하지 않고 관재처[또는 도(道) 관재과]의 요구에 따른 선박 소유권을 양도, 인도하지 않고, 소유권을 증명하는 적당한 합법적 서류 없이 이러한 선박을 계속해서 불법 소유하거나 또는 그 규정을 위반하거나 본령의 의도를 기피하려 한 자는 군정법령 제33호 및 이에 해당하는 법률 또는 규칙을 위반한 것과 동일하게 처벌한다.

제5조 명령 범위의 제한

본령은 등기, 감사, 허가 날인, 교통 및 통관 수속, 관세, 항공 및 이에 종사하는 선박 또는 직원에 대해 동일한 사항에 관한 법률의 현존 및 장래의 요건에는 영향을 주지 않는다.

제6조 시행기일

본령은 발포일부터 10일 후에 효력을 발생한다.

(주) 본령에서 어선이라 함은 1934년 2월부 개정 일본 정부 체신성령 제4호 제3조(1935년 2월부 총령 제20호에 따라 조선에도 적용됐다)에 따라 이를 규정한다.

오로지 어로에 종사하는 선박

어로에 종사하는 선박으로 어획물의 보호 또는 제조 설비를 구유(具有)하는 선박

오로지 어획물 또는 기타 제품 운반용 선박

오로지 어업에 관한 시험 조사 또는 연습 혹은 어업 단속에 종사하는 선박으로 어획 설비를 구유하는 것.

1946년 7월 21일

군정장관 지령에 의하여

관재관 C. H. 맹거(Cornelius H. Menger)

(19) 기득된 제(諸) 회사의 보고(제5호)

제1조 목적

본령의 목적은 재조선미국육군군정청에서 취급한 재산 및 자산을 보지하기 위한 적당한 관리를 실행하고자 법인, 회사, 산업사(產業社), 조합 등의 자금의 총수입 및 총지출에 중점을 둔 재정보고서의 제출을 요구하는 데 있다.

제2조 보고서 제출

(가) 3개월별 보고서

1. 군정청 관리하에 운용되는 법인, 회사, 산업사 및 기타 조합, 단체 등은 계절별 대차대조표 및 손익계산서를 각자의 부(部) 또는 처장에게 제출하고, 각 장은 계절별 보고일에 계속되는 제2월 30일 이내에 각 보고서의 등본을 재산관리처에 제출할 것.

   계절별 보고일을 다음과 같이 정한다.

   3월 31일, 6월 30일, 9월 30일, 12월 31일

2. 이러한 부 또는 처에 대해서도 책임이 없는 일부 재산관리관의 대리기관으로서 군정청의 관리하에 운용되는 법인, 회사, 산업사 및 기타 조합, 단체 등은 계절별 대차대조표 및 손익계산서를 계절별 보고일에 계속되는 제2월 30일 이내에 재산관리인에게 제출할 것.

   계절별 보고일을 다음과 같이 정한다.

   3월 31일, 6월 30일, 9월 30일, 12월 31일

3. 2도(道) 이상에 걸쳐 사무소를 두고 있으며, 군정청을 위하여 조선인이 운용하는 법인, 회사, 산업사 및 기타 조합, 단체 등은 계절별 대차대조표 및 손익계산서를 계절별 보고일에 계속되는 제2월 30일 이내에 그 주사무소가 소재한 도(道) 재산관리관에게 제출할 것.

4. 1도(道) 내에만 소재하는 법인, 회사, 산업사 및 기타 조합, 단체 등은 월차 대차대

조표를 법인, 회사, 산업사, 조합, 단체 등에 대해 책임 있는 도(道) 재산관리관 또는 부 혹은 처가 정하는 기일에 제출할 것.

다만, 어떠한 경우에도 매월 보고일에 계속되는 익월 20일을 초과하지 않을 것.

월말의 영업 종결일을 매월의 보고기일로 본다.

5. 법인, 회사, 산업사 또는 기타 조합, 단체 등은 본령에 열기한 것 외에 보고일이 있는 때는 그 법인, 회사, 산업사 및 기타 조합 등은 동 법인, 회사, 산업사 또는 기타 조합 등에 대해 책임 있는 도(道) 재산관리관 혹은 부 또는 처에 그 사실을 보고할 것. 법인, 산업사, 조합에 대해 책임 있는 도(道) 재산관리관 혹은 부 또는 처는 이러한 타 보고일을 이용할 권한이 있으며, 재산관리처에 이러한 실행을 보고할 것.

(나) 매월의 손익계산서

1. 모든 법인, 회사, 산업사 및 기타 조합, 단체 등은 월차 손익계산서를 법인, 회사, 산업사 또는 조합, 단체 등에 대해 책임 있는 도(道) 재산관리관 혹은 부 또는 처, 혹은 독립된 대행기관에 제출할 것.

   계산서는 법인, 회사, 산업사 또는 조합 등의 운용에 관하여 책임 있는 도(道) 재산관리관, 부, 처 혹은 독립된 대행기관이 정한 기일에 제출할 것.

   다만, 어떠한 경우에도 매월 보고일에 계속되는 익월 20일을 초과하지 않을 것.
2. 모든 월차 손익계산서의 등본을 매월 보고일에 계속되는 익월 20일에 재산관리처에 제출할 것.

제3조 정관

(가) 대차대조표

대차대조표는 특정 영업 종결 기일의 법인, 회사, 산업사 또는 기타 조합, 단체 등의 모든 자산 및 채무를 표시하는 기록을 말한다.

1. 자산은 정상적으로 채무 변제에 적용할 수 있거나 혹은 변제를 조건으로 한 법인, 회사, 산업사 혹은 기타 조합 등의 전 재산을 뜻한다.

대차대조표상의 자산은 부동산, 현금, 재고품, 재하, 수취계정 등과 같은 재산의 장부상 가격 또는 사입원가를 표시한다.

2. 장부의 대변은 부채를 뜻한다.

대차대조표의 대변은 모든 부채, 투자 및 잉여금 또는 적자를 포함한다.

3. 대차대조표는 원가의 재고품을 표시한다.

재고품의 현 시장 근사치 가격은 대차대조표에 대한 각주로써 표시한다.

미사용 당좌대월 또는 당좌차월은 대차대조표상의 각주로써 표시한다.

(나) 손익계산서

특정 기간(예를 들어 1개월, 3개월 등)의 법인, 회사, 산업사, 조합, 단체 등의 총수입 및 총지출에 관한 보고서를 손익계산서로 한다.

1. 총수입은 특정 기간(예를 들어 1개월, 3개월 등)에 법인, 회사, 산업사, 조합, 단체 등이 수취한 모든 자산에 영향을 미치는 항목을 뜻한다.
2. 총지출은 특정 기간(예를 들어 1개월, 3개월 등)의 법인, 회사, 산업사, 조합, 단체 등의 금전상 또는 재산상의 모든 지출을 뜻한다.

제4조 손실 또는 재정적으로 불완전한 기초 위에 운용되는 기업

(가) 도(道) 재산관리관, 부, 처 또는 독립 대행기관은 계속해서 2개월간 손실 혹은 그 경계에서 운영되고 있는 법인, 회사, 산업사 혹은 기타 조합, 단체 등의 명부 2통을 법인, 회사, 산업사 기타 단체 등 중 어떠한 것을 존속, 운용시킬 것인가에 관한 사정(의견에 대한 상세한 이유서를 매 건에 대하여) 및 추천서 모두 재산관리처에 제출할 것.

(나) 재산관리처는 개개 법인, 회사, 산업사 또는 기타 조합, 단체 등의 존속 또는 해산에 관한 장래 방침을 결정하기 위하여 명부록, 사■록 및 추천서를 국민경제위원회를 통하여 군정장관에 제출할 것.

제5조 보고서 제출에 대한 최초 기일

(가) 최초의 매기(每期) 대차대조표는 1946년 6월 30일에 종결하는 3개월에 대한 것이

며, 최초의 월차 대차대조표는 1946년 6월 30일에 종결하는 1개월에 대한 것이다.

(나) 최초의 매기 손익계산서는 1946년 6월 30일에 종결하는 3개월에 대한 것이며, 최초의 월차 손익계산서는 1946년 6월 30일에 종결하는 1개월에 대한 것이다.

1946년 7월 30일

재산관리관

미국 치중병 중령 C. H. 맹거

(20) 각종 귀속 사업체 운영에 관한 건(제8호)

제1조 목적 및 범위

1. 본령은 제반 귀속 사업체의 운영을 위한 이용, 보관, 재무에 관한 조선군정청 소속 각 행정관, 각 기관 및 그 대행기관의 책임 규정을 목적으로 한다.
2. 군정청 재산관리관은 현재 그 관할하의 귀속 각종 기업체, 회사, 조합, 기타 사업단체 일체(공업, 광업, 상업, 청부업, 어업, 은행업, 농업, 임업, 금융업, 사립학교, 보험업, 운수업, 선박업)의 관리 감독권(그 운영권과 그 관리자 또는 최고책임자의 임명권을 포함한다)을 관재처관재 수속요령에서 규정하는 수속에 따라 군정청 각 부처 및 그 대행기관의 소관 고문관에게 이를 이관한다.
3. 군정청 재산관리관이 일정 귀속 사업체를 운영하기 위하여 임명한 소관 고문관은 이에 대한 관리를 감독한다.
4. 일정 귀속 사업체를 감독하기 위하여 임명된 소관 고문관은 군정청 재산관리관에 대하여 당해 사업체의 적당한 관리인의 임명, 원료의 획득, 생산품의 처분(다만, 그 처분은 관계 지령, 법령, 규칙 등에 따를 필요가 있다), 자산의 유지 보존에 관한 재정상 기타 책임을 부담한다.
5. 미발견 또는 은닉된 자산으로, 귀속 사업체에 대한 것의 관리 감독권도 판명되는 대로 소관 고문관에게 이관한다.

제2조 재정상 기타 책임 및 기존 법령의 개정

1. 재산관리관이 발(發)한 귀속 사업체 또는 귀속 재산 관리 관계 관재령, 수속요령, 기타 명령, 지시, 기타 주의사항에 따르면, 보고서 제출 및 기타 사무 처리는 귀속 사업체 또는 귀속 재산을 관리하는 군정청 소속 부처 또는 그 대행기관이 이를 수행한다고 규정되어 있었으나, 이를 개정하여 향후 이러한 사무 처리는 전기 부처 또는 그 대행기관의 최고책임자나 소관 장관의 고문관이 수행한다.

   당해 귀속 사업체 또는 귀속 재산의 유지, 보존, 보호, 안전 처리나 관리에 대한 책임자는 어떠한 경우에도 당해 고문관이 이를 맡는다.

본 관재령의 각 규정은 이전 군정청 소속 부, 처 또는 그 대행기관의 관할하에 있던 각 귀속 사업체 또는 귀속 재산의 관리에 대하여 적용한다.

제3조 문서 및 회계

1. 경성시 재산관리관은 본령 적용상 이를 도(道) 재산관리관으로 본다.
2. 군정청 소속 부, 처 또는 그 대행기관의 책임 고문관 감독하에 운영되고 있는 귀속 사업체로, 그 위치가 사실상 1도에만 소속된 때는 관재령 제5호에 따라 문서와 회계서류를 적당히 비치하고 소요 보고서 5통을 소관 고문관에게 제출해야 한다.
   당해 고문관은 그중 3통을 도(道) 재산관리관에게 제출하고 1통은 군정청 소속 부, 처 또는 그 대행기관의 소관 고문관에게 제출해야 한다.
   도(道) 재산관리관은 언제든지 소요 보고서 2통을 군정청 관재처에 제출한다.
3. 군정청 소속 부, 처 또는 대행기관의 책임 고문관 감독하에 운영되고 있는 귀속 사업체로, 그 사무소가 2도 이상 또는 전국에 걸쳐 있는 때는 각 문서와 회계서류를 적당히 비치하고 소요 보고서 2통을 소관 고문관에게 제출해야 한다.
   소관 고문관은 언제든지 그중 1통을 군정청 관재처에 제출해야 한다.
4. 대차대조표, 손익표, 고정재산 구입 승인 신청서, 고정자산 상황 변경 보고서, 기타 보고서는 관재령 제7호 또는 차후 제정하는 관재령에서 규정한 서식에 따라 제출해야 한다.
5. 군정청 재산관리관은 문서 및 회계서류에 대한 조사나 감독 권리를 가지며, 필요에 따라 추가 보고를 청구할 권리도 가진다.

제4조 고정자산비 지출

1. 고정자산비를 지출할 때는 사전에 군정청 재산관리관의 승인서를 받아야 한다.
   이때는 당해 군정청 소속 부 또는 그 대행기관의 책임 고문관을 경유하여 군정청 재산관리관에게 신청서 3통을 제출해야 한다.

2. 당해 귀속 사업체의 위치가 1도 내에 국한된 때는 고정자산비지출신청서는 다음 수속을 해야 한다.

당해 귀속 사업체의 소관 책임 고문관은 고정자산비지출신청서 5통을 도(道) 재산관리관에게 제출해야 한다.

도(道) 재산관리관은 신청서 4통을 당해 도청의 소속국 또는 그 대행기관을 관할하는 군정청의 부, 처 또는 그 대행기관의 소관 고문관에게 본인의 추천장을 첨부하여 제출해야 한다.

군정청의 소관 부, 처 또는 그 대행기관의 고문관은 신청서 3통을 본인의 추천장을 첨부하여 군정청 재산관리관에게 제출해야 한다.

3. 고정자산비를 본령 시행일 전에 지출한 때는 소관 고문관이 본령 제4조 제1항 및 제2항에 따라 소요 사항을 보고해야 한다.
4. 여기서 "고정자산비"는 고정적, 항구적 고정자산을 취득 또는 비상 수선 또는 유지하기 위한 현금 지출을 뜻한다.
5. 군정청 재산관리관이 고정자산비 지출을 승인할 때는 그 합법적 권한 내에서만 이를 행한다.

제5조 운영의 폐지

1. 귀속 사업체 및 귀속 재산의 제반 운영에 대한 모든 책임자는 전술한 것처럼 소관 고문관이 맡는다.
2. 군정청 소속 부, 처 또는 그 대행기관의 소관 고문관이 귀속 사업체의 일부 또는 전부의 운영을 폐지해야 한다고 인정할 때는 건의서 5통을 작성하여 관재처에 제출해야 한다.

군정청 재산관리관은 심사와 의견을 구하기 위하여 이에 대한 동의서를 첨부하여 중앙경제위원회에 제출해야 한다.

군정청 재산관리관은 이와 같이 수행한 뒤에 정당한 권한 내에서 적당히 이를 처리한다.

3. 귀속 사업체의 전부 또는 일부의 운영 폐지에 관한 신청수속은 본령 제4조에 규정한 귀속 사업체의 위치가 1도 내에 국한된 때의 고정자산지출신청서수속을 준용한다.
4. 소관 책임 고문관은 자산의 매각 또는 감손, 무승인 청산, 부당 지급, 부당 이전을 방지하기 위하여 귀속 사업체의 운영을 힘껏 보호, 주의해야 한다.
5. 귀속 사업체의 운영 폐지를 군정청 재산관리관이 승인한 때에 당해 귀속 사업체의 중역(重役) 회장이나 관리인은 직접 그 취지를 도(道) 재산관리관에게 보고하되, 만약 전국에 걸쳐 운영되고 있는 귀속 사업체인 때는 당해 귀속 사업체 전부 또는 일부에 대한 운영을 폐지하는 지령서를 받기 위해 이 취지를 군정청 재산관리관에게 보고해야 한다.

   중역 회장, 관리인 및 소관 고문관은 운영을 질서 있게 폐지할 책임이 있다.

   군정청 재산관리관이 운영 폐지를 하는 때는 그 합법적 권한 내에서 수행한다.
6. 본 관재령 시행일 전에 발생한 귀속 사업체의 전부 또는 그 일부분의 운영 폐지에 관한 보고서는 본령 제3조의 규정에 따라 도(道) 재산관리관에게 제출하며, 당해 귀속 사업체의 운영이 전국에 걸친 때는 소관 고문관이 관재처에 제출해야 한다.

   그중 1통은 어떠한 경우에도 군정청 관재처에 제출해야 한다.

   1945년 8월 9일 이후 본령 공포일까지 운영을 폐지한 사실이 없는 때는 그 내용의 보고서를 제출해야 한다.

제6조 이익

1. 법인, 회사, 조합, 단체 기타 귀속 사업체의 모든 이익은 군정청 재산관리관의 별도 지시가 있을 때까지 처분할 수 없다.
2. 군정청 재산관리관의 승인서를 받기 전에는 이익 배당, 이익 배당을 목적으로 한 주권 발행, 상여금, 급료, 증여, 기타 이와 유사한 지급, 처리 등을 할 수 없다.

   군정청 재산관리관이 승인하는 때는 그 정당한 권한 내에서 수행한다.
3. 본령 포고 전에 결정 또는 지급한 이익 배당 및 이익 배당을 목적으로 한 주권 발행, 상여금, 급료, 증여, 기타 이와 유사한 지급 등에 관한 보고서는 본령 제3조의 규정에

따라 소관 고문관이 도(道) 재산관리관에게 제출해야 한다.

다만, 당해 귀속 사업체의 운영이 전국에 걸친 때는 이 보고서를 군정청 관재처에 제출해야 한다.

1945년 8월 9일 이후 본 관재령 공포일까지 귀속 사업체에 관하여 위와 같은 사실이 없는 때는 그 내용의 보고서를 제출해야 한다.

4. 어떠한 종류의 귀속 사업체의 관리인, 책임자, 기타 직원도 본인 또는 제삼자를 통하여 당해 사업체에 속하는 부류의 거래 관계에 참여하거나 이에 따른 이득 또는 이익을 취득할 수 없다.

다만, 군정청 재산관리관에 그 거래 내용 및 성질을 명시하여 사전에 허가서를 받은 때는 가능하다.

제7조 흡수 관계

1. 소관 책임 고문관이 운영하고 있는 귀속 사업체에 소속하는 기계나 시설을 다른 귀속 사업체에서 사용하는 것이 조선을 위해 가장 유리하다고 결정할 때는 다음 수속을 해야 한다.

(가) 기계와 시설을 소유하는 귀속 사업체의 관리인이나 중역 회장은 당해 기계 또는 시설의 가격을 결정하기 위하여 감정을 해야 한다. 기계 또는 시설을 인계하려는 귀속 사업체의 관리인이나 중역 회장도 이러한 기계 또는 시설의 가격에 관하여 감정을 받아야 한다.

소관 책임 고문관은 독자적 입장에서 감정할 책임이 있다.

감정서 일체는 군정청 재산관리관에게 제출해야 한다.

군정청 재산관리관은 합법적 권한 내에서만 이러한 사용권 이전 신청에 대해 승인이나 부승인을 결정하며, 사용에 대해 임차료, 기타 약정이나 조건을 결정한다.

(나) 군정청 재산관리관의 승인서를 받아 기계 기타 시설을 인수, 소관하게 된 책임 고문관은 즉시 이전 물품명, 이전 기일, 과거 소재 장소 및 현재 소재 장소에 관한 보고서를 도(道) 재산관리관에게 제출하되, 전국에 걸친 귀속 사업체에 대해서는

군정청 관재처에 제출해야 한다. 어떠한 경우에도 1통은 군정청 관재처에 제출해야 한다.

(다) 이러한 사용권 변경 신청에 관한 승인 신청서 3통을 군정청 관재처에 제출해야 한다.

신청에 관한 수속은 본령 제4조에 규정한 고정자산구입신청서 수속에 준한다.

(라) 기계 또는 시설을 인수한 귀속 사업체는 당해 기계나 시설의 사용에 대해 수락한 사용료를 지급할 준비가 필요하다.

(마) 전기 기계 또는 시설에 관한 어떠한 종류의 변경이든 사전에 군정청 재산관리관의 승인서를 받아야 한다. 이에 대해서는 관재령 제7호에 규정된 관재 서식을 적용한다.

당해 사용의 변경은 군정청 재산관리관의 정당한 권한 내에 속한 것에 한한다.

군정청 재산관리관은 관리인 또는 중역회 회장이 거래상 연계된 2개 회사를 대표하는 듯한 이해관계자가 쌍방을 대표하지 않도록 주의해야 한다.

2. 본령 발령 전에 기계나 시설을 구매, 수수, 매도, 이전하거나 철거한 귀속 사업체는 그 승인 유무를 불문하고 본령 제3조 규정에 준하여 그 사실을 명세히 보고해야 한다.

어떠한 경우에도 1통은 군정청 관재처에 제출해야 한다.

소관 고문관은 당해 보고서 제출에 관하여 책임을 가진다.

1945년 8월 9일 이후 본령 공포일까지 당해 사실이 없는 때는 그 내용의 보고서를 제출해야 한다.

제8조 관리인이나 중역회 회장의 보증금

특정 귀속 사업체를 운영하기 위하여 군정청 재산관리관이 임명한 군정청 소속의 각 부, 처 또는 그 대행기관의 고문관은 관리수속요령에 준하여 그가 임명한 관리인이나 중역회 회장에게 보증금을 청구해야 한다.

제9조 보고 기일

소요 보고 전부는 본령 공포일 이후 30일 이내에 서면으로 제출해야 한다.

후에 새로 보고를 요하는 사실이 발생할 때마다 10일 이내에 이를 서면으로 제출해야 한다.

소관 고문관은 어떠한 경우에도 당해 보고서 제출과 그 내용의 정확성에 대하여 책임을 가진다.

1946년 12월 31일

군정장관의 지령에 의하여

군정청 재산관리관

미국 육군중령 해리 D. 비숍(Harry D. Bishop)

(21) 관재령 제8호의 개정(제9호)

관재령 제8호를 다음과 같이 개정한다.

〈각종 귀속 사업체 운영에 관한 건〉

제1조 목적 및 범위

1. 본령은 제반 귀속 사업체의 운영을 위한 이용, 보관, 재무에 관한 조선군정청 소속 각 행정관, 각 기관 및 그 대행기관의 책임 규정을 목적으로 한다.
2. 군정청 재산관리관은 현재 그 관하의 귀속 각종 기업체, 회사, 조합 기타 사업단체 일체(공업, 광업, 상업, 청부업, 은행업, 농업, 임업, 금융업, 사립학교, 보험업, 운수업, 선박업)의 관리 감독권(그 운영권과 그 관리자 또는 최고책임자의 임명권을 포함한다)을 관재처관재수속요령에서 규정하는 수속에 따라 군정청 각 부, 처 또는 그 대행기관의 소관 장관에게 이를 위촉한다.
3. 각종 귀속 사업체의 관리권은 군정청 재산관리관이 일정 귀속 사업체를 운영하기 위하여 위촉한 소관 부, 처 또는 그 대행기관의 각 장관이 이를 행사한다.

   귀속 재산에 관한 관리 또는 감독, 법령 지시 기타 임명에 관한 일체의 사항은 소속 고문관의 동의서를 받아야 한다.
4. 일정 귀속 사업체를 감독하기 위하여 위촉된 소관 장관은 군정청 재산관리관에 대하여 당해 사업체의 적당한 관리인의 임명, 원료의 획득, 생산품의 처분(다만, 그 처분은 관계 지령, 법령, 규칙 등에 따를 필요가 있다), 자산의 유지 보존에 관한 재정상 기타 책임을 부담한다.
5. 미발견 또는 은닉된 자산으로 인정되는 귀속 사업체에 대한 관리 감독권도 판명되는 대로 소관 장관에게 이관한다.

제2조 재정상 기타 책임 및 기존 법령의 개정

1. 군정청 재산관리관이 발(發)한 귀속 사업체 또는 귀속 재산 관리 관계 관재령, 관재수

속요령, 기타 명령, 지시 및 주의사항 중 귀속 사업체나 귀속 재산을 감독하는 군정청 소속 부, 처 또는 그 대행기관이 수행하도록 규정한 것은 전부, 전기 부, 처 또는 그 대행기관의 장관이 그 소관 고문관의 동의서를 받아 수행하도록 이에 개정한다.

당해 장관은 어떠한 경우에도 당해 귀속 사업체 또는 귀속 재산의 유지, 보존, 보호, 안전 처리 또는 관리에 대한 책임자로 본다.

본 관재령의 각 규정은 이전 군정청 소속 부, 처 또는 그 대행기관의 감독하에 있던 각 귀속 사업체나 귀속 재산의 관리에 대하여 적용한다.

제3조 문서 및 회계

1. 경성시 재산관리관은 본령 적용상 이를 도(道) 재산관리관으로 본다.
2. 군정청 소속 부, 처 또는 그 대행기관의 책임관 감독하에 운영되고 있는 귀속 사업체로, 그 위치가 사실상 1도에만 속한 때는 관재령 제5호에 따라 문서와 회계서류를 적당히 비치하고 소요 보고서 4통을 소관 감독관에게 제출해야 한다.

   당해 감독관은 그중 2통을 도(道) 재산관리관에게 제출하고 1통은 군정청 소속 부, 처 또는 그 대행기관의 소관 장관에게 제출해야 한다.
3. 군정청 소속 부, 처 또는 대행기관의 책임관 감독하에 운영되고 있는 귀속 사업체로, 그 사무소가 2도 이상 또는 전국에 소재, 운영되고 있는 때는 각 문서와 회계서류를 적당히 비치하고 사업체 전반에 관한 소요 보고서 2통을 소관 감독관에게 제출해야 한다.

   소관 감독관은 언제든지 그중 1통을 군정청 관재처에 제출해야 한다.
4. 대차대조표, 손익표, 고정자산비지출승인신청서, 고정자산 상황 변경 보고서, 기타 보고서는 관재령 제7호 또는 차후 제정하는 관재령에서 규정한 서식에 따라 제출해야 한다.
5. 군정청 재산관리관은 문서 및 회계서류에 대한 조사나 감독 권리를 가지며, 필요에 따라 추가 보고를 청구할 권리도 가진다.

제4조 고정자산비 지출

1. 고정자산비를 지출할 때는 사전에 군정청 재산관리관의 승인서를 받아야 한다. 이때는 당해 군정청 소속 부, 처 또는 그 대행기관의 책임관을 경유하여 군정청 재산관리관에게 신청서 3통을 제출해야 한다.
2. 당해 귀속 사업체의 위치가 1도 내에 국한된 때는 고정자산비지출신청서 5통을 도(道) 재산관리관에게 제출해야 한다.
   도(道) 재산관리관은 신청서 4통을 당해 도청의 소속국 또는 그 대행기관에 해당하는 군정청의 부, 처 또는 그 대행기관의 소속 장관에게 본인의 추천서를 첨부하여 제출해야 한다.
   군정청의 소관 부, 처 또는 그 대행기관의 장관은 신청서 3통을 본인의 의견서를 첨부하여 군정청 재산관리관에게 제출해야 한다.
3. 고정자산비를 본령 시행일 전에 지출한 때는 소관 장관이 본령 제4조 제1항 및 제2항에 따라 소요 사항을 보고해야 한다.
   당해 장관은 언제든지 그중 1통을 군정청 재산관리관에게 제출해야 한다.
   1945년 8월 9일 이후 본령 시행일까지 고정자산비를 지출한 사실이 없다면 그 내용의 보고서를 제출해야 한다.
4. 여기서 고정자산비 지출이라 함은 고정적, 항구적 고정자산을 취득 또는 비상 수선 또는 유지하기 위한 현금 지출을 뜻한다.
5. 군정청 재산관리관이 고정자산비 지출을 승인하는 때는 그 정당한 권한 내에서만 이를 행한다.

제5조 운영의 폐지

1. 귀속 사업체 및 귀속 재산의 제반 운영에 대한 모든 책임자는 전술한 것처럼 소관 장관이 이를 맡는다.
2. 군정청 소속 부, 처 또는 그 대행기관의 소관 장관이 귀속 사업체의 일부 또는 전부의 운영을 폐지해야 한다고 인정하는 때는 건의서 5통을 작성하여 군정청 관재처에 제

출해야 한다.

군정청 재산관리관은 심사와 의견을 구하기 위하여 이에 대한 동의서를 첨부하여 중앙경제위원회에 제출해야 한다.

군정청 재산관리관은 이와 같이 수행한 뒤에 정당한 권한 내에서 적당히 이를 처리한다.

3. 귀속 사업체의 전부 또는 일부의 운영 폐지에 관한 신청수속은 본령 제4조에 규정한 귀속 사업체의 위치가 1도 내에 국한된 때의 고정자산지출수속 방법을 준용한다.
4. 소관 책임관은 자산의 매각 또는 감손, 무승인 청산, 부당 지급, 부당 이전을 방지하기 위하여 귀속 사업체의 운영을 힘껏 보호, 주의해야 한다.
5. 귀속 사업체의 운영 폐지를 군정청 재산관리관이 승인한 때에 당해 귀속 사업체의 중역회 회장이나 관리인은 당해 귀속 사업체의 전부 또는 일부에 대한 운영을 폐지하는 지령서를 받기 위해 직접 그 취지를 도(道) 재산관리관에게 보고하되, 만약 전국에 걸쳐 운영되고 있는 귀속 사업체인 경우 이 취지를 군정청 재산관리관에게 보고해야 한다.

   중역회 회장, 관리인 및 소관 장관은 운영을 질서 있게 폐지할 책임이 있다.

   군정청 재산관리관이 운영 폐지를 하는 때는 그 정당한 권한 내에서 수행한다.
6. 본 관재령 시행일 전에 발생한 귀속 사업체의 전부 또는 그 일부분의 운영 폐지에 관한 보고서는 본령 제3조의 규정에 따라 소관 장관이 도(道) 재산관리관에게 제출하며, 당해 귀속 사업체의 운영이 전국에 걸친 때는 군정청 관재처에 제출해야 한다. 그중 1통은 어떠한 경우에도 군정청 관재처에 제출해야 한다.

   1945년 8월 9일 이후 본령 공포일까지 운영을 폐지한 사실이 없는 때는 그 인가 유무를 불문하고 그 내용의 보고서를 제출해야 한다.

제6조 이익

1. 법인, 회사, 조합, 기타 귀속 사업체의 모든 이익은 군정청 재산관리관의 별도 지시가 있을 때까지 각각 이를 적립해야 한다.

2. 군정청 재산관리관의 승인서를 받기 전에는 이익 배당, 이익 배당을 목적으로 한 주권 발행, 상여금, 급료, 증여, 기타 이와 유사한 지급이나 처분 등을 할 수 없다.

   군정청 재산관리관이 승인하는 때는 그 정당한 권한 내에서 수행한다.

3. 본령 포고 전에 결정 또는 지급한 이익 배당, 이익 배당을 목적으로 한 주권 발행, 상여금, 급료, 증여 기타 이와 유사한 지급 등에 관한 보고서는 본령 제3조의 규정에 준하여 소관 장관이 도(道) 재산관리관에게 제출해야 한다.

   다만, 당해 귀속 사업체의 운영이 전국에 걸친 때는 이 보고서를 군정청 관재처에 제출해야 한다.

   1945년 8월 9일 이후 본 관재령 공포일까지 귀속 사업체에 관하여 위와 같은 사실이 없는 때는 그 내용의 보고서를 제출해야 한다.

4. 귀속 사업체의 관리인, 책임자, 기타 직원은 본인 또는 제삼자를 통하여 당해 사업체에 속하는 부류의 거래 관계에 참여하거나 이에 따른 이득 또는 이익을 취득할 수 없다.

   다만, 군정청 재산관리관에게 그 거래 내용 및 성질을 명시하여 사전에 허가받은 때는 가능하다.

제7조 흡수 관계

1. 소관 책임관은 운영 중인 귀속 사업체에 소속된 기계나 시설을 다른 귀속 사업체에서 사용하는 것이 조선을 위해 가장 편리하다고 결정하는 때는 다음 수속을 해야 한다.

   (1) 기계와 시설을 소유한 귀속 사업체의 관리인이나 중역회 회장은 당해 기계 또는 시설의 가격을 결정하기 위하여 감정을 해야 한다. 기계 또는 시설을 인계하려는 귀속 사업체의 관리인이나 중역회 회장도 이러한 기계 또는 시설의 가격에 관하여 감정을 받아야 한다.

   소관 책임관은 독자적 입장에서 감정할 책임이 있다.

   위 감정서 등은 각각 군정청 재산관리관에게 제출해야 한다.

   군정청 재산관리관은 그 정당한 권한 내에서 이러한 사용권 이전 신청에 대하여 승인 또는 부승인을 결정하며, 사용에 대하여 임차료, 기타 약정이나 조건을 결정한다.

(2) 기계 기타 시설을 인수, 소관하게 된 책임관은 군정청 재산관리관의 승인을 받자마자 즉시 이전 물품명, 이전 기일, 과거 소재 장소 및 현재 소재 장소에 관한 보고서를 도(道) 재산관리관에게 제출하되, 전국에 걸쳐 운영하는 귀속 사업체에 관해서는 군정청 관재처에 제출해야 한다. 어떠한 경우에도 그중 1통은 군정청 관재처에 제출해야 한다.

(3) 이와 같이 사용권을 변경하기 위해서는 당해 신청서 3통을 군정청 관재처에 제출해야 한다.

위 신청에 관한 수속은 본령 제4조에 규정한 고정자산비지출신청수속에 준한다.

(4) 기계나 시설을 인수한 귀속 사업체는 당해 기계나 시설의 사용에 대하여 수락한 사용료를 지급할 의무가 있다.

(5) 전기 기계나 시설에 관하여 사용 변경을 하려는 때는 사전에 군정청 재산관리관의 승인을 받아야 한다.

이에 관하여는 관재령 제7호에 규정된 관재 서식을 적용한다.

당해 사용의 변경은 군정청 재산관리관의 정당한 권한 내에 속한 것에 한하며, 군정청 재산관리관은 관리인이나 중역회 회장이 거래상 연계된 2개 회사를 대표하는 듯한 이해관계자로 쌍방을 대표하지 않도록 주의해야 한다.

2. 본령 발령 전에 기계나 시설을 구매, 수수, 매도, 이전하거나 철거한 귀속 사업체는 그 승인 유무를 불문하고 본령 제3조 규정에 준하여 그 사실을 명세히 보고해야 한다.

어떠한 경우에도 그중 1통은 군정청 관재처에 제출해야 한다.

소관 장관은 당해 보고서 제출에 관하여 책임을 가진다.

1945년 8월 9일 이후 본령 공포일까지 당해 사실이 없는 때는 그 내용의 보고서를 제출해야 한다.

제8조 중역회 회장 또는 관리인의 보증금

일정 귀속 사업체를 운영하기 위하여 군정청 재산관리관이 위촉한 군정청 각 부, 처 또는 그 대행기관의 장관은 관재처수속요령에 준하여 관리인이나 중역회 회장에게 보증금을 청구해야 한다.

제9조 보고 기일

소요 보고 전부는 본령 공포일 이후 30일 이내에 서면으로 제출해야 한다.

후에 새로 보고를 요하는 사실이 발생할 때마다 10일 이내에 이를 서면으로 제출해야 한다.

소관 장관은 어떠한 경우에도 당해 보고서 제출과 그 내용의 정확성에 대하여 책임이 있다.

제10조 시행기일

본령은 공포일부터 효력을 발생한다.

1947년 3월 31일

군정장관의 지령에 의하여

군정청 재산관리관

육군 중령 해리 D. 비숍

(22) 군정법령 제33호에 따라 군정청에 귀속된 소사업기관 처분에 관한 건

1. 군정청에 귀속된 재산을 취급하는 때는 조선인에게 사업체 및 관계 기업체의 운영에 대한 책임을 최대한도로 부담하기를 요망한다.

   이러한 목적을 달성하려면 사업기관을 가급적 속히 조선인에게 불하해야 한다고 사료된다.

2. 귀관은 위와 같은 목적을 위하여 가급적 속히 아래의 제반 조건에 해당한 계획과 그 계획 수행을 위한 기구에 대한 성안(成案) 작성을 지시한다. 성안에 대한 계획 실시 예정일도 발표할 필요가 있다.

3. 본 지시에서 일정한 사업기관의 소유 장부 가격이라 함은 장차 불하 시에 잔존 고정자산에 대한 1945년 6월 현재(필요한 경우에는 어쩌면 그 전년도 현재) 해당 장부에 표시된 가격에 따를 필요가 있다.

   다만, 전기 일자 현재의 가격이 기록되어 있지 않은 때는 귀관이 적당하다고 사료되는 가격을 결정하여 이를 기록해야 한다. 이러한 장부 가격은 현재 시장가격과는 하등의 관련이 없으며, 그것이 적당한 불하 가격과도 하등 관련이 없음을 관련자에게 명백히 이해시켜야 한다.

4.

   (1) 불하는 다음 (2) · (3)의 경우를 제외하고 전부 일반 경매 또는 비개봉 입찰에 따를 것.

   그중 최고 입찰자에게 판매해야 한다.

   다만, 그 기일과 장소 및 조건은 사전에 충분히 이를 공고할 필요가 있다.

   (2) 적당하다고 사료되는 때는 현재 관계 재산의 주요 부분을 점유, 운용, 보관하거나 소유하고 있는 자와 직접 교섭하여 불하할 수 있다.

   다만, 그 가격은 다음의 제반 평가 기준과 비교하여 타당해야 한다.

   (3) 귀관은 입찰 또는 경락(競落)가격이 부적당하다고 사료될 때에 일부 또는 전부를 거부할 수 있다.

당해 재산에 대한 입찰이 2차에 걸쳐 거절된 때는 당해 재산을 직접교섭으로 적정가격으로 불하할 수 있다.

다만, 직접교섭으로 불하하는 때의 가격은 거절한 최고 입찰가격보다 고액이어야 한다.

(4) 어떠한 경우에도 불하 시는 당해 재산과 이해관계가 없는 감정인 2명 이상의 재산 평가를 받아 이를 기록해야 한다.

5. 적당하다고 생각되는 경락인에게는 장기 신용대부에 따른 규정을 적당히 설치해야 한다.

6. 당해 사업기관에 대하여 원매자(願買者)가 능률적으로 운영하거나 사용할 능력이 있는지를 가급적 조사할 필요가 있다.

7. 누구든지 최초 1개 사업기관에 한하여 매수를 허용한다.

다만, 적당한 대책이 강구된 예외는 허용한다.

8. 사업기관의 매매는 재조선미군정청이 관여하는 한 확정적이며, 군정청이 보유하고 있던 당해 기관의 소유권은 구매자에게 귀속된다.

다만, 구매자는 매매계약서에 규정된 규칙을 준수해야 한다.

소유자 명의 이전의 효력은 장차 수립될 조선 정부의 처리에 의존한다.

9. 매매계약서에는 매매 후 2년 이내에 전매할 수 없다는 조항을 설정해야 한다.

다만, 적당한 대책이 강구되는 때는 예외를 인정할 수 있다.

10. 이상의 제반 규정에 따라 다음과 같은 사업기관은 불하할 수 있다.

(1) 장부가격 10만 원 미만의 사업기관

다만, 재산관리관이 불하한 때, 특수한 이유로 그 운영이 곤란하다고 인정하는 것은 제외한다.

(2) 장부가격 10만 원부터 100만 원의 사업기관

1개 단위에 속하는 기관으로 재산관리관이 유망한 조선인에게 불하한 때에 유효하게 운영되리라고 인정하면 불하할 수 있다.

(3) 장부가격 100만 원을 초과하는 사업기관

다음의 각 1항에 해당하는 것에 한하여 불하할 수 있다.

(Ⅰ) 당해 사업기관이 어느 대산업 기관에 직접 관련 포함되거나 또는 주요한 일부분이 아닌 것으로 인정한 때.

(Ⅱ) 재산관리관이 매수인이 반드시 운영에 성공하거나 그 처리 방법만이 국민 경제에 크게 공헌할 것이라고 인정한 때.

(Ⅲ) 군정장관의 특별한 허가가 있을 때.

1947년 3월 224일

남조선 군정장관

아처 L. 러치

(23) 일본인이 소유했던 도회지 주택 불하에 관한 건

1. 귀관은 1945년 12월 6일부 군정법령 제33호에 따라 재조선미육군군정청에 그 권리가 현재 귀속된 도시주택을 조선인에게 불하함에 대한 제반 계획을 진행할 것을 지시한다.

2. 귀관은 본 목적을 계획하고 이를 실시하는 때에 다음의 요령을 가급적 준수, 실행하기를 바라고 있다.

   (1) 현재 주택을 소유하지 않은 조선인 세대에게 영주할 적당한 주택을 최대한도로 제공할 것.

   (2) 적당한 현 시장가격으로 판매할 것.

   (3) 현금매매로 할 것(그 목적은 잉여 구매력을 흡수하여 인플레이션을 방지함에 있다).

   다만, 현금으로는 도저히 소망하는 주택을 구할 수 없는 적격한 원매자(願買者)에게는 외상매매를 허할 수 있다.

   (4) 주택에 거주하지 않은 자에게는 주택의 소유권이 불하 당시 또는 그 이후에 집중되지 않도록 방지한다.

3. 도회지 소재의 귀속 주택은 전부 불하한다. 다만, 정부가 현재 보류하고 있거나 장차 보류하려는 주택은 당분간 불하하지 않는다.

   귀관은 다음의 요령에 유의하여 각종 각양 주택의 불하 방법을 결정할 수 있다.

4. 1주택은 1가족 또는 동(同) 가족원 중 1인에 한하여 불하하며, 가족원 중 1인이 이미 주택을 소유하고 있는 당해 가족에게는 불하할 수 없다. 여기서 가족이라 함은 관례상 한 집에 동거하는 혈족, 인족(姻族), 친족 등의 관계를 가진 자를 지칭한다.

5. 귀관은 충분한 조사와 주택 전매에 대한 적절한 제한, 기타 방법에 따라 다음의 목적을 잠탈(潛脫)하려는 불법 거래나 활동을 감시, 방지해야 한다.

   소요 조건이나 제한을 위반한 구매자는 그 소유 주택의 권리를 몰수하는 규정을 설정해야 한다.

   다만, 전기 몰수 규정은 그 후에 이를 유상 취득한 선의의 제삼자에게 적용할 수 없다.

6. 주택은 불하 전에 전부 귀관이 인정한 일정한 원칙에 따라 가격을 감정해야 한다.

7. 불하는 현 시장가격에 따른다. 불하는 일반에게 충분히 공고한 뒤 경매 또는 비개봉 입찰에 따르며 최고입찰자에게 한다.

   다만, 다음의 경우는 예외다.

   (1) 귀관은 당해 주택을 정당하게 점유했으며, 불하 당시에 당해 주택에 거주하는 자에게 직접교섭으로 불하할 수 있다.

   (2) 귀관은 경매 또는 비개봉 입찰에 있어서 입찰가격이 2차에 걸쳐 부적당하여 무효화한 때는 적정가격으로 직접교섭으로 유자격 원매자에게 불하할 수 있다.

   다만, 그 가격은 이전 합법적 입찰가격보다 고액이어야 한다.

8. 각 계약서는 당해 불하가 재조선미국육군군정청에 대한 것에 한하여 인정적이다.

   장차 조선임시정부가 수립되면 그에 따라 처리된다는 조항을 설정해야 한다.

   현재 귀속 주택을 임차하고 있는 자가 당해 주택을 계속해서 유지, 거주하고 있는 동안에는 현 주택의 매수를 허락한다.

   여하튼 원매자 소속 가족 중에 본인 주택을 소유하고 있는 자는 매수를 허락하지 않는다. 이후 수일 내에 원매자의 소요 자금, 기타 제목에 관하여는 후일 상세히 발표하겠다.

9. 재산관리관은 가까운 시일 내에 남조선 각지에 소재하는 대량의 전 일본인 소유 소규모 사업체 및 주택으로 불하를 시작하는 재산에 대해서는 그 소유권을 가급적 광범위하게 분배하며, 조선 경제와 조선 국민에게 최대한의 권리가 부여될 수 있도록 처분한다.

   전체적으로 공평함을 실현하기 위하여 각 도에서 조선인의 협력을 충분히 이용한다.

   이는 조선인자문위원회를 통한다. 조선인 위원은 각 도지사, 고문관, 각 국장 및 기타로 조직된 각 도위원회에서 임명한다.

   대표적인 전재민후원회 회장은 주택 불하 계획을 지원하는 자문 위원을 지명하는 임명회의 일원이 된다.

   소규모 사업체 불하 계획을 달성하기 위하여 원매자의 자격 심사 및 1개 사업체 외의 매수 금지 규정 정비를 담당할 위원회(경성시와 경기도에는 이 목적을 위하여 2개 위원회를 각기 설치한다.) 그리고 불하 전에 재산평가심사위원회를 설치하며 또 주택 불하 사무 취급을 위하여 동류의 위원회를 설치한다.

그 밖에 1945년 8월 9일 이후에 일본인 주택의 불법 매수에 관하여 등기부를 조사하여 각 방면에서 수집한 정보를 보고할 책임이 있는 위원회를 설치한다.

이상 각 위원회가 구비해야 하는 자격은 다음과 같다.

(1) 각 위원회 위원은 임명 위원 또는 임명 위원회 상호 간에 혈족 8촌 또는 4촌보다 친근한 관계여서는 안 된다. 만일 위원이 원매자와 친근한 관계가 있으면 당해 위원은 그 자의 자격 심사가 종료할 때까지 당해 회의에 참석하면 안 된다.

(2) 소규모 사업체에 관한 원매자 자격심사위원회는 원매자의 성공 가능 여하와 원매자의 경력 및 명망을 분명하게 판단할 만큼의 사업 지식과 경험이 풍부하며, 공평무사한 시민이어야 한다.

(3) 또 주택 불하에 관한 자문위원회는 각자의 경영 사업 또는 종사 사업에서 명망 있는 공평무사한 시민이어야 한다.

(4) 평가심사위원회 위원은 재산 가격 감정이 현 시장가격 또는 이러한 소규모 사업체의 이윤과 균등한지 여부를 판단할 만큼의 사업 지식과 경험이 풍부한 공평무사한 시민이어야 한다.

10. 중앙관재처장은 귀속 사업기관이 제공한 담보물 반환에 관한 관재 정책 전례(前例) 제21호가 1947년 7월 10일부로 공포된 22일에 다음과 같이 발표했다.

(가) 조선 내에서 법인이 제공한 담보물은 관재령 제9호의 규정에 따라 당해 기관의 관리를 위촉받은 군정청 또는 남조선과도정부 소속 부, 처 또는 그 대행기관의 최고책임자의 승인을 받아 당해 담보 채무를 변제하면 이를 당해 기관에 반환할 수 있다.

다만, 군정청 재산관리관의 승인은 불필요하다.

(나) 일본 내에서 설립된 법인 또는 일본인 개인이나 그 조합원이 소유한 사업단체가 제공한 담보물은 군정법령 제33호에 따라 귀속됐으므로, 군정청 재산관의 승인

이 없는 것은 누구도 이를 양도할 수 없다.

전기 사업체의 관리인은 당해 담보 채무의 변제와 채무를 담보로 하기 위하여 제공한 담보물의 반환에 대한 승인신청서를 관재령 제9호에 따라 당해 사업단체의 관리를 위촉받은 군정청 또는 남조선과도정부 소속 부, 처 또는 그 대행기관의 최고책임자에게 제출해야 한다.

그리고 최고책임자 및 군정청 재산관리관이 이를 승인할 때에 당해 채무를 변제하고 당해 담보물은 반환한다.

군정청 재산관리관은 금후 수주일 내에 대량의 전 일본인 소유의 소규모 사업체를 불하하기 시작할 예정이다. 이 불하에 관하여 군정장관은 수일 전에 상세한 지령을 발표했다.

어떠한 자가 원매 적격자가 되는가 하면, 원매자는

1) 조선 국민에 한한다.
2) 부일협력자로서 심사에서 유죄판결을 받은 사실이 없는 자여야 한다.
3) 과거 5년 이내에 순정치범(純政治犯) 이외의 죄로 인한 전과가 없어야 한다.
   다만, 전과는 금고 이상의 범죄만을 포함한다.
4) 과거 귀속 재산을 파손하고, 개인의 이익을 위하여 이를 판매하거나 귀속 재산의 경리기록을 훼기(毁棄), 위조 혹은 필요한 기록의 작성의무를 태만한 사실이 없어야 한다.
5) 과거 5년간, 귀속 재산의 관리인으로서 관리능력이 부족하다는 기록으로 증명된 사실이 없어야 한다.
6) 1945년 8월 9일 현재 원매자의 호적상 정당한 가족원 중에 귀속 사업체의 전부 또는 일부를 매수한 사실이 없어야 한다.
   다만, 2개 사업체 상호 간에 불가분의 경제적 관련성이 있을 경우에는 중복매수의 예외를 인정한다.

전 일본인 주택 매수자 자격에 관하여

1) 과거 5년 이내에 순정치범(純政治犯) 이외의 죄로 인한 전과가 없어야 한다. 다만, 동 전과는 금고 이상의 범죄만을 포함한다.

2) 지금까지 귀속 재산을 파손하거나 사리를 위하여 이를 판매한 사실이 없어야 한다.

3) 부일(附日)협력자로서 심판에서 유죄판결을 받은 사실이 없어야 한다.

4) 원매자 또는 원매자 소속 세대 내 가족 중 현재 주택을 소유하고 있는 자가 없어야 하며, 또 다른 주택을 취득하려는 일이 없어야 한다.

5) 1945년 8월 9일 이후, 1세대를 분할한 사실이 없어야 한다. 원매자가 전기 자격요건을 구비한 때에 그 매수신청을 충분히 고려한다.

전 일본인 소유 소규모 사업체 및 주택의 매수인에 대한 신용 불하의 조건은 당해 사업체의 종류, 매수인의 자격 및 신용 불하의 일반 위험률 등 제반 사정을 참작하여 허용하되, 그 조건은 일률적이지 않다.

최소한도 매수 대금의 2할은 일시불로 하며, 대금 잔고에 대한 이자는 연 5푼 또는 7푼을 부가하며, 계약 기간은 최고 10년으로 한다. 하지만 매수인은 언제든지 그 채무를 일시에 변제할 수 있다.

사업체의 경우에 계약에 따라 불하된 당해 재산의 소유권은 군정청 재산관리관이 계약 체결일에서 2년간과 매매대금의 5할을 변제할 때까지의 기간 중 더 긴 기간 보류한다.

만일 전기 소유권 보류 기간 중에도 당해 운영 상태가 뜻대로 된 때는 군정청 재산관리관이 결정한 변제 방법으로 잔고에 대하여 저당권을 설정하고 당해 소유권을 매수인에게 이전할 수 있다.

계약에 따라 불하한 주택은 그 소유권이 계약과 동시에 매수인에게 이전하나, 권리서는 군정청 재산관리관이 계약 체결일에서 2년간과 대금 완제까지의 기간 중 더 긴 기간 보류한다.

전 일본인 소유재산의 원매자는 불하계약 조항에 따라 매수인에게 다음의 행위가 있는 때는 매수 재산 또는 사업에 대한 권리의 소유권을 상실하며, 점유물을 몰수한다.

(가) 주택 매수에 관한 위반 행위

1. 매수 자격에 관하여 허위진술서를 작성한 때
2. 이미 매수자 소속 세대 내에 주택을 소유한 자가 있으면서도 본인 또는 다른 소속 세대원 명의로 주택을 매수한 때
3. 이미 한 호의 주택을 매수했거나 매수 수속 중에 있는 세대가 이중 매수한 때
4. 재산관리관의 허가서를 받지 않고 매수일에서 2년 내에 매수한 주택을 전매한 때

(나) 귀속 사업체 또는 그 부속 권리 매수에 관한 위반 행위

1. 매수자 자격에 대하여 허위진술서를 작성한 때
2. 사전에 재산관리관의 허가서를 받지 않고 사업체 외에 사업체 권리의 전부 또는 일부를 매수할 때
3. 재산관리관의 허가서 없이 매수일에서 2년 이내에 매수한 주권 또는 동산을 전매한 때

이러한 계약조항 위반으로 인하여 몰수된 재산은 경매로 불하한다. 이때 재불하 가격이 최초 경락(競落)가격 상당액에 달하지 못하는 때에 당해 계약의무를 위반한 자는 그 차액을 현금으로 변상할 의무가 있다.

전기 벌칙은 관리인 또는 임대차 거주자로서 귀속 재산을 악용, 부정관리 또는 불법 점유한 자가 당해 재산을 매수하는 것을 방지하려 함에 있다. 동시에 이윤을 속여 할당액과 그 재산을 취득하려는 자 또는 경제적 이득을 위하여 즉시 전매할 목적으로 매수하는 자를 응징하려 함에 있다.

그러나 관리 또는 보관 중인 재산을 자신의 소유물처럼 선량한 관리자의 주의로써 관리, 보존, 운영한 자의 경우, 재산관리관 혹은 그 자문위원회가 양심적이며 책임감 있는 인사를 신뢰하여 당연히 전 일본인 소유재산을 매수할 자격

을 가지게 될 것이다.

이러한 인사는 매수인 또는 소유권자로서 각종 편의를 향유할 수 있으며, 또 귀중한 주택 또는 사업체를 취득하여 운영한다.

안락한 주택과 조선 국가에 필요한 물품의 생산 및 배급에 이바지할 수 있는 좋은 사업장으로 전환하여, 지도자 자신과 조선 국민 전체를 비익(裨益)할 수 있는 기회를 얻게 될 것이다. 일본인 소유 소규모 사업체와 주택 불하에 대한 일시는 각 도(道) 재산관리처에서 신문지상에 발표한다.

1947년 5월 15일

남조선군정장관 아처 L. 러치

(24) 재산관리관의 주주총회 소집권(법령 제156호)

남조선과도입법원에서 표제의 건에 관하여 법률을 제정하기 전까지 다음에 따른다.

제1조 목적

본령의 목적은 재산관리관이 주식을 소유하는 회사의 주주총회를 용이, 편리하게 소집할 수 있게 하는 데 있다.

제2조 주주총회 소집권

재산관리관은 이사역 선임 기타 주주총회의 권한에 속하는 사무를 처리하기 위하여 주식을 소유하는 회사의 주주총회를 소집할 권한을 보유한다.

제3조 통지

본령 제2조에 따른 주주총회의 소집은 주주총회 기일 30일 전에 통상 우편으로 각 주주에게 통지해야 한다.

각 주주의 주소는 주주명부가 보존되어 있는 때는 주주명부에 수록된 주소로 족하다.

그 통지 사본은 적어도 주주총회 기일 15일 전에 각 도 관재처에 공시한다.

제4조 효력

본령의 효력은 재산관리관에게 주주총회 소집권을 부여함으로써 주주총회를 용이하게 소집하는 데 있다.

제5조 저촉하는 법령

본령과 저촉하는 법령 또는 규정은 저촉하는 범위 내에서 효력을 잃는다.

제6조 시행기일

본령은 공포일부터 효력을 발생한다.

1947년 11월 21일

위 건의함	민정장관	안재홍
위 인준함	조선군정장관 대리	C. G. 헬믹

(25) 군정청 재산관리관이 주식 기타 이권을 소유한 조선 내에서 설립한 각종 법인 운영에 관한 건(제10호)

제1조 목적 및 범위

1. 본령은 「조선 내에서 창립한 법인 관리에 관한 건」이라는 제목이 붙은 1947년 9월 17일부 군정장관 지시를 완수하고 그 지시의 취지를 달성함을 목적으로 한다.
2. 본령은 1945년 12월 6일부 군정법령 제33호에 따라 주식 기타 이권이 군정청에 귀속된 조선 내에서 창립한 법인에 적용한다.
   다만, 군정청 재산관리관 또는 상부의 지시에 따라 특별히 제외된 법인은 예외다.
3. 군정청 재산관리관은 당해 법인의 준거 법령, 정관, 세칙 및 군정청관재처수속규정 등에 따라 정당히 선출되어 자격이 부여된 이사회에 당해 법인의 관리권을 위촉한다.

제2조 재정상 기타 책임

1. 1947년 3월 31일부 관재령 제9호에 따라 현재 당해 법인의 관리를 위촉받은 남조선과 도정부 부, 처 또는 기타 대행기관의 소관 장관에게, 군정청 재산관리관의 대리인으로서 주주총회에서 귀속주식 및 기타 이권에 대한 의결권뿐만 아니라 당해 귀속 주식 및 기타 이권에 대한 각종 주주권의 행사를 위촉하며, 이에 대한 책임을 부담하게 한다.
   당해 장관은 군정청 재산관리관에게 이러한 권리의 행사와 당해 권리에 수반한 업무 이행에 대하여 직접 재정상 기타 책임을 부담한다.
2. 당해 장관이 귀속된 주식 기타 이권에 대하여 의결권을 행사하는 때는 소관 고문관의 동의서를 받아야 한다.

제3조 관리권의 이관

이사회에 대한 법인 관리권의 이관 사무는 일정한 순서에 따라 수행해야 한다.

법인 관리권을 이사회에 위촉하기 전에 다음의 수속을 해야 한다.

1. 군정청 재산관리관이 설정한 기존 수속 규정에 따라 각 법인에 관한 예비 조사를 수

행할 것.

2. 군정청 재산관리관의 소집으로 주주총회를 개최할 것.
3. 선출된 이사로 이사회를 조직하고 이사회의 권한을 부여할 것.
4. 당해 법인의 관리권은 군정청 재산관리관의 서면에 의하여 당해 이사회에 정식으로 이관한다.

제4조 기록 및 보고서

1. 본령에 따라 법인의 관리를 위촉받은 이사회는 다음과 같이 기록 및 회계 문서의 작성, 보관 책임과 보고서 작성 책임을 진다.
   (가) 조선 현행 법령, 당해 법인의 준거 법령, 정관 또는 세칙에서 요구하는 기록, 회계 문서 및 보고서
   (나) 군정청 재산관리관, 기타 소관 당국이 이미 요구했거나 장차 요구할 기록, 회계 문서 및 보고서
2. 당해 이사회는 군정청 재산관리관에게 그 지령, 지시로 요구하는 각종 보고서를 제출해야 한다.
   다만, 당해 법인의 사업을 건전하게 운영, 유지할 능력이 있음을 증명하는 특정 법인은 당해 법인의 주주권 행사를 위촉받은 당해 장관의 소관 고문관의 동의를 받은 건의에 따라 군정청 재산관리관은 당해 소요 보고서 제출 횟수를 줄일 수 있다.
3. 군정청 재산관리관은 이러한 법인에 대하여 필요하다고 생각하는 감찰과 회계 검사를 실시할 권한을 보유한다. 이러한 권한은 군정청 재산관리관 또는 본령 제2조 제1항에 따라 주주권 행사를 위촉받은 당해 장관이나 소관 고문관이 행사할 수 있다.

제5조 특수 관리

1. 본령에 따라 법인 관리를 위촉받은 이사회는 군정청 재산관리관의 사전 인가서를 받지 않고서는 다음의 행위를 할 권한이 없다.
   (가) 고정자산비 지출을 위한 채무의 부담 또는 고정자산비 지출.

(나) 운영 중지 또는 운영 방식의 변경.

(다) 배당금, 상여금 또는 기타 형식으로 이익금을 배당 또는 지급하거나 이를 허가하는 행위

(라) 어떠한 성질의 것을 불문하고 증여 또는 기부금을 지출하거나 혹은 이를 허가하는 행위 또는 법인 기금을 업무 외에 대부하는 행위

(마) 접대비 지출 또는 당해 허가 행위. 다만, 이 점에 관하여 군정장관 기타 소관 당국이 발포한 기존 지시, 소정 조건에 따르는 경우는 그렇지 않다.

(바) 고정자산의 취득 또는 처분 행위

(사) 합동, 합병, 해산 또는 당해 법인의 조직이나 세칙의 변경

(아) 이사, 감사 또는 관리인의 봉급 또는 수당금의 설정이나 그 지급

2. 전항 각 호에 해당하는 행위의 인가를 신청하는 때는 귀속 기업체, 기타 군정청 재산관리관이 이권의 일부를 소유한 기업체의 관리를 위하여 설정한 군정청관재처수속규정에 따라야 한다.

제6조

본령의 규정에 따라 법인 관리권을 정식으로 이사회에 위촉할 때까지 당해 법인은 관재령 제9호에 따라 남조선과도정부 소관 부처장, 기타 대행기관의 장관이 군정청 재산관리관의 대리인으로서 소관 고문관의 동의하에 이를 계속해서 관리해야 한다.

제7조 시행기일

본령은 공포일부터 효력을 발생한다.

1947년 12월 6일

군정장관의 지령에 의하여

군정청 재산관리관 해리 D. 비숍

(26) 일본 적산관리인 명의 등기 말소에 관한 건(법령 제162호)

남조선과도입법원에서 본건 사항을 심의하여 법령을 제정할 때까지 다음에 따른다.

제1조 목적

본령은 전 일본적산관리인이 관리하던 부동산에 대한 소유권의 소속을 명백히 하고, 이러한 소유권 등기를 정정하기 위한 간이 수속을 정함을 목적으로 한다.

제2조 일본적산관리인의 관리 재산

1941년 12월 23일부 일본법률 제99호(적산관리법)에 따라 미국인, 연합국 국민 및 조선에서 창립한 법인 소유 부동산을 관리하기 위하여 일본적산관리인의 명의로 현재 등기되어 있는 것은 전부 말소한다.

제3조 등기 변경 신청

미국인, 연합국 국민 및 조선에서 창립한 법인은 당해 소유 부동산의 관리 목적으로 일본적산관리인의 명의로 등기되어 있는 것에 대하여 소관 등기 관리에게 확실함을 선서하고 다음 사항을 기입한 신청서를 제출하여 당해 부동산 등기부에서 당해 등기를 말소할 수 있다.

1. 신청자 성명
2. 신청자 소유 부동산이며 현재 일본적산관리인 명의로 등기되어 있는 부동산의 표시 및 그 소재 장소
3. 신청자가 본령의 조항에 따라 일본적산관리인의 명의로 되어 있는 등기의 말소를 신청하는 설명

시행기일

본령은 공포 후 15일 후에 효력을 발생한다.

1948년 1월 15일

위 건의함	민정장관	안재홍
위 인준함	미국 육군 소장	윌리엄 F. 딘

(27) 접수 법인의 간이 운영 수속(법령 제185호)

제1조 목적

이 법령은 1945년 12월 6일부 군정법령 제33호에 따라 그 주식이 접수된 법인의 재편 수속을 간략화함을 목적으로 한다.

제2조 접수 주식의 이전

군정법령 제33호의 제반 규정에 따라 군정부에 접수된 주식의 소유자명과 보유액을 기재한 재산관리국의 서명이 있는 증명서를 교부받은 법인은 즉시 주주명부에서 당해 소유자명의 등록을 말소하고, 군정부명의 주식 등록을 실행해야 한다.

그리고 관재관리국에 접수된 것으로 증명된 주식의 총수에 대하여 1945년 8월 9일 자 신주권을 재한 미군에 급부해야 한다.

제5조 이사역 및 감사역

접수 주식을 행사하는 자에게 지명되어 선발된 이사역 및 감사역은 그 회사의 주주일 필요는 없으며 또 주식의 기탁이 불필요하다.

제6조 법적 존재의 존속

주식회사의 모든 주식이 군정법령 제33호에 따라 군정부에 접수된 때에 반대 취지의 어떠한 법원리 혹은 법령에도 불구하고 그 주식회사는 별개의 법적 존재로서 존속한다.

제8조

어떠한 일반법 혹은 특별법의 규정, 회사 설립의 제반 규정, 법인의 내규 혹은 결정에도 불구하고 이상의 규정은 군정법령 제33호에 따라 그 주식이 접수된 모든 법인에 적용한다.

제9조

이 법령은 본령 기재일부터 효력을 가진다.

1948년 4월 24일

위 건의함	민정장관	안재홍
위 인준함	조선군정장관	W. F. 딘

(28) 한미협정

◎ 아메리카 합중국 정부와 대한민국 정부 간의 재정 및 재산에 관한 최초협정

전문

아메리카 합중국 정부와 대한민국 정부는 대한민국 대통령이 한국 주재 합중국 육군부대 총사령관에게 발송한 1948년 8월 9일의 서한 및 한국 주재 합중국 육군부대 총사령관이 대한민국 대통령에게 발송한 1948년 8월 11일의 서한을 감안하고, 또 아메리카 합중국 정부와 대한민국 정부 간의 재정 및 재산에 관한 최초협정의 체결이 바람직하다는 점을 감안하여 아래의 서명인은 이를 위하여 각자 정부의 정당한 위임을 받아 다음과 같이 협정한다.

제1조

아메리카 합중국 정부는 지방세무서의 토지 및 건물 대장과 도면, 그리고 재판소의 토지 및 건물등기부에 국유재산으로 분류된 모든 재산과, 이들 재산의 모든 개수 물건 및 부가 물건과, 한국 소재 합중국 육군 군정부 및 남조선과도정부의 모든 현금 및 은행 예금과, 현재까지 아메리카 합중국 정부가 한국경제에 제공한 모든 구제 부흥용 물자까지 포함하는 한국 소재 합중국 육군 군정부 및 남조선과도정부의 국, 부 및 기관이 보유한 모든 설비, 물자 및 기타 재산에 대하여 아메리카 합중국이 보유했던 모든 권리, 권원 및 이익을 대한민국 정부에 이전한다. 한국의 경비대, 경찰 또는 연안경비대에 제공된 아메리카 합중국 정부의 군용재산은 이전 권한을 아메리카 합중국 정부가 한국 주재 대표자에게 부여함에 따라 수시로 대한민국 정부에 이전한다. 이러한 군용재산의 이전은 합중국 국무부 해외물자청산위원회를 통하며 더불어 해외물자청산위원회와 대한민국 정부 간에 체결될 개개 협정에 따라 수행한다. 대한민국 정부는 군대 철퇴 기간 중에 한국 주재 합중국 육군부대가 사용할 목적으로 또는 그 관리하에 유지되는 재산이 아메리카 합중국 정부의 이익에 쓰이고 더불어 군대 철퇴 기간 중에 아메리카 합중국 정부에 무료로 유지되는 것에 동의한다.

대한민국 정부는 A표에 명기한 재산이 무료 조차로 합중국 정부의 일시적 이용에 쓰이는 것에 동의하며, 더 나아가 이들 재산의 수리 및 유지를 위한 비용 일체를 한국통화로 부담할 것에 동의한다. 대한민국 정부는 남조선과도정부가 조선은행에서 인출한 당좌대월계정에 대한 부채와 한국 소재 합중국 육군 군정부, 그 기관 및 대리기관과 남조선과도정부가 보증한 차관에 근거한 약속과 현재 및 미래의 모든 종류의 청구권을 포함하는 한국 소재 합중국 육군 군정부 및 남조선과도정부가 부담한 기타 모든 채무를 인수하며, 이로부터 아메리카 합중국 정부를 해제한다.

본항은 대한민국 정부에 대한 원조에 관한 협정이 아메리카 합중국 정부와 대한민국 정부 간에 이행되기 전까지 효력을 가진다. 아직 보관 중이거나 또는 향후 수령되는 구제 부흥 물자를 아메리카 합중국 정부가 대한민국 정부에 이전하는 한도 내에서 이러한 이전은 점차 질서 있게 이행한다. 대한민국 정부는 미국이 융자한 물자에 대해 수령, 할당, 분배 및 회계의 책임을 부담한다. 한국 소재 합중국 육군 군정부 또는 남조선과도정부의 구제부흥 물자 매각으로 발생한 원화 순매상금 및 수취계정은 대한민국 정부에 인도한다. 대한민국 정부는 이 매상금을 조선은행의 정부 명의의 특별계정에 예입하는 것에 동의한다. 그리고 대한민국 정부는 아메리카 합중국 정부가 대한민국 정부에 이전한 구제부흥용 물자 또는 이전할 모든 구제부흥용 물자의 매각 매상금 일체를 이 특별계정에 예입하는 것에 동의한다. 이 특별계정에서의 지출은 아메리카 합중국 정부의 수석대표자와 대한민국 정부 간에 합의한 목적을 위한 경우에만 한한다.

합중국 국무부 해외물자청산위원회 사무국이 잉여를 선언하고 더불어 현재까지 한국 경제에 제공한 재산의 매각으로 발생한 한국통화의 순매상국 및 수취계정은 대한민국 정부에 이전한다.

제2조

아메리카 합중국 정부는 1945년 9월 9일부터 본 협정 시행일 사이에 인도한 한국 경제를 위해 일본에서 수입한 모든 물품을 이 기간 중에 일본에 수출한 한국 수출품의 가액을 공제한 것에 대하여 결제할 것에 동의한다.

제3조

아메리카 합중국 정부는 1945년 8월 9일 이후 독일 또는 그 국민, 회사, 협회, 조합 혹은 기타 독일 단체가 전부 또는 일부를 직접 또는 간접 소유했거나 관리하던 한국 소재 재산을 아메리카 합중국 정부의 보관에서 대한민국 정부의 보관으로 이전한다. 대한민국 정부는 미국이 프랑스공화국, 그레이트 브리튼, 북아일랜드 연합왕국과 협의해 결정하는 한국 소재 독일 자산의 이관을 촉진하고자 모든 필요한 조치를 취할 것에 동의한다.

제4조

아메리카 합중국 정부는 한국 소재 합중국 육군 군정부가 현재 소유 및 보유 중인 조선환금은행의 주식을 이 은행의 전 자산 및 채무와 함께 대한민국 정부에 이전한다. 아메리카 합중국 정부는 아메리카 합중국 정부의 한국 주재 수석대표자와 협의하여 그 동의를 받은 후에만 할당 및 사용하는 조건으로 현재 이 은행에 남조선과도정부의 대변이 되어 있는 외국환금의 순차익잔고를 대한민국 정부에 이전한다.

아메리카 합중국 정부와 대한민국 정부 간에 추가로 합의가 성립하기 전까지 현행 외국환금 관리는 대한민국 정부가 유지한다.

제5조

대한민국 정부는 한국 소재 합중국 육군 군정부의 명령 제33호에 따라 귀속된 전전(戰前) 일본의 공유 및 사유재산의 처분으로 한국 소재 합중국 육군 군정부가 이미 행한 것을 승인하고 추인한다. 본 협정 제1조 및 제9조에 포함된 아메리카 합중국 정부의 재산 취득 및 사용에 관한 유보를 제외하고, 현재까지 매각하지 않은 귀속재산, 귀속재산의 임대차 및 매각에 따라 순수입금의 소비되지 않은 금액과 수취계정 일체 및 매각계약은 다음 방법으로 대한민국 정부에 이전한다.

(a) 모든 현금, 은행예금 또는 기타 유동재산은 본 협정 시행일에 이전한다.

(b) 이전할 기타 모든 귀속재산, 입수 가능한 모든 재산 목록, 도면, 증서 또는 기타 소유

권 증서는 대차대조표, 운영명세표 및 기타 귀속재산의 회계 기록을 첨부하여 질서 있게 가급적 속히 대한민국 정부에 점차 인도한다. 대한민국 정부는 명령 제33호에 따라 현재까지 귀속된 재산으로 본조의 규정에 따라 대한민국 정부에 이전됐거나 이전될 것을 한국 국민의 이익을 위하여 수령하고 관리할 별개의 정부 기관을 설치할 것에 동의한다.

대한민국 정부는 본조에 따라 대한민국 정부가 취득한 한국 소재 전전 일본 재산에 대하여 일본과 전쟁 상태에 있던 국가의 국민이 직접 또는 간접적으로 가지는 권리 및 이익을 존중하고, 보존하며, 보호한다. 다만, 이 권리 및 이익이 명령 제33호 시행일 전에 선의의 이전에 의하여 합법적으로 취득됐어야 한다.

대한민국 정부는 본조에 언급한 재산의 귀속 결정, 관리 및 처분으로 발생한 현재 및 미래의 모든 청구권을 포함하는 모든 책임에서 아메리카 합중국을 해제한다.

제6조

일본제국 정부가 자국의 전시 규칙에 따라 압류, 몰수, 보관한 연합국 국민의 한국 소재 재산은 일본제국 정부에 의하여 적산으로 취급됐다. 더불어 제5조의 규정에 따라 대한민국 정부로 이전될 다른 자의 한국 소재 재산과 함께 정당한 소유자에게 반환될 때까지 대한민국 정부가 보호하고 보존한다. 다만, 소유자가 합리적인 기간 내에 재산의 반환을 요청함을 조건으로 한다. 대한민국 정부는 소유자와 대한민국 정부 간의 상호 합의에 따라 별도의 정함이 있는 경우를 제외하고 단정할 수 있는 재산 일체를 반환할 것을 약속한다. 한국 소재 합중국 육군 군정부가 착수한 정책을 계승하여 대한민국 정부는 소유자의 관리하에 있지 않은 기간 중에 발생한 이들 재산의 손해 또는 손실에 대하여 일본제국 정부, 기관, 대리기관 또는 국민에 의하여 전쟁용으로 압수, 몰수됐거나 보관된 한국인 재산의 손실 또는 손해에 대하여 대한민국 정부가 보상을 지급하는 것과 같은 정도까지 소유자에게 보상할 것을 약속한다. 대한민국 정부는 본 협정 시행일 전에 이 조건으로 든 재산의 관리에서 발생한 청구권에 관한 책임에서 아메리카 합중국 정부를 해제한다.

第7조

아메리카 합중국 정부 및 대한민국 정부는 1945년 9월 9일부터 본 협정 시행일까지 한국 경제를 위해 쓰인 전력에 대하여 한국 주재 소비에트 관헌에게 지급해야 할 미불 채무의 만족할 만한 결제를 도모하는 것에 관하여 협력할 것을 동의한다. 또 아메리카 합중국 정부는 미불 채무의 공정한 가액을 소비에트 및 합중국 관헌의 대표자가 협정한 때는 언제든지 이 채무를 청산할 것에 동의한다.

第8조

아메리카 합중국 정부는 1945년 9월 9일부터 1948년 6월 30일까지의 기간 중 한국경제에서 한국 주재 합중국 육군부대를 위해 이 부대에 제공한 모든 물자, 용역 및 시설, 아메리카 합중국 정부, 그 공무원, 고용원 또는 기관 및 대리기관에 대한 모든 종류의 청구 일체로 전기 기간 중 한국 주재 합중국 육군부대의 한국 점령 결과로 대한민국 정부, 국민 또는 기타 개인 및 단체가 제기했거나 제기할 모든 소송에 대하여 한국 소재 합중국 육군 군정부를 통하여 한국에 공정한 미화 가액으로 상환했다.

대한민국 정부는 이 지급이 전기 기간 중 한국 주재 합중국 육군부대에 의해 사용됐거나 이 부대에 제공된 모든 화물 및 용역과 아메리카 합중국 정부, 그 공무원, 고용원 또는 기관 및 대리기관에 대한 모든 종류의 청구권 일체로 1945년 9월 9일부터 1948년 6월 30일까지의 기간 중 합중국 육군부대의 한국 점령 결과로 대한민국 정부, 그 대리기관, 국민 또는 기타 개인 혹은 단체가 제기했거나 제기할 모든 소송에 대하여 충분하고 최종적이면서 완전한 결제가 되는 것에 동의한다. 그리고 대한민국 정부는 1948년 7월 1일 전의 기간 중 한국 주재 합중국 육군부대의 한국 점령 결과 발생한 모든 종류의 청구에서 아메리카 합중국 정부, 그 공무원, 고용원 혹은 기관 및 대리기관, 합중국의 국민 또는 기타 개인 및 단체를 해제하며 더불어 손해 없이 구제할 것에 동의한다. 대한민국 정부는 한국에 대한 전기 지급이 수행된 것을 규정한 협정을 승인하고, 비준한다.

대한민국 정부는 또한 '한국 소재 합중국 육군 군정부 자금계정'이라 칭하는 조선은행 당좌대월계정에서 사용한 자금에 대하여 채무 일체를 부담하며 더불어 이 채무에서 아메리카 합중국 정부를 해제한다. 대한민국 정부는 한국 주재 합중국 육군부대 사령관이 현재 '한국 소재 합중국 육군 군정부 제2 자금계정'이라 칭하는 조선은행 당좌대월계정에서 계속해서 원을 인출하는 데 동의하며, 아메리카 합중국 정부는 이 계정에서 인출한 원으로 한국경제에서 얻은 모든 화물 및 용역의 공정한 미화 가액을 미화 또는 다른 합중국 자산으로써 대한민국 정부에 지급할 것에 동의한다.

제9조

(a) 합중국 국무부 해외물자청산위원회 및 한국 소재 합중국 육군 군정부를 통하여 아메리카 합중국 정부가 현재까지 한국경제에 제공한 재산(이 재산의 매각으로 발생한 한국 통화에 따라 순매상금을 포함한다)의 대가로서 대한민국 정부는 이 재산의 한국 소재 합중국 육군 군정부로의 이전을 처리한 해외물자청산위원회의 기록에 표시된 2,500만 달러 해당액을 초과하지 않는 이 재산의 공정한 가액을 본조의 조항에서 규정한 방법으로 아메리카 합중국 정부에 지급할 것에 동의한다. 이자는 이 재산의 총 공정가액의 미불차액에 대하여 1948년 7월 1일부터 연 2~3/8퍼센트의 이율로 부과되며, 매년 7월 1일을 지급 기일로 하여, 이날 한국통화로 지급한다. 제1차 지급은 1949년 7월 1일에 한다.

(b) 아메리카 합중국 정부가 지정하는 시기 및 지정하는 금액으로 대한민국 정부가 본조에 언급한 부채로 지급 기일이 도래한 차액 전부 또는 일부를 지급 기일이 도래하고 있는 미불 이자가 있는 때는 이를 포함하여 본조 (d)에서 규정한 재산에 대하여 행한 대변을 공제하여 한국통화로 지급한다. 아메리카 합중국 정부는 전기 부채로 지급 기일이 도래한 차액을 한국통화에 대한 합중국 미화로 해당액으로 대변기입한다. 아메리카 합중국 정부가 이렇게 수령한 통화는 본조 (c)의 규정에 따라 사용한다.

(c) 아메리카 합중국 정부 및 대한민국 정부는 본조 (b)에서 규정한 것처럼 아메리카 합중국 정부가 수령하는 한국통화와 본조 (a)에 규정한 이자로 아메리카 합중국 정부가 수령하는 한국통화를 한국에서 지출해야 한다. 또 다음을 위한 지출도 포함하여

아메리카 합중국 정부가 한국 내에서 지출하는 전부 또는 일부의 지급을 위해 사용할 수 있는 것에 동의한다.

(1) 양국 정부가 상호 합의할 교육 계획

(2) 재산 개조물건까지 포함하는 유형 또는 무형의 한국 소재 부동산 또는 동산으로 아메리카 합중국 정부가 관심을 가지는 것의 취득. 이 재산은 최초에 본 협정의 보충에 열거한 재산을 포함한다.

(d) 아메리카 합중국 정부의 요청에 따라 대한민국 정부는 아메리카 합중국 정부가 본 조 조항에 따른 합의에 의하여 취득하는 재산에 대한 권원을 인도해야 한다. 대한민국 정부가 이 재산에 대한 권원을 아메리카 합중국 정부에 인도한 때 즉시 아메리카 합중국 정부는 본조에 따라 대한민국 정부 계정에 이 재산의 협정 공정 미화 가액을 대변기입한다.

(e) 양국 정부 간의 특별협정에 규정된 경우를 제외하고, 아메리카 합중국 정부는 본조 (b) 및 (d)에 규정한 한국통화의 지급 또는 한국 소재 재산 권원의 인도로, 그 종합 합계액 중 7월 1일에 시작하는 회계연도 중에 500만 달러와 본조 (a)에 규정한 지급 기일을 가지며 더불어 본조 (a)에 규정한 것처럼 지급해야 할 이자의 합 상당액을 초과하는 것을 대한민국 정부에 요청하면 안 된다.

(f) 본 협정 조건하에 대한민국 정부가 부담한 미화 채무의 원화 상당액은 대한민국 정부와 아메리카 합중국 정부가 합의하여 계산한다. 이 계산은 각 지급 직전에 행한다. 어떠한 경우의 원화 상당액도 각 거래 시 제삼자가 적법하게 이용할 수 있는 환전율에 대비하여 아메리카 합중국 정부에 불리하면 안 된다.

제10조

대한민국 정부는 본 협정의 조항에 따라 아메리카 합중국 정부에 제공된 설비, 물자 및 기타 재산의 재수출 또는 전용을 허가하지 않을 것에 동의한다.

다만, 재수출 또는 전용을 아메리카 합중국 정부에서 정당하게 위임받은 대표자가 승인한 때는 허가한다.

제11조

대한민국 정부는 한국 소재 합중국 육군 군정부의 모든 현행 법률, 명령, 조례 및 규칙 그리고(또는) 대한민국 정부가 폐지하거나 수정할 때까지 남조선과도정부의 모든 현행 법률, 명령, 조례 및 규칙을 계속해서 유효로 할 것에 동의한다.

제12조

상호 만족할 수 있는 우호·통상조약의 교섭이 성립할 때까지 체약국은 한국에서 합법적 업무에 종사하는 연합국 국민 및 상사가 현재 향유 중인 권리 및 특권이 존중되고 확인되는 것에 동의한다.

제13조

본 협정의 조항에 따라 대한민국 정부에 이전되는 계정, 재산 및 운영용 시설의 행정적 관리는 본 협정 시행일부터 30일 이내 또는 대한민국 정부가 그 운영 및 책임을 부담할 준비가 갖춰진 때에 즉시 권한을 가진 대한민국 정부의 관헌에게 점차 질서 있는 방법으로 인도한다. 다만, 귀속재산과 구제 부흥용 물자의 행정적 관리는 본 협정 시행일부터 90일 이내 또는 대한민국 정부가 그 운영 및 책임을 부담할 준비가 갖춰진 때 즉시 인도한다.

제14조

한국 주재 합중국 육군부대가 한국에서 철퇴할 때까지 아메리카 합중국 정부 및 대한민국 정부는 한국 주재 합중국 육군부대의 일정 운수, 통신, 기타 설비 및 업무의 이용에 대하여 한국 주재 합중국 육군부대와 한국 소재 합중국 육군 군정부의 각 부국 간에 사전에 체결된 모든 협정에 구속되며 더불어 이를 존중할 것에 동의한다.

본 협정은 대한민국 국회에서 본 협정에 동의했음을 아메리카 합중국 정부에 정식으로 통고하는 동시에 효력이 발생한다.

1948년 9월 11일 한국 경성에서 영어 및 한국어로 본서 2통을 작성한다. 영어 및 한국어

본문은 동일 효력을 가지나, 다를 때는 영어 본문에 따른다.

아메리카합중국 정부를 위하여

존 J. 무초

대한민국 정부를 위하여

이범석

장택상

(29)귀속재산처리법(한국법률 제74호 1949년 12월 19일)

제1장 총칙

제1조

본법은 귀속재산을 유효 적절히 처리하여 산업부흥과 국민경제의 안정을 기함을 목적으로 한다.

제2조

본법에서 귀속재산이라 함은 1948년 9월 11일부 대한민국 정부와 미국 정부 간에 체결된 「재정 및 재산에 관한 최초협정」 제5조의 규정에 따라 대한민국 정부에 이양된 일체의 재산을 말한다. 다만, 농경지는 따로 농지개혁법에 따라 처리한다.

1945년 8월 9일 이전에 한국 내에서 설립되어 그 주식 또는 지분이 일본기관, 그 국민 또는 그 단체에 소속된 영리법인 또는 조합, 기타에 대해서는 그 주식 또는 지분이 귀속된 것(이하 귀속된 주식 또는 지분이라 한다.)으로 본다.

1945년 8월 9일 이전에 한국 내에서 설립되어 그 이사(理事) 행사권 또는 사원권이 일본기관, 그 국민 또는 그 단체에 소속된 재단법인 또는 사단법인은 그 이사 행사권 또는 사원권도 귀속된 것(이하 귀속된 이사행사권 또는 사원권이라 한다.)으로 본다.

제3조

귀속재산은 본법과 본법의 규정에 따라 발(發)하는 명령이 정하는 바에 따라 국유 또는 공유재산, 국영 또는 공영기업체로 지정되는 것을 제외하고 대한민국의 국민 또는 법인에 매각한다.

제4조

귀속재산은 전조에 따라 지정 또는 매각될 때까지 타 법률에 특별한 규정이 없는 한 본

법이 정하는 바에 따라 정부가 이를 관리한다. 귀속재산 중 국영 또는 공영으로 지정된 것은 당해 재산에 관한 법령이 시행될 때까지 정부가 이를 관리한다.

제2장 국유와 사유

제5조

귀속재산 중 대한민국헌법 제85조에 열거된 천연자원에 관한 권리 및 영림(營林) 재산으로 필요한 임야, 역사적 가치가 있는 토지 건물, 기념품, 미술품, 문적(文籍) 기타 공공성을 가지거나 영구히 보존할 필요가 있는 부동산 및 동산은 국유 또는 공유로 한다.

정부 공공단체로 공용, 공공용(公共用) 또는 공인된 교화, 후생기관에서 공익사업에 쓰기 위하여 필요한 부동산 및 동산에 대하여도 전항과 같다.

제6조

귀속 기업체 중 대한민국헌법 제87조에 열거된 기업체, 중요한 광산, 제철소, 기계공장, 기타 공공성을 가진 기업체는 이를 국영 또는 공영으로 한다.

제7조

전 2조에 따라 국유 또는 공유, 국영 또는 공영화된 재산 및 기업체의 지정에 관한 절차는 대통령령으로 정한다.

제3장 매각

제8조

귀속재산의 매각은 아래의 4종으로 나뉜다.

1. 기업체 매각

귀속재산 중 일본 기관, 그 국민 또는 그 단체가 영리를 목적으로 하는 사업에 공용(供

用)한 부동산, 동산, 기타 제반 권리 등 일체의 재산을 종합적 단일체로 평가하여 매각하는 것이다. 다만, 기업체로서 존속할 가치가 없거나 기업체 운영에 지장을 주지 않으면 그 재산을 분할하여 매각할 수 있다.

2. 부동산 매각

귀속재산 중 전호에 규정한 기업체에 속하지 않는 주택, 점포, 대지 기타 부동산을 매각한다.

3. 동산 매각

귀속재산 중 제1호의 규정에 속하지 않는 동산을 매각한다.

4. 주식 또는 지분 매각

귀속된 주식 또는 지분을 매각한다. 다만, 기업체 운영에 지장을 주지 않으면 제2조 제2항에 해당하는 기업체도 법인 또는 조합, 기타를 해산하여 그 재산을 분할하여 매각할 수 있다. 본 해산에는 상법의 해산 규정을 적용하지 않는다.

재단법인 또는 사단법인으로 경영하던 귀속 사업체를 매각하면 전항 제1호 또는 제4호의 예에 따른다.

제9조

아래의 각 호 중 하나에 해당하는 자는 귀속재산의 매수인이 될 수 없다.

1. 금치산자 또는 준금치산자
2. 파산선고를 받고 복권되지 않은 자
3. 금고 이상의 형을 받고 그 집행 중 또는 집행유예 중인 자
4. 공민권을 박탈당한 자
5. 귀속재산의 관리운영에 관하여 불법처분, 고의 파괴 또는 고의 훼손, 허위 보고 등의 사실이 있는 자와 그 가족
6. 귀속재산의 매수 또는 임차, 관리에 관하여 제21조, 제22조 제3항 또는 제36조에 해당함으로써 계약의 해제 또는 취소를 당한 사실이 있는 자
7. 기타 법령에 따라 금지된 자

제10조

동일 가족에 속하는 자 중 어느 일원이 귀속재산의 기업체 또는 주택 및 대지 이외의 부동산을 매수한 경우에 그 가족에 속하는 자는 이를 다시 매수할 수 없다. 다만, 기업체 운영상 불가피하게 필요한 경우에는 그 기업체 경영자에 한하여 예외로 한다.

제11조

동일 가족에 속하는 자 중 어느 일원이 귀속재산의 주택 또는 대지를 매수한 경우에 그 가족에 속하는 자는 이를 다시 매수할 수 없다. 대지의 매각은 매수자 1인에 대하여 200평 이하로 한다. 다만, 개인주택용 주택 이외의 건물을 건축하는 때는 예외로 한다.

제12조

동일 가족에 속하는 자 중 어느 일원이 매수할 귀속주택 또는 대지를 중심으로 20킬로미터 이내의 지역에 주택을 소유하고 있는 경우에 그 가족에 속하는 자는 귀속주택 또는 대지를 매수할 수 없다.

1945년 8월 9일 이후 전항의 주택을 1년 이상 겸유 또는 겸점한 사실이 있는 자 또한 같다.

제13조

법에 있어서 동일 가족에 속함으로써 임차, 관리, 매수를 금지당한 사항은 동족회사를 조직한 때에도 또한 같다.

전항의 동족회사라 함은 주주 혹은 사원의 일원이나 주주 혹은 사원의 일원과 그 가족의 주식금액 또는 출자금액의 합계가 그 법인의 주식금액 또는 출자금액의 2분의 1 이상에 해당하는 회사를 말한다.

귀속재산의 임차, 관리, 매각을 받음으로써 2개 이상 기업체에 전항 동족회사와 같은 결과를 낳을 수 없다.

제14조

전5조의 규정은 본법 시행 전에 귀속재산을 매수한 자에게도 적용한다.

제15조

귀속재산은 합법적이며 사상이 온건하고 운영능력이 있는 선량한 연고자, 종업원 또는 농지개혁법에 따라 농지를 매수당한 자와 주택에 있어서는 특히 국가에 공로가 있는 무주택자, 그 유가족, 주택 없는 빈곤한 근로자 또는 귀속주택 이외의 주택을 구하기 어려운 자에게 우선 매각한다.

공인된 교화, 후생, 기타 공익에 관한 사단 또는 재단으로 영리를 목적으로 하지 않는 법인이 필요로 하는 귀속재산에 대해서도 우선적으로 매각할 수 있다.

제16조

전조에 따른 매각이 불능 또는 부적당하다고 인정되면 일반 또는 지명공매에 부쳐 최고입찰자에게 매각한다.

동일 재산에 대한 입찰이 2차에도 부적당하다고 인정되면 그 재산을 수의계약에 따라 적정 가격으로 매각할 수 있다. 다만, 이 경우 적정가격은 거부한 최고입찰가격보다 고가여야 한다.

제17조

귀속재산의 매수자의 선정은 관재위원회의 심사를 거쳐 재산의 업무를 소관하는 각 부장관이 행한다.

제18조

귀속재산의 매각가격은 그 재산의 매각계약 당시의 시가를 밑돌 수 없다.

전항의 시가는 제23조의 금액을 참작 가감하여 결정해야 한다.

제19조

귀속재산의 매각대금은 전액 현금 납부를 원칙으로 하되, 동산 매각 이외의 재산 매각은 최고 15년의 기한으로 분할하여 납부할 수 있다.

전항의 규정에 따라 매각대금을 분납하는 경우에 제1기 분납금은 매각대금의 10분의 1 이상이어야 한다.

매각대금 납부기간 중 일반물가의 변동이 현저한 때에 그 이후의 납부금액은 법률로써 변경할 수 있다.

귀속재산의 매각대금은 농지개혁법에 따른 농지증권으로 납부할 수 있다.

제21조

귀속재산의 매수자가 지정기일 내에 매각대금 또는 분납금을 납부하지 않는 경우에는 대통령령이 정하는 바에 따라 소정의 과태금을 징수하거나 그 계약을 해제할 수 있다.

제22조

귀속재산의 매각에 있어서 그 매각계약 당시에서 2년 이내에 매각금액의 5할 이상 또는 4년 이내에 매각금액의 7할 이상을 납부한 자는 정부에 대한 납부금 잔고에 상당하는 저당권 설정에 의하여 귀속재산의 소유권을 매수자에게 이전시킬 수 있다.

귀속재산의 매수자는 그 재산의 소유권이 이전될 때까지는 본법 제4장에 규정하는 관리자의 의무를 이행해야 한다.

전항에 규정하는 의무를 위반하면 그 계약을 해제할 수 있다.

제23조

전2조에 따라 계약 해제를 당하거나 또는 전업, 이주, 기타로 인하여 그 계약을 포기하는 자는 그 정상(情狀)에 따라 다음의 조치를 할 수 있다.

1. 이미 납부한 보증금 또는 매각대금의 전부 또는 일부의 반환
2. 그 재산의 가치를 늘리기 위하여 지출된 비용에 대한 전부 또는 일부의 상환

3. 그 재산의 관리운영 기간 중 취득한 이익과 임대료에 해당한 금액의 납부

4. 매수자의 책임에 말미암은 재산 피해에 대한 배상

전항 제3호, 제4호의 납부 또는 배상을 해태(懈怠)한 때는 국세체납처분의 예에 따른다.

제19조제3항의 규정은 본조에 준용할 수 있다.

제4장 관리

제24조

본법 제4조의 규정에 따라 국가가 관리하는 귀속재산은 대한민국의 국민 또는 법인에 임대할 수 있다.

제16조 제3항은 전항의 임대차료에 준용한다.

제25조

정부는 전조의 규정에 따라 임대하기에 적당하지 않은 귀속재산은 관리인을 선정하여 관리한다.

제26조

제9조 각 호의 하나에 해당하는 자는 귀속재산의 임대차 또는 관리를 받을 수 없다.

제27조

제10조 또는 제12조의 규정은 본장 임대차 또는 관리에 준용한다.

제28조

전2조의 규정은 본법 시행 전에 귀속재산의 임대 또는 관리를 받은 자에게도 적용한다.

제29조

제15조의 규정은 귀속재산의 임대차 또는 관리에 적용한다.

제30조

중요한 귀속 기업체는 9인 이내의 공동관리인을 선정하여 이사제를 실시할 수 있다.

제31조

귀속 기업체의 임차인 또는 관리인은 관재위원회의 심사를 거쳐 그 기업체의 업무를 소관하는 각 부 장관이 임면한다.

귀속된 주식 또는 지분의 임차 또는 관리에 있어서도 또한 같다.

제32조

귀속재산의 관리인은 대통령령이 정하는 바에 따라 상당한 보수를 받을 수 있다.

제33조

정부는 귀속된 주식 혹은 지분에 대한 주주 또는 사원, 기타 지분권자로서의 권리 또는 권한의 전부 혹은 일부를 그 귀속재산의 임차인 또는 관리인으로 하여금 행사하게 할 수 있다.

귀속된 이사행사권 또는 사원권의 경우도 같다.

제34조

귀속재산의 임차인 또는 관리인은 다음의 사항을 준수해야 한다.

1. 국가산업의 부흥과 국민복지를 위하여 그 재산의 최대 가치를 발휘하도록 운영할 것.
2. 정부의 지시하에 그 재산을 보존하며 정부의 승인 없이 그 재산의 이동, 전대 또는 처분할 수 없다.
3. 그 재산을 선량한 관리자의 주의로써 보존하며 그 재산의 가치 또는 효용을 감소시키

지 않을 것.

4. 정확한 기록과 회계장부를 비치할 것.

第35조

다음 각 호의 하나에 해당하는 경우에는 임대차 또는 관리계약을 취소하며 귀속재산의 반환을 명할 수 있다.

1. 본법에 규정하는 결격 조건에 해당한다고 인정된 때
2. 본법에 규정하는 임차인 또는 관리인의 의무를 위반한 때
3. 재산의 관리운영에 관한 정부의 지시 명령을 준수하지 않은 때

第36조

제33조의 규정은 전조에 따라 계약을 취소당했거나 또는 전업, 이주 기타로 인하여 그 임차 또는 관리계약을 포기하는 자에게 그 정상(情狀)에 따라 적용할 수 있다.

제5장 관재기관

第37조

본법에 규정하는 사무를 관장하기 위하여 국무총리 직속하에 관재청을 둔다. 관재청의 사무를 분장하기 위하여 지방에 관재국 또는 출장소를 둘 수 있다.

전항에 규정하는 각 기관의 명칭, 관할구역, 직제, 공무원의 종류, 정원, 보수에 관한 규정은 대통령령으로 정한다.

第38조

국무총리 직속하에 귀속재산에 관한 중요사항을 조사 심의하기 위하여 관재위원회를 둔다. 관재위원회의 조직과 직제 기타 필요한 사항은 대통령령으로 정한다.

제39조

국무총리 직속하에 귀속재산처리에 관한 소청을 심의 결정하기 위하여 귀속재산소청심의회를 둔다.

전조 제2항의 규정은 귀속재산소청심의회에 준용한다.

제6장 벌칙

제40조

불법으로 귀속재산을 취득, 처분, 멸실, 파괴, 훼손 또는 은닉한 자는 5년 이하의 징역 또는 30만 원 이하의 벌금에 처한다.

다만, 그 재산 가격이 30만 원을 초과하는 경우의 벌금은 그 가격과 같은 금액으로 한다.

제41조

고의로 귀속재산의 임차, 관리 또는 매각에 관하여 허위 보고 또는 허위 진술을 한 자는 3년 이하의 징역 또는 15만 원 이하의 벌금에 처한다.

제42조

본법의 규정에 따라 발하는 대통령령에는 그 위반자에 대하여 6월 이하의 징역 또는 10만 원 이하의 벌금을 과하는 벌칙을 정할 수 있다.

부칙

제43조

본법을 시행하기 위하여 필요한 규정은 대통령령으로 정한다.

제44조

귀속재산을 관리운영 또는 이용함으로써 부과된 세금을 체납 중인 자는 제9조의 규정을 적용한다.

제45조

본법 시행 전의 법령으로 본법에 저촉되는 규정은 그 저촉되는 범위 내에서 폐지한다.

제46조

본법은 공포일부터 시행한다.

(30) 귀속재산처리특별회계법(1950년 2월 16일 법률 제98호)

제1조

귀속재산을 처리하기 위하여 특별회계를 설치하고 그 세입으로써 그 세출에 충당한다.

제2조

본 회계의 결산상 발생한 잉여금은 일반회계의 세입에 전입한다.

다만, 연합국인재산보상비의 지출 잔고는 필요에 따라 따로 적립할 수 있다.

제3조

본 회계의 수입지출과 적립금에 관한 규정은 대통령령으로 정한다.

부칙

제4조

본법은 1950년도부터 시행한다.

◎ 후기[1]

관청 관계 자료에 다음과 같은 '후기'를 덧붙이는 것은 다소 상식을 벗어난 감이 있지만, 자료 작성의 레종 데트르 등에 관해 다소간 설명을 덧붙이는 것을 양해해 주기 바란다.

×××

10년 교섭이라 불리던 한일회담도 어느덧 12년째에 들어섰으며, 현재 한국의 정치 상황이 주지하다시피 기기괴괴한 양상을 띠고 있는 현 상태에서는 일단 조급한 타결은 기대할 수 없다고 봐도 좋다. 적어도 편집자의 재임 중에는 절대적으로 괜찮다?고 생각해도 좋을 성싶다. 작년(1962년) 말, 청구권 문제의 해결을 둘러싸고 큰 줄기에서 합의한다면 비준 국회 기타 관계로 크게 '혹사'당할 것을 편집자도 내심 각오하고 있었다. 그러나 지금은 그 걱정도 사라지고 마음 편히 전근을 기다리고 있다.

하지만 이렇게 마음 편히 있어서는 면구하다고 생각해, 후대에게 작은 보탬이 되고자 뿔뿔이 흩어져 있는 자료를 정리하고, 읽기 편한 형태로 보존해 둘 요량으로 만든 것이 본 자료로, 전임 날짜를 앞두고 작으나마 책임을 다하고 싶었다. 다만, 능력 부족 탓에 오로지 쪽수만 늘어났을 뿐, 소기의 목적을 도저히 달성하지 못한 듯하다.

1 일본 대장성 담당자가 이 자료를 모두 작성한 다음에 적은 후기다. 이 책을 이해하는 데 도움이 된다고 생각해서 함께 번역했다.

×××

편집자 개인적으로도 제5차와 제6차 회담의 청구권위원회 회합에 참여하고 일본어가 공통어로 사용되는 거의 유일한 외교 교섭에 참석하는 영광을 누렸으나, 그 사이 이재국장이 청구권위원회 대표를 맡으면서 편집자도 외채과의 일원으로서 직무상 관계 각 부국에 무리한 부탁을 드리고 자료를 제공받아 검토를 거쳐 8개 항목에 집중했다.

제2, 제3분책에 수록한 8개 항목을 토의하기 위한 참고자료는 대부분 그러한 관계로 각 부국의 크나큰 협력 아래 작성된 것으로, 거듭 감사의 말씀을 올리고 싶다. 다만, 이들 자료는 당시 아직 충분한 검토를 거치지 못한 것, 계수에 신뢰성이 부족한 것, 부외에 제출할 때 해당 부국의 책임에 타격을 줄 수 있는 것들이어서 제출을 주저하는 경향도 많았으나, 청구권을 검토하기 위해 부디 필요불가결하다며 특별히 무리한 부탁을 드려 받은 것이다.

×××

제2분책 V.의 첫머리에서 설명한 것처럼 언젠가 도래할 비준국회 등과의 관계 때문에라도 8개 항목 관계 자료의 정비가 필요했다. 단순히 개략적인 자료만 수집하면 몰라도 보이는 대로 방대한 자료를 수집하기 위해 지대한 노력을 기울였지만, 청구권 문제의 청구권 해결은 난항을 거듭했고 그 사실을 보여주기 위해서라도 이들 관계 부국 자료를 게재하는 것은 의미가 있다고 판단했다.

본래라면 게재 전에 재차 자료를 제출한 관계 부국의 양해를 받아야 하는 게 도리이나,

그러한 조정을 위해서는 또 시간이 걸릴 거라 예상됐고, 그 경우 이 정도의 것이어도 신속히 정리하기 어려울 거라 판단하여 감히 양해를 구하지 않은 채 게재했다(참고로 특별히 부국명을 명시하지 않은 자료는 우리 과에서 적당히 정리해 둔 것이다).

따라서 본 자료를 읽으시는 분께서는 해당 관계 부국에 폐가 되지 않도록 이 자료를 이용해 주시기를 바라며, 이 책에 들어 있으니 더 자세한 자료를 달라거나 이것은 이상하지 않냐며 갑자기 관계 자료를 추궁하고 다른 불만을 제기하는 일이 없도록 유의해 주기를 바란다.

×××

또한 전적으로 개인적인 소감을 말씀드리면 1956년에 대장성에 들어온 편집자는 소학교 6학년 때 종전을 맞았고, 한일회담이 시작된 1952년에는 대학 1학년생이었다. 본래라면 전혀 무관하게 지나갔을지도 모르나, 선인들이 노고를 아끼지 않은 전후 처리의 수많은 명칭 기타(내용은 대단히 복잡하나)에 대해 알 기회를 얻게 된 것은 좋은 경험이었다고 피부로 느끼고 있다. 지금까지 성(省)의 회의에서도 한일회담이라는 말만 나오면 모두 넌더리가 난다는 표정을 짓는 것을 지겨울 정도로 보았고, "자네 얼굴이 갈수록 조선인과 닮아간다"라며 동료에게 놀림을 받기도 했으나, 한일회담이 계속되는 한 누군가는 하급 전임 담당자로서 이 업무를 맡을 수밖에 없다며 자신을 납득시켰고 게다가 무엇보다 대장성에서도 가장 색다른 업무 중 하나에 참여하는 것은 얻기 힘든 경험이니 이로써 족하다고 체념했다.

그리고 편집자와 함께 자료 "긁어모으기"에 애쓴 이와세(岩瀬多喜造, 1960년 입사)의 이름을 덧붙이고 싶다. 이와세 씨의 노고에 사의를 표하며 변변찮은 글을 마무리하고자 한다.

1963년 5월 이재국 외채과

스기타(杉田) 씀

한일회담 자료총서 18
일본 정부의 청구권 정책 전모Ⅲ

초판 1쇄 인쇄 2022년 12월 20일
초판 1쇄 발행 2022년 12월 30일

엮은이 | 동북아역사재단
펴낸이 | 이영호
펴낸곳 | 동북아역사재단

등록 | 제312-2004-050호(2004년 10월 18일)
주소 | 서울시 서대문구 통일로 81 NH농협생명빌딩
전화 | 02-2012-6065
팩스 | 02-2012-6186
홈페이지 | www.nahf.or.kr
제작·인쇄 | 청아출판사

ISBN 978-89-6187-767-1 94910
978-89-6187-732-9 (세트)

• 이 책은 저작권법으로 보호를 받는 저작물이므로 어떤 형태나 어떤 방법으로도 무단전재와 무단복제를 금합니다.
• 책값은 뒤표지에 있습니다. 잘못된 책은 바꾸어 드립니다.